Christine Gundermann

Jenseits
von Asterix

Comics im Geschichtsunterricht

Unter Mitarbeit von
Kristin Land
Torsten Schmidt
Christian Badel

METHODEN HISTORISCHEN LERNENS

WOCHEN
SCHAU
GESCHICHTE

Bibliografische Information der Deutschen Bibliothek

Die Deutsche Bibliothek verzeichnet diese Publikation in der Deutschen Nationalbibliografie; detaillierte bibliografische Daten sind im Internet über http://dnb.ddb.de abrufbar.

Die Reihe „Methoden Historischen Lernens"

wird herausgegeben von

Ulrich Mayer
Hans-Jürgen Pandel
Gerhard Schneider
Bernd Schönemann

in Verbindung mit

Michele Barricelli
Peter Gautschi

© by WOCHENSCHAU Verlag,
Schwalbach/Ts. 2007

www.wochenschau-verlag.de

Umschlaggestaltung: Ohl Design
Gedruckt auf chlorfrei gebleichtem Papier
Gesamtherstellung: Wochenschau Verlag
ISBN 978-3-89974299-2

Inhaltsverzeichnis

Einleitung

Seit über 100 Jahren gibt es Comics, und dennoch waren „nur wenige Länder (...) jeweils auf ihre Art und Weise so erfolgreich in der Diffamierung und Ausblendung eines gesamten künstlerischen Mediums (...) wie die beiden deutschen Staaten."[1] Dieses Statement galt lange Zeit gleichermaßen für öffentliche Diskussionen und Äußerungen aus der Erziehungs- und Geschichtswissenschaft. Besonders durch die „Schund- und Schmutzkampagnen" der 1950er Jahre hatten es Comics schwer, als ernsthaftes Medium überhaupt wahrgenommen zu werden. Die damit einhergehende Verdrängung und Verunglimpfung war und ist besonders prekär, weil Comics ein Teil unserer Kultur sind, und zwar einer Kinder- und Jugend- wie auch einer Erwachsenenkultur. Besonders die asiatischen Comics, z.B. die japanischen Manga, prägen seit den letzten zwei Dekaden einen großen Teil der Jugendkultur, und das nicht nur durch das Medium Comic selbst, sondern zunehmend auch durch den Medienverbund und damit einhergehende Computerspiele, Filme (Animes) oder Fanprodukte. Die Jugendlichen kleiden sich sogar nach ihren Comicvorbildern, kopieren Sprachstil und Habitus ihrer Helden.

Repräsentanten von Hochschulen, Gymnasien und besorgte Eltern diskutieren zwar immer wieder um einen möglichen pädagogischen Wert und damit Einsatz von Comics in schulischer Bildung, bis jetzt gibt es aber nur minimale Bemühungen, sich systematisch mit dem didaktischen Potenzial von Comics im Geschichtsunterricht jenseits eines einfachen Motivationsversprechens auseinanderzusetzen.

Der Comic kann daher auch heute noch als Medium gelten, über das „aufgeklärt" werden muss, wobei nicht die Kinder und Jugendlichen, sondern maßgeblich Pädagoginnen und Pädagogen und andere Wissenschaftlerinnen und Wissenschaftler der Informationen bedürfen. Diese will das Buch liefern, indem es Comics von einigen sehr schwerwiegenden pädagogischen Vorurteilen entlastet und das mannigfaltige Potenzial von Comics für den Geschichtsunterricht aufzeigt. Der vorliegende Band fasst die relevanten Momente bei der Arbeit mit Comics im Unterricht unter geschichtsdidaktischen Aspekten zusammen. Er will mit seiner geschichtlichen, medientheoretischen und geschichtsdidaktischen Grundlegung ein Ausbildungsbuch für Lehramtsstudentinnen und -studenten, Referendarinnen und Referendare in der zweiten Phase der Ausbildung und auch ein Impulsgeber für bereits tätige Lehrerinnen und Lehrer sein. Für die Klassenstufen 5-13 werden daher auch konkrete Beispiele für die Arbeit mit Comics im Geschichtsunterricht vorgestellt. Dieser praktische Teil wird durch Werkstattberichte von Kristin Land, Torsten Schmidt und Christian Badel ergänzt, die über ihre Erfahrungen vom Umgang mit Comics in schulischen Kontexten berichten.

Ihnen möchte ich an dieser Stelle für ihr Engagement herzlich danken, ebenso Tobias Kley für seine wertvollen inhaltlichen Impulse und für seine Hilfe bei der Erstellung der Comicografie. Besonderer Dank gilt Prof. Hans-Jürgen Pandel der Martin-Luther-Universität Halle-Wittenberg, der mich beim Entstehungsprozess dieses Buches begleitet hat.

I. Geschichtliche und theoretische Grundlagen

1. Was es ist ...
Eine Gegenstandsbestimmung von „Comic"

Bevor man sich mit Comics im Geschichtsunterricht auseinandersetzt, ist es sinnvoll zu klären, was überhaupt unter „Comic" verstanden werden soll. Eine Begriffsbestimmung kann hier erste Zugänge ermöglichen. Allerdings gibt es bis heute keine allgemeingültige Definition von „Comic", die von Medienpädagogen, Comicforschern oder Pädagogen gleichermaßen benutzt werden würde. Auch die Tatsache, dass sich das Medium selbst während seiner über 100-jährigen Geschichte entwickelt und immer wieder neu erfunden hat, macht eine begriffliche Bestimmung nicht einfacher. Comic-Künstlerinnen und -Künstler formulieren das Problem einer Definition aus ganz unterschiedlichen Blickwinkeln. Im folgenden Abschnitt sollen diese Definitionsmöglichkeiten kurz erörtert werden. Auf deren Basis wird anschließend eine Begriffsbestimmung von Comics vorgestellt.

Eine gute Begriffsbestimmung, so Franco Fossati,[2] müsse gerade in Bezug auf die kulturelle Bedeutung des Begriffes auf die populäre Konnotation von Comics als Massenmedium und damit als anfänglich humorvolles oder einfaches, illustriertes Lesematerial verweisen. Wenn diese Perspektive eine Definitionsgrundlage ist, kann man den Teil des Comic-Marktes nicht einbeziehen, der nicht von Massenproduktion bestimmt ist, und damit würden Comic-Genres wie die Comic-Autobiografie nicht mehr berücksichtigt. Es ist also nicht sinnvoll, eine Begriffsbestimmung an bestimmten Comic-Inhalten oder historischen Entwicklungsepochen auszurichten, ohne lediglich die bis jetzt vorhandenen Comic-Genres aufzuzählen, noch kann eine bestimmte (Lese-) Zielgruppe ein Definitionskriterium sein.

Auch Art Spiegelman setzt sich mit den lustigen Ursprüngen des Comics auseinander, wenn er schreibt: „But I spell it c-o-m-i-x, so you are not confused by the fact that comics have to be funny, as in comic. You think it is a co-mix of words and pictures."[3] Diese Aussage weist wiederum auf ein anderes Problem: Comics sind ein eigenständiges

Medium, werden aber jenseits der Comicforschung meist als Hybride wahrgenommen, d.h. als ein Mix aus Literatur und Kunst, weder das eine noch das andere und durch ihren populären Ruf meist als keines von beiden.

Will Eisner hat zur begrifflichen Bestimmung von „Comic" den Terminus der „sequentiellen Kunst" geprägt.[4] Er setzt den Schwerpunkt seiner Betrachtungen nicht auf den Comic als Form der Literatur, sondern auf den Comic als Kunstform, bezieht in diese aber über den Begriff der „Sequenz" die narrativen Fähigkeiten des Comics mit ein. Um Comics von Medien wie der Bildgeschichte abgrenzen zu können, scheint die Betonung einer Verschmelzung von Bild und Schrift sinnvoll.

Die Definition von Scott McCloud gilt heute als die anerkannteste. Sie lautet: Comics sind „zu räumlichen Sequenzen angeordnete, bildliche oder andere Zeichen, die Informationen vermitteln und/ oder eine ästhetische Wirkung beim Betrachter erzeugen sollen."[5] Diese Definition beschreibt Comics nicht mehr als ein ausschließliches Massenmedium, was sie durch die Entwicklung neuer Formen ja auch nicht mehr sind. Sie schließt keinerlei Genres, Stile, Techniken und Informationsträger aus und vermeidet eine Anbindung an Kunst oder Literatur als dichotomische Alternativen. Der Nachteil ist: sie bleibt für den Laien relativ unverbindlich. So findet bspw. die Sprechblase, die gern zur Unterscheidung von Bildgeschichten und Comics herangezogen wird, keine ausdrückliche Erwähnung – eben weil es einige Comics gibt, die keine Sprechblasen aufweisen. Wie kann dann ein Unterschied zwischen Bildgeschichte und Comic von einem Laien erkannt werden?

Es ist sinnvoll, der Definition von McCloud eine Ergänzung hinzuzufügen, die dieses Problem oftmals lösen kann: Martin Barker[6] hat postuliert, dass ein Comic genau das ist, was unter der Definition „Comic" produziert worden ist. „Ein Comic ist ein Comic" mag banal klingen, gibt uns aber gerade bei Betrachtung der Geschichte des Comics eine wertvolle Hilfe an die Hand, denn die Vorformen der Comics existieren schon seit mehreren Jahrhunderten. Ein Teppich aus dem 12. Jahrhundert oder ein Holzschnitt aus dem 16. Jahrhundert ist aber kein Comic.[7]

Die hier favorisierte Begriffsbestimmung von Comics lautet deswegen in Anlehnung an Martin Barker und Scott McCloud wie folgt: Der Comic ist ein eigenständiges Medium, das durch bildliche oder andere Zeichen charakterisiert wird, die zu räumlichen Sequenzen angeordnet sind. Ein Comic ist dann als solcher zu bezeichnen, wenn er unter diesem Namen produziert worden ist und Informationen vermitteln und ästhetische Wirkungen beim Betrachter erzeugen soll.

In diesem Band werden nun Comics mit und ohne historische Inhalte näher untersucht, diese werden im Folgenden als Comics, Geschichtscomics und Quellencomics bezeichnet. Um Klarheit in der Verwendung dieser Kategorien zu schaffen, gilt folgende Begriffsbestimmung: Comics, die historische Inhalte aufweisen, werden als „Geschichtscomics" bezeichnet. Unter dem Begriff „Quellencomics" werden all jene zusammengefasst, die wegen ihres Inhalts, der nicht historisch sein muss, und ihrer Entstehungszeit den Status einer Quelle im wissenschaftlichen Sinne annehmen. Da dennoch jeder (Geschichts-) Comic auch immer eine Quelle in Form eines Produkts seiner Zeit ist, wird der Begriff des Quellencomics nur verwendet, wenn ausdrücklich auf die damit verbundene wissenschaftliche Dimension und Fragestellung hingewiesen werden soll. Finden nicht ausschließlich auf Geschichtscomics angelegte Erörterungen statt, wird der Terminus „Comic" beibehalten.

2. *Es war einmal ...*
Eine kleine Geschichte des Comics

Die Geschichte der Comics ist in der gängigen Fachliteratur eine Geschichte der westlichen Comics. Manga, so der Name der japanischen Comics, und deren Geschichte finden trotz ihrer starken Marktpräsenz seit mehr als zehn Jahren im deutschen Raum noch relativ wenig Beachtung in der Comicforschung. Um diesem Mangel entgegenzuwirken, wird zunächst eine kleine Einführung in die Geschichte der japanischen Comics und ein Exkurs in die aktuelle Welt des Manga gegeben. Jenseits dieses Exkurses wird ein chronologischer Aufbau verfolgt, bei dem die Vorformen des Comics beleuchtet werden, danach die ersten Schritte des jungen Mediums skizziert und die unterschiedlichen Entwicklungen der Comic-Kultur im geteilten Deutschland dargestellt werden. Mit einer Betrachtung der aktuellen deutschen Comic-Landschaft[8] und deren wissenschaftlicher Erforschung schließt diese Darstellung der Geschichte der Comics. Comics mit historischem Inhalt sind dabei zwar soweit wie möglich ein Fokus, aber nicht ausschließlicher Bezugspunkt, da der derzeitige öffentliche Umgang mit ihnen, die Forschung über sie und auch ihre Geschichte durch das gesamte Spektrum der Comic-Genre und -Stile geprägt wurde.

Eine tatsächliche „Geburtsstunde" des Comics auszumachen ist aus mehreren Gründen nicht möglich: Erstens sind Comics nicht erfunden worden, sie sind vielmehr entstanden aus einer Vielzahl an Vorformen, deren populärste die Bildgeschichte[9] ist. Zweitens gibt es – wie in

Kapitel 1 gezeigt – weder in der Comicforschung noch in kulturellen oder pädagogischen Diskursen eine allgemeingültige Definition von „Comic", die eine strikte Abgrenzung zu allen relevanten und verwandten anderen Medien- oder Kunstformen erlaubt. Deshalb gibt es auch keine Datierung der Entstehung des „ersten" Comics. Daraus folgend ist drittens zu beachten, dass man sich bei der Suche nach Vorformen des Comics keineswegs ausschließlich auf Bilder konzentrieren kann, die eine Geschichte erzählen sollen oder auf Geschichten, die durch Bilder unterstützt werden. Ebenso ist es möglich, sich auf eine narrative Verwendung von Symbolen zu beziehen oder etwa erst das Aufkommen von Bildern mit integrierten Schriftanteilen als signifikantes Entstehungsmerkmal von Comics zu sehen.

2.1 Zur Vorgeschichte des Comics

Die Geschichte des Comics beginnt mit dessen Vorformen und diese reichen weit zurück in die Geschichte der Menschheit. Sie beginnt vor mehr als 10 000 Jahren[10] mit den ersten Zeichnungen, die uns heute bspw. als Höhlenmalereien noch zeigen, dass Menschen mit Hilfe von Bildern Geschichten erzählt haben. Diese Bilder können als früheste überlieferte Kunstform des Menschen gelten, aber auch ein Beweis für seine Fähigkeit sein, mit Hilfe von Bild und Symbol Handlungsanleitungen zu geben.

In Teilen der ägyptischen Kunst kann man ebenfalls eine Vorform des Comics sehen, da hier Bilder teilweise gelesen werden können. Die ägyptischen Hieroglyphen sind jedoch von Malereien zu unterscheiden, denn obwohl diese Schrift aus zu lesenden Symbolen besteht, sind diese Symbole nicht etwa begrifflich aufzulösen, sondern stellen lediglich Laute dar. Ein ägyptisches Schriftsymbol kann daher eher als Äquivalent zu einem Buchstaben angesehen werden. In der ägyptischen Malerei lassen sich schon für die Herrschaft des Pharaos Thutmosis III. sequenzielle Bilder nachweisen,[11] aus der Zeit des Echnaton (14. Jh. v.Chr.) sind Reliefs mit der Darstellung von Wind und damit Bewegung erhalten.[12]

Die griechische Vasenmalerei ist ebenfalls für die Entstehung des Comics von Bedeutung, da sich hier nicht nur Kombinationen von Wort und Bild finden lassen, sondern auch teilweise sequenzielle Anordnungen von Bildeinheiten zu finden sind. Am häufigsten wurden durch Schrift Personen, Funktionen von Personen oder Situationen gekennzeichnet, auf einigen Vasen entströmt die wörtliche Rede bei der betreffenden Person sogar dem Mund.[13]

Abb. 1: Der Teppich von Bayeux. Die Schriftzüge bedeuten: „Hier spricht im Bett König Edward zu Getreuen. Und hier ist er gestorben." Daneben sieht man bereits die Übergabe der Krone an Harold.

Architektonische Meisterwerke aus römischer Zeit wie die Trajan-Säule und die Marc-Aurel-Säule verweisen ebenfalls auf eine sequenzielle Verwendung von Bildern und so auf Ursprünge des Comics.

Je nach Kultur und Landesgeschichte können aus dem Mittelalter und der frühen Neuzeit mannigfaltige Vorformen des Comics aufgezählt werden. Neben Malereien und Reliefs spielen dabei für die Entwicklung in Europa Wandteppiche eine bedeutende Rolle. Hier sollen einige berühmtere Beispiele aufgeführt werden: Der Teppich von Ba-

yeux (Abb. 1), der auf ca. 70 Metern von der Eroberung Englands durch die Normannen und damit die Schlacht von Hastings im Jahre 1066 erzählt, gilt als Meilenstein der abendländischen Kunst. Er zeigt, wie die feindlichen Heere zu Fuß, zu Ross und per Schiff in die Schlacht ziehen. Die Bildsequenzen werden dabei durch Architektur, Schriftzüge oder florale Elemente geteilt, und über den Geschehnissen erläutert lateinische Schrift die wichtigsten Ereignisse oder markiert bedeutende Personen oder Orte. Der Teppich soll Ende des 11. Jh. entstanden sein.[14]

Eine Weiterentwicklung dieser Kombination von Schrift und Bild ist in Bildteppichen des 16. Jahrhunderts zu erkennen. Die „Erscheinung der Jungfrau Maria" von 1518/19[15] verfügt nicht nur über Sequenzen,

13

die hier durch Säulen getrennt werden, sondern auch über Spruchbänder, die in der Comicforschung als eine Vorform der Sprechblase gelten. Die Sprechblase im Comic, so Clausberg, hat ihre Urform wohl in der Darstellung von antiken Buchrollen. Während die frühchristliche Kunst eher mit Tituli unter den Bildern arbeitete, wurde spätestens seit der Gotik wieder vermehrt mit der Verwendung jener Buchrollen und deren Umfunktionierung zum Spruchband gearbeitet. So konnte eine Information gut lesbar platziert werden, z.B. in Form eines girlandenartigen Spruchbandes, welches sogar Gesten der dargestellten Person zuließ.[16]

Auch in Asien haben die Comics viele Vorläufer. Als japanische Beispiele lassen sich die berühmten Zeichnungen des Künstlers und Priesters Toba aus dem 11. Jh. anführen, die „toba-e". Zeichenrollen des 12. Jh., welche Kriegslegenden oder dem Alltagsleben gewidmet waren, weisen auf eine Kombination von Bild und Symbolik hin und stellen ebenfalls eine Entwicklungsphase des Manga dar. Die wichtigsten Vorläufer sind zum einen die „ukiyo-e"-Bilder, Holzdrucke mit bis zu 15 Farben, die, in hohen Auflagen produziert, ausgewählte Szenen aus der japanischen Kultur zeigten und vom 18.–19. Jahrhundert ihre Blüte hatten. Zum anderen sind die komischen Zeichnungen von Ooka Shumboku von Bedeutung für die Entwicklung des Mediums. Bild, Text und Symbol gingen auf diesen Zeichnungen eine viel engere Synthese ein, als es die europäischen konnten, was nicht zuletzt daran lag, dass die japanische Schrift eine so große Menge an Zeichen umfasst, dass sich das Lettern ökonomisch nicht rechtfertigen ließ. Die Schriftzeichen wurden deswegen direkt in den Holzblock geritzt.[17]

Im neuzeitlichen Europa muss Gutenbergs Entwicklung des Buchdrucks mit beweglichen Lettern als eine Grundvoraussetzung für die Entstehung des Comics angesehen werden. Der Buchdruck ermöglichte erst die Entstehung von Massenmedien und damit Massenkommunikation. Zeitungen in verschiedensten Varianten waren es letztendlich, in denen sich der Comic erstmals Ende des 19. Jahrhunderts präsentierte. Für Westeuropa müssen deswegen die im Zuge der Reformation verbreiteten Flugschriften mit ihren politischen Texten und in höchstem Maße satirischen Zeichnungen (meist einfarbige, selten mehrfarbige Holzdrucke) als Vorläufer des Comics in Betracht gezogen werden.[18] Dabei erlaubte die Weiterentwicklung der Drucktechnik durch den Kupferstich und den Stahlstich die Reproduktion von feineren Linien und Halbtönen. Die Ende des 18. Jahrhunderts entwickelte Lithografie ermöglichte schließlich eine so hohe Qualität von Schwarz-weiß- und Farbdrucken, dass sich das Bild in seiner Bedeutung als alltägliches Medium durchsetzen konnte. Ab der Mitte des 19. Jh. erlebten wohl

Abb. 2: William Hogarth: The Prodigall Son Sifted

auch aus diesem Grund Bilderbücher oder Bildgeschichten in Form von Blattsammlungen eine Blütezeit. Ein herausragender englischer Künstler dieser karikaturistischen Bildgeschichten, der ganz gezielt mit sequentiellen Zeichnungen arbeitete, ist William Hogarth. Er gestaltete mehrere Bildzyklen, aber auch satirische Blätter, wie „The Prodigall Son Sifted", das in Abb. 2 zu sehen ist. Hogarths Bilder zeichneten sich durch einen sehr realitätsnahen Stil aus, der bei den frühen Comics nicht mehr zu finden ist.

Ende des 19. Jahrhunderts herrschte das „goldene Zeitalter" der Karikatur in England. In Deutschland, das durch den „Simplicissimus" oder den „Wahren Jakob" ebenfalls auf eine erfolgreiche und anspruchsvolle Karikaturszene verweisen konnte, begann die große Zeit der Bilderbögen, die bis zum Ersten Weltkrieg anhalten sollte.[19] Das Publikum der Bilderbögen waren aber weitaus häufiger Kinder und Jugendliche als Erwachsene. Die gezeichneten und heute weithin bekannten Geschichten von Wilhelm Busch werden im Allgemeinen eher als Kinderliteratur angesehen (trotz oder vielleicht gerade wegen ihres pädagogischen Beigeschmacks). Die Bilderzyklen von Rodolphe Töpffer (1779–1846) galten jedoch eher einem erwachsenen Publikum. Die Bilderbögen, die sich auf barocke Bilderfolgen zurückführen lassen, stellen nach Giulio Cuccolini nicht nur eine eigenständige Tradition des Erzählens mit Bildern dar, sondern begründen die ästhetische Basis der Comics in Europa und Amerika.[20]

2.2 Von den Anfängen der Comics bis zum „goldenen Zeitalter"

Ende des 19. Jahrhunderts brach schließlich die Zeit des Comics an. In den USA wurde das Prinzip der europäischen Bildergeschichten übernommen, modifiziert und gelangte so als Comic in die Sonntagsbeilagen von Tageszeitungen. „Comic"[21] bedeutete „komisch" oder „lustig", und bezeichnete weniger ein grundlegend neues Medium, sondern gab lediglich Auskunft über die Art der Inhalte dieser Bildgeschichten. Dennoch verfügten diese Comics über eine Kombination von Bild, Text und Symbol, die für dieses Medium gattungstypisch sind. Es wurden nicht nur satirischen Zeichnungen für Erwachsene produziert. Schnell erkannte man das ökonomische Potenzial von Comics für Kinder in den Zeitungen, so dass die sonntägliche Lektüre zum Familienerlebnis

Abb. 3: Richard Outcault: Hogans Alley

wurde und damit personen- und generationenübergreifend die Leserschaft an die entsprechende Zeitung band.

Einer der ersten Comics ist „Hogan's Alley" von Richard Outcault (s. Abb. 3). Ab 1895 von Pulitzer in der „Sunday World" anfänglich als „One-Pager"[22] produziert, benutzte Outcault noch keine Sprechblasen, vielmehr erschien das Gesprochene direkt auf dem Nachthemd des Straßenkindes mit den großen Ohren. Die später in verschiedenen Farben produzierte Serie konnte bereits seit Februar 1896 durch den Einsatz einer besonderen Talgmischung mit gelber Farbe gedruckt werden. So wurde das „kid", welches nun im gelben Nachthemd sein Alltagsleben kommentierte, über Nacht populär, wie die so genannte „Yellow Press", die ihren Namen jenem „Yellow Kid" verdankt, noch heute beweist.[23] Im Oktober 1896 führte Outcault die Sprechblase in seine Zeichnungen ein und ab 1897 erschien „Yellow Kid" als Comicstrip, also mit sequenziellen Bildern.

Auch der zweite große New Yorker Zeitungsverleger neben Pulitzer, William R. Hearst, versuchte mit Comics die Auflagenzahlen seiner Zeitungen zu steigern. Er warb erfolgreich Künstler wie Richard Outcault von Pulitzer ab, und „The Katzenjammer Kids" von Rudolphe Dirks, eine amerikanische Adaption von Wilhelm Buschs Geschichten von „Max und Moritz", gehörten seit 1897 zu jenen Figuren, die die Auflagen seines „New York Journal" und der Wochenbeilage „American Humorist" in die Höhe trieben.

Dass sich Comics überhaupt als eigenständiges Medium etablieren konnten, lag zu einem großen Teil an deren früher Vermarktung in den USA. Diese wurde sehr schnell durch Syndikate organisiert, was zu einer Standardisierung der Comics führte und die Ausprägung und Beibehaltung von signifikanten Merkmalen förderte. Die Popularität der Comics führte zur Herausbildung von verschiedenen Genres und einer Differenzierung des Zielpublikums. Abenteuer von Tarzan (1929), die Science-Fiction-Geschichten über „Buck Rogers" (1929) oder die Kriminalfälle des „Dick Tracy" (1931) sprachen durch ihre Inhalte nun eher Jugendliche an.[24] Obwohl diese Geschichten nicht mehr komisch, also „comic" waren, wurde der Name Comic beibehalten und jene lustigen Geschichten, bei denen meist Tiere eine Hauptrolle spielten, erhielten die Bezeichnung „Funny". Funnies sind ein Comic-Genre, dessen berühmtester Vertreter wohl die „Mickey Mouse" von Walt Disney ist.[25] Sie ist nicht nur ein Grundpfeiler der nordamerikanischen Comicgeschichte, sondern auch einer der ersten Comics, der im Medienverbund erschien:[26] Erste Cartoons wurden bereits seit 1928 produziert, der Comic erschien ab 1930. Darüber hinaus war die „Micky Maus"

Abb. 4: Supermans erster Auftritt in „Action Comics" 1938

ebenso eine der ersten Comicfiguren, die ab 1935 im neuen Format des „Comicbook", des Comic-Heftes angeboten wurde.

Comics waren seit den 1930er Jahren in den USA nicht nur in den Beilagen der Zeitungen zu lesen, sondern konnten auch als Geschichtensammlung in Form eines Comic-Heftes erworben werden. Gegen Ende der 30er Jahre besaßen bereits mehrere erfolgreiche Serien ihr „eigenes" Heft, und damit war jene Grundform des Comic-Heftes entstanden, in der noch heute die amerikanischen Comic-Serien erscheinen. Der von Jerry Siegel und Joe Shuster 1938 kreierte „Superman"[27] ist eine solche Serie, die nicht nur das Superhelden-Genre begründet hat, sondern zu einer der populärsten Comic-Serien an sich wurde. Das Cover des ersten Comic-Heftes mit einem Superman-Abenteuer ist in Abb. 4 zu sehen.

Durch diese Superhelden-Comics, deren Popularität und Entwicklung, entstand eine erste Periodisierung innerhalb der Comicgeschichte. Man unterscheidet heute mindestens vier so genannte Zeitalter: Diese „Zeitrechnung" beginnt mit dem „golden age", von 1938 bis Mitte der 1940er Jahre, gefolgt von einem „silver age", das von Mitte der 1950er- bis Ende der 1960er Jahre dauerte. Die anderen Zeitalter bilden das „bronze age" von Mitte der 1970er- bis Mitte der 1980er Jahre und ein „modern age", das gegen Ende der 80er Jahre begann. Jede dieser Phasen umfasst spezielle Entwicklungsmuster der Comics und ihrer Protagonisten, die hier nur grob angedeutet werden sollen. Vom „golden age" bis zum „modern age" wandelten sich die Superhelden von dem Gesetz treu ergebenen kompromisslosen Heroen zu gefallenen Helden, die an der Korruption und Schlechtigkeit des eigenen gesellschaftlichen Systems scheiterten, um dann teilweise als ungebrochene Kämpfer und Beschützer des „American way of life" wiedergeboren zu werden.[28] Für die letzte Gruppe ist die Figur des „Captain America" ein gutes Beispiel, der 1941 extra für den „Kampf gegen die Nazis" geschaffen wurde (s. Abb. 39).

Wie sah es aber in Europa aus? Hier wurde der bis zum Ende des Ersten Weltkrieges durchaus auflagenstarke Bilderbogen als Massenmedium fast bedeutungslos. Diese traditionelle Form von Bildergeschichten blieb fortan fast ausschließlich Kinder- und Jugendzeitschriften sowie Kundenbroschüren vorbehalten. Gleichzeitig öffneten sich Frankreich und Belgien dem neuen Medium Comic, und so wurde z.B. mit „Tintin" in Belgien 1929 ein Grundstein der franko-belgischen Comic-Tradition gelegt. „Tintin" von Hergé, zuerst als Fortsetzungscomic in der Kinderbeilage einer Tageszeitung produziert,[29] wurde und blieb so populär, dass Hergé einige der Geschichten als abendfüllende Zeichentrickfilme vermarkten konnte und die Serie in Deutschland unter dem Namen „Tim und Struppi" (s. Abb. 5) bekannt wurde. Hergé entwickelte einen neuen Zeichenstil, die „ligne claire".[30] Gegenstände und Personen werden dabei durch schwarze, einfache Linien von einander abgehoben. Figuren und Hintergrund sind mit farbigen, aber jeweils monochromen Flächen gestaltet, auf Farbverläufe und Straffuren wird weitestgehend verzichtet. Durch die Reduktion von Figur und Körper auf das Notwendige und dessen Hervorhebung durch Linien wird in diesem Comic fast alles als wesentlich wahrgenommen und eine Aura

Abb. 5: Hergé: Tim und Struppi im Kongo

von Wahrhaftigkeit erzeugt. Das erhöht die Lesbarkeit und Transparenz des Comics und lädt die Leserinnen und Leser im Geschichtscomic auf eine Entdeckungsreise historischer Details ein. Unter anderem durch diesen Stil fanden diese Comics in Frankreich und Belgien viel größeren Anklang als in Deutschland, wo die meisten Serien dieses Stils erst in den 70er- und 80er Jahren in Übersetzung verlegt wurden.[31]

In Deutschland hatten es Comics ungleich schwerer. Sie wurden in einer Zeit populär, in welcher in der Weimarer Republik Massenkultur und „Hohe Kunst" aufeinander prallten. Das Phänomen der Massen- oder Populärkultur entwickelte sich durch Neuerungen wie Kino und Rundfunk. Radioempfänger und Grammophone wurden erschwinglicher, zahlreiche Filme, darunter Importe aus den USA, wurden in Deutschland konsumiert. Viele dieser Neuerungen lösten, als „Amerikanismus" abgewertet, heftige Kritik bei großen Teilen der Bildungselite und in den Reihen der alten Avantgarde aus. Die Kunst schien durch

Abb. 6: e.o.plauen: Vater und Sohn

die massenhafte Verbreitung neuer (Trivial-)Medien dem Verfall preis-
gegeben, das humanistische Bildungsideal schien in Gefahr.[32] Die US-
amerikanischen Comics wurden in Deutschland verdächtigt, klassische
Literatur und Kunst zu verdrängen und von Anfang an der sogenannten
„Schundliteratur" zugeordnet. Diese abwertende Kategorisierung für
Trivialliteratur existierte schon seit dem 19. Jahrhundert, z.B. als Bezeichnung für die äußerst erfolgreichen Kolportage-Romane und wurde
von Kritikern wie Ernst Schultze („Die Schundliteratur, ihr Vordrin-
gen, ihre Folgen, ihre Bekämpfung", 1909) schon früh öffentlich kriti-
siert. Die Übernahme der US-amerikanischen Serie „Perry" in der
„Neuen Jugend" von 1933-1935 als „Kalle, der Lausbubenkönig" ist daher eher als eine Ausnahme zu verstehen.[33] Deutsche Produktionen, die

Abb. 7: Harold Foster: Prinz Eisenherz

niemals das Volumen der ausländischen Lizenzprodukte erreichten, verzichteten nicht zuletzt aus diesem Grund öfter auf Sprechblasen oder auf Sprache insgesamt.

Erich Ohser war einer derjenigen Künstler, die Bildgeschichten ohne Sprache veröffentlichten. Auch wenn er nicht der „Vater des deutschen Comics" ist, als „Onkel" kann er durchaus gelten. Seine bekanntesten unpolitischen Werke erschienen als die Geschichten von „Vater und Sohn" ab 1934 in der „Berliner Illustrierten" bis 1937 (Abb. 6). Aber bereits da musste Ohser unter einem Pseudonym (e.o.plauen) schreiben, da er als politischer Zeichner und Freund Erich Kästners unter nationalsozialistischer Beobachtung stand.[34]

Wenn Comics in deutschen Illustrierten oder Magazinen erschienen, so waren sie zum größten Teil ausländische Produktionen, und häufig durch „Bulls Pressedienst" vermittelt. Dieser in Stockholm ansässige

... EHE SIE SICH AUF DEN WEG ZUM HAFEN MACHEN.
DIE ENGEN STRASSEN RIECHEN BEMERKENSWERT...
ABER NICHT NACH BLUMEN.

und 1929 gegründete Pressedienst hatte sich auf die Vermarktung von Comics und Bildergeschichten spezialisiert.[35]

Neben einem kulturellen „Anti-Amerikanismus der europäischen Bildungsschichten"[36] in den 1920er Jahren war es zweifellos in Deutschland der Nationalsozialismus, der fast keinen Raum für Comic-Importe aus den USA und die Entwicklung einer deutschen Comic-Kultur ließ.

Comics mit historischen Inhalten lassen sich seit den 30er Jahren nachweisen. 1935 erschien erstmals „Oaky Doaks", ein Semi-Funny von Ralph Briggs Fuller, dessen Serienheld eine Art Don-Quijote-Adaption verkörperte. „Oaky" war ein Bauernknecht, der sich als Ritter ausgab und so allerlei mehr oder weniger historische, aber dennoch skurrile Abenteuer erlebte. Die „eigentliche" Geschichte der Geschichtscomics beginnt mit Hal Fosters „Prince Valiant" – in der deutschen Übersetzung nach 1945 „Prinz Eisenherz", dessen erster Strip 1937 in Sonntagsbeilagen verschiedener nordamerikanischer Zeitungen erschien.

Die Serie entstand um Themen der Artus-Sage und ist ein Abenteuer-comic vor mittelalterlichem Hintergrund. Foster konsultierte während des gesamten Zeichenprozesses Wissenschaftler aus verschiedenen Bereichen, um den Leserinnen und Lesern möglichst authentische Architekturformen, Landschaften, Waffen und Kostüme präsentieren zu können, die er – anders als Fuller – in einem naturalistisch-realistischen Stil zeichnete. Der Erfolg Fosters über die Grenzen Nordamerikas hinaus ist sicherlich neben diesem Stil – gerade für den deutschen Raum – dem Verzicht auf Sprechblasen und Lautmalerei geschuldet. Die wörtliche Rede und auktoriale Erzählung wurde komplett aus den Panels verbannt und in abgeschlossenen Bereichen unter den Bildern präsentiert. Die Serie wurde in Deutschland so populär, dass der Carlsen-Verlag noch in den 80er Jahren eine erfolgreiche Werkausgabe herausbrachte, in denen Originalseiten des Klassikers (mit deutscher Übersetzung) angeboten wurden (s. Abb. 7). Mittelalterliche Abenteuercomics wie „Prinz Eisenherz" haben zusammen mit einigen europäischen- und deutschen Produktionen für lange Zeit die Landschaft des Geschichtscomics in der Bundesrepublik geprägt.

2.3   Comics in der Bundesrepublik

Comics wurden erst im Nachkriegsdeutschland wirklich populär, hier begann ihr Aufstieg zu einem Massenmedium. Trotz der steigenden Beliebtheit hatte man aber ein gebrochenes Verhältnis zu ihnen, da Comics als typisch amerikanischer Import erlebt wurden[37] und deutlich auf die USA als Besatzungsmacht verwiesen. Dennoch bleibt unbestritten, dass amerikanische Importe natürlich Träger bzw. Vermittler von amerikanischer Kultur waren. Die ersten dieser US-amerikanischen Comics kamen mit den GIs nach Deutschland, wurden teilweise sogar den Carepaketen beigelegt und legal oder illegal importiert.

Das erste Comic-Heft aus deutscher Eigenproduktion war „Bumm macht das Rennen" von Klaus Pielert, eine Mischung aus Abenteuer- und Detektivgeschichte vor dem Hintergrund einer durch den Krieg zerstörten Stadt, das 1947 verlegt wurde.[38] Die meisten Comicstrips erschienen in Jugendzeitschriften wie der „Neuen Welt", wobei in der „Neuen Welt" vor allem Abenteuerserien mit Grundlagen in klassischer Literatur, Sagen oder der Geschichte dominierten. Auch hier stellte Bulls Pressedienst eine wichtige Ressource dar und nahm bei der Vermarktung des Abenteuergenres von 1949 bis 1953 eine Monopolstellung ein.[39] Bereits Anfang der 50er Jahre sicherte sich der Stofftierhersteller Steiff die Rechte an der „Mecki"-Figur aus den gleichnamigen

Bildergeschichten. Dies war das erste bedeutende Beispiel für erfolgreiches Merchandising im Bereich der Bildgeschichten und Comics – „Mecki" wurde zum Massenphänomen.

Neben Abenteuer-Comics wie „Prinz Eisenherz", der ab 1950 in der „Badischen Illustrierten" erschien, oder „Tarzan" (1952), der bereits durch Kinofilme eine bekannte Figur war, wurden die Disney-Produktionen immer beliebter. Disney-Comics und Trickfilme boten „saubere" Unterhaltung für Kinder, bei der sich die niedlichen Tiere zwar durchaus jagen und balgen durften, es aber kein Blut, ernsthafte Verletzungen oder gar Tote gab. „Micky Maus" erschien seit 1951 und blieb für die nächsten 30 Jahre die Comicserie mit den höchsten Auflagen in der Bundesrepublik.

Mit der Gründung des Carlsen-Verlages im Jahre 1953 stießen die Comics sogar in den Buchsektor vor. Natürlich gab es nicht nur Comics für Kinder und Jugendliche. Manfred Schmidts „Nick Knatterton", 1950 erstmals erschienen, wurde recht schnell mit Sprechblasen ausgestattet und gab für ein eher erwachsenes Publikum seine durchaus politischen Kommentare zum Besten. „Nick Knatterton", so Bernd Dolle-Weinkauff, war einer der wenigen Comics, die sich gegen die aufkommende Comicphobie relativ gut behaupten konnte.[40]

Den steigenden Konsum der Comics und ihre Präsenz in Zeitungsbeilagen, Jugendzeitschriften, Piccolos[41] und Comic-Heften erlebten Eltern und Pädagoginnen und Pädagogen wohl mit einem Gefühl der Ohnmacht. Immerhin beschäftigten sich ihre Schützlinge mit einem Medium, das bereits kurz nach Kriegsende einen zweifelhaften Ruf hatte, der älteren Generation überwiegend verschlossen blieb und von dieser gleichzeitig als ausschließliches Kindermedium wahrgenommen wurde. Langlebige (Vor-)Urteile waren vor allem die folgenden: Die Zeichnungen der Gesichter und Situationen seien im Comic abartig verzerrt. Die verwendete Sprache und wörtliche Rede sei verstümmelt und führe damit zu Missbildungen der eigenen Sprachfähigkeit. Es wurde weiterhin angenommen, dass das Lesen von Comics durch den hektischen Wechsel von Bild und Sprache in kryptischen Blasen zu ernsthaften psychischen Störungen führen könne. Comics galten bereits in den 50er Jahren als verdummend und zunehmend gefährlich, da sie angeblich zu so genanntem „Bildidiotismus"[42] führten.

Besiegelt wurde das schlechte Image der Comics durch die amerikanische Diskussion um Frederic Wertham und dessen Kollegen.[43] Der Tiefenpsychologe Wertham traf mit seinem Werk „Seduction of the Innocent" von 1954[44] in den von starken politischen Spannungen geprägten USA den Nerv der Zeit. Hatten die Crime- und Superhero-

Stories durch die Darstellung von Gewalt und Sexualität schon eine ganze Zeit unter schärfster Kritik gestanden, wurde es in der McCarthy-Ära möglich, das Symptom kurzerhand zur Ursache zu erklären. Wertham und seine zahlreichen Anhänger veranstalteten damals einen regelrechten Feldzug gegen das Fernsehen und die Comics. Die „Anklage" lautete auf Verführung der Jugendlichen durch die genannten Medien zu Gewalt, Straftaten und abartiger Sexualität. Es wurde z.b. behauptet, dass das Lesen von Batman-Comics zur Homosexualität verführen oder pädophile Neigungen begünstigen würde; die Beziehung zwischen Batman und seinem jugendlichen Gehilfen Robin lasse solche Schlussfolgerungen zu. Ebenso sollten Action-, Fantasy-, aber vor allem die Horror- und Crime-Comics Jungen wie Mädchen frühreif werden lassen und die männliche Jugend zu Vergewaltigungen anstiften. Diese Behauptungen wurden scheinbar empirisch belegt: Wertham betreute psychologisch straffällige Jugendliche aus der Bronx, einem sozial schwachen Viertel von New York, in dem ein extrem hoher Anteil von arbeitslosen Afroamerikanern lebte. Bei diesen stellte er einen hohen Comic-Konsum fest, konzentrierte sich dadurch intensiv auf die Crime-Comics und versuchte daraufhin, diese Comics als eine der Wurzeln von Jugendkriminalität zu identifizieren. So wurden die Comics zu „Verführern" der unschuldigen Jugend. Es kam zu Boykotten von Geschäften, die Comics anboten, sogar zu öffentlichen Comicverbrennungen. In dieser für Comicverlage wirtschaftlich prekären Lage, die bereits damals von DC-Comics und Marvel angeführt wurden, schufen sie eine freiwillige Selbstkontrollinstanz. Diese sollte einem Gesetz und damit einer staatlicher Indizierung zuvorkommen und eine wirtschaftliche wie auch gesellschaftliche Sicherheit wieder herstellen. Der sogenannte „Comic-Code" trat im Oktober 1954 in Kraft.[45] Der Comic-Code hatte massive Auswirkungen auf Inhalte und Darstellungen der betroffenen Genres innerhalb der Comiclandschaft der USA.

Die Argumente Werthams gegen Comics wurden in der Bundesrepublik von Pädagoginnen und Pädagogen, aber auch bspw. von Juristen gern aufgenommen, denn sie ergänzten den nunmehr seit Dekaden geführten Kampf gegen die „Schundliteratur" um wertvolle Argumente. Waren Comics am Ende das „Opium der Kinderstube",[46] wie ein „Spiegel"-Titel lautete? Nach zweijähriger Hochkonjunktur der Comics setzte ab 1953 in der Bundesrepublik eine „Anti-Schund- und Schmutzkampagne" ein, die – anders als in den USA – zu einem „Gesetz über die Verbreitung jugendgefährdender Schriften" führte. Dieses Gesetz ist ein Ergebnis einer langen Diskussion, die bereits 1949 durch einen entsprechenden Antrag von Heinrich von Brentano, dem späteren Bundesaußenminister, initiiert wurde.[47] Seit Mai 1954 gab es zur Durchführung des Gesetzes eine „Bundesprüfstelle für jugendgefährdende Schriften", die sich, obwohl diese Prüfstelle ursprünglich nicht ausschließlich für Comics gedacht war, nun intensiv mit den Verlagsangeboten von in- und ausländischen Comics beschäftigte und diese gegebenenfalls indizierte. Basis für die Indizierung der Comic-Hefte waren vor allem folgende Richtlinien der Bundesprüfstelle (BPrSt):

◆ „Für jugendgefährdende Druckwerke scheidet als Rechtfertigung die Behauptung aus, sie dienten einer angebl. Bedürfnisbefriedigung. Die BPrSt hat dabei auch die große Zahl von Jugendlichen mitzuberücksichtigen, die durch Anlage oder Milieu ohnehin schon gefährdet und daher für negative literarische Einflüsse besonders stark anfällig sind.

◆ Die BPrSt geht aus von einer verbindlichen Sittlichkeit, die den ethischen Kern der abendländischen Kultur darstellt.

◆ Die Bildhefte müssen als Massenerscheinung mit Gewöhnungstendenz bewertet werden. Auch eine geistige Gefährdung kann sittlich gefährden.

◆ Dass in vielen Comics Kampf und Gewalt Selbstzweck sind, unterscheidet sie von den Werken der Literatur, in denen Kampfhandlungen in einen Sinnzusammenhang gestellt werden. Es kommt nicht darauf an, ob „das Gute siegt", sondern darauf, ob die angewendeten Mittel unserer Sozialordnung entsprechen."[48]

Gerade die Formel der geistigen Gefährdung eignete sich hervorragend, um Abenteuer-Comics zu indizieren. So hatte die Indizierungspraxis der Bundesprüfstelle massive Auswirkungen auf die wirtschaftliche Stellung der entsprechenden Verlage. Die Abenteuerserien des Lehning-Verlages betraf sie besonders hart, da die gezeichneten Kampfszenen oftmals neu gestaltet werden mussten, was allein durch den Termindruck manchmal zu grotesken Text-Bild-Kombinationen führte (s. Abb. 8). Marc Degens kommentiert diese Zeit der massiven Indizierung

Abb. 8: Hans-Rudi Wäschers „Akim" vor und nach der Zensur

wie folgt: In der Bundesrepublik „standen sich sodann heftelang Ritter, Weltraumfahrer, Indianer, Cowboys und Soldaten mit leeren Händen gegenüber – da Messer, Schwerter, Pistolen, Gewehre und Kanonen retuschiert werden mußten –, zielten mit ausgestrecktem Finger aufeinander, bis irgendwann aus heiterem Himmel ein Kämpfer zu Boden sackte und in die ewigen Jagdgründe einging."[49]

Der Erfolg der „Schund- und Schmutzkampagnen" Anfang der 50er Jahre führte zu einer enormen Verschlechterung des Images von Comics und von Comic-Leserinnen und -Lesern. Verlage und Grossisten schufen in dieser Notsituation die „Freiwillige Selbstkontrolle für Serienbilder", die FSS, welche seit 1955 einer Indizierung vorbeugen, Verlage schützen und den Ruf der Comics verbessern sollte.

Die Situation verbesserte sich aber nicht. Es traten jetzt immer mehr Comic-Gegner in die Öffentlichkeit, die ihre Interessen durch die Bewilligung der FSS nicht mehr gewahrt sahen. So konnte man 1956 in der „Jugendliteratur" lesen: „Was die Atombombe der Welt antun kann, nämlich ihr Ende herbeiführen, das kann das Comic book der Welt antun – nämlich das Lesen ausrotten."[50] Propagandistische Kampagnen vom „Volkswartbund", dem Lehrerorgan „Jugendschriftenwarte" und einer Vielzahl von Pädagogen, Buchhändlern, Bibliothekaren und Jugendfürsorgern schadeten den Produzenten von Comics sehr. Neben Umtauschaktionen war es zu öffentlichen Verbrennungen der bunten Hefte gekommen, bis schließlich 1957 der Zenit der Anti-Comic-Kampagnen überschritten war.[51] Comics galten forthin als „Schund und Schmutz", der nur von „Delinquenten und Zurückgebliebenen" gelesen würde. Viele Jugendliche lasen die Hefte dennoch (wenn auch heimlich) weiter – und vor allem taten es immer mehr.

Unter anderem ist dies einem der erfolgreichsten Comiczeichner Deutschlands zu verdanken: Hansrudi Wäscher. Er schuf mit der Figur „Sigurd" (1953) nicht nur ein deutsches Pendant des amerikanischen „Prince Valiant", er legte mit der gleichnamigen Serie einen Grundstein des deutschen Geschichtscomics. „Sigurd" (s. Abb. 9) erschien anfänglich im Piccolo-Format und wurde erst in den 60er Jahren in Großbänden verkauft. Die Abenteuergeschichte, die als eine freie Adaption des Nibelungenliedes begann, stellte den Helden Sigurd vor, der mit seinen treuen Begleitern, dem Junker Bodo und dem Knaben Cassim gegen feindliche Zeitgenossen oder Naturgewalten kämpft, Unschuldige rettet und Hilflose verteidigt. Wie schon bei Fosters „Prince Valiant" traten Frauen übrigens in diesen Abenteuern oftmals nur als (männer-)mordende Furien oder verfolgte Unschuld auf. Historische Bezüge wurden von Wäscher nur sehr selten hergestellt, auch recherchierte er nicht wie

Foster in wissenschaftlicher Literatur, um möglichst detailgetreue Kleider oder Architektur darzustellen, das historische Wissen Wäschers nährte sich vielmehr zum großen Teil aus Trivialliteratur.[52] Das ist aber nur zu verständlich, wenn man bedenkt, dass Wäscher teilweise bis zu 200 Comicseiten im Monat produzierte und die meisten seiner Serien über eine relativ einheitliche Ästhetik verfügten, die nicht zuletzt auf Grund des Termindrucks nicht über ein begrenztes Maß hinaus entwickelt werden konnte. Denn neben „Sigurd" produzierte Wäscher ganze Abenteuerserien in unterschiedlichen Subgenres: so z.B. „Nick, der Raumfahrer" als Science-Fiction-Serie, „Tibor" als Dschungelabenteuer (und Tarzan-Adaption) sowie „Buffalo Bill" als Western-Comic, um nur einige zu

Abb. 9: H.-R. Wäscher: Sigurd

nennen. Vermarktet wurden Wäschers Comics vom Lehning-Verlag, der sich bereits seit 1953 bemühte, u.a. durch die Heftchenreihe „Abenteuer der Weltgeschichte", ein seriöseres Profil zu entwickeln, obwohl die historischen Bezüge nicht immer gut recherchiert waren.

Die Serie der „Illustrierten Klassiker", die von 1956 bis 1971 publiziert wurde, entsprach durch den Verzicht auf Sprechblasen und einer fast ausschließlichen Verwendung von illustrierenden Comic-Bildern einem Kompromiss zwischen „ernsthafter Literatur" und Bildgeschichte, die über ihren literarischen Status zumindest nicht als „Schund" angesehen wurden. Die Serie umfasste mehr als 200 Titel der klassischen Literatur, so wurden Homers „Illias" und „Odyssee", mehrere Dramen und Komödien von Shakespeare, Schillers „Wilhelm Tell" und Goethes „Faust" als comic-ähnliche Bildgeschichten verlegt. Auch die ab 1957 produzierten Bildermärchen[53] für kleinere Kinder stellten einen Versuch dar, den pädagogischen Ruf von Bildgeschichten – und den mit diesen assoziierbaren Comics – zu heben. Das Geschäft mit den Abenteuern florierte trotz des Schmuddelimages der Comics. Gerade Bezüge zu historischen Hintergründen oder bekannten literarischen Stoffen wurden von den westdeutschen Comicleserinnen und -lesern in den folgenden Jahren gerne angenommen, so z.B. die neuen Abenteuerserien der 1960er Jahre von Helmut Nickel: „Robinson", „Die 3 Musketiere" und „Winnetou". Parallel dazu wurden vor allem „saubere" Abenteuergeschichten, die im Middle-Class-Milieu angesiedelt waren, vertrieben: „Neben dem puritanisch-sauberen Kinderhelden und ihren unbegrenzte Integrität ausstrahlenden erwachsenen Beschützern stellt die völlige Verdrängung urbaner Zivilisation aus den Handlungsräumen ein typisches Syndrom dieser Reihen dar."[54] Ein Beispiel für eine solche Serie ist „Bessy" von Willy Vandersteen, die ab 1965 in einem eigenen Heft erschien. Mitte der 60er Jahre ließ in der Bundesrepublik dann der Erfolg der Abenteuerserien etwas nach. Humorvolle Familienstrips wie die „Peanuts" von Charles M. Schulz wurden dafür als Comicstrips in Zeitschriften umso populärer. Kinderserien wie „Micky Maus" und „Fix und Foxi" erfreuten sich weiterhin größter Beliebtheit. Nach mehreren Anläufen hatten die amerikanischen Superhelden-Comics ihr Publikum in der Bundesrepublik gefunden, wie steigende Auflagen von „Superman" und „Batman" belegen.[55] Das lag zum einen an intensiven Werbekampagnen, zum anderen aber Ende der 1970er Jahre an Verfilmungen, die große Erfolge feierten.[56]

Mit „Asterix" (Abb. 10) begann schließlich eine erste Phase der Aufwertung von Comics. Der kleine Gallier von René Goscinny und Albert

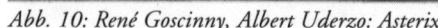

Abb. 10: René Goscinny, Albert Uderzo: Asterix

Uderzo wurde 1959 erstmals in der Zeitschrift „Pilote" vorgestellt und feierte auch in der deutschen Übersetzung ab 1965 größte Erfolge, denn seine Geschichte schien politische Satire für Erwachsene, Unterhaltung für Kinder und pädagogische Wissensvermittlung über die Antike beispielhaft zu vereinen. Auch ließ sich, so Bernd Dolle-Weinkauff, die gallische Vergangenheit für deutsche Leserinnen und Leser als teutonische lesen. Kleidung, Architektur und Feindbilder waren so ähnlich, dass die Deutschen jenen antiken (Anti-)Helden einen Platz in ihrer Geschichte einräumen würden. Das lag nicht zuletzt an der anfangs massiven „Eindeutschung" des Comics. „Asterix" wurde nicht nur jenseits der Schule akzeptiert, sondern war einer der wenigen Comics, die z.B. im Geschichts- und Lateinunterricht genutzt werden sollten.[57] Er war der erste Geschichts-Comic, der vor dem Hintergrund der „Verdummungs- und Schundkampagnen" in der Bundesrepublik einen guten Ruf hatte.

Das „Comic-Tabu" schien in den 1970er Jahren in dem Maße zu fallen, wie in Kunst (z.B. Roy Lichtenstein oder Andy Warhol), Literatur und Kommerz Comic-Elemente aufgenommen wurden.[58] Die Bundeszentrale für politische Bildung trug 1976 zur Aufklärung über Comics bei, indem sie eine Schrift für Eltern und Pädagoginnen und Pädagogen publizierte: „Massenmedium Comic". Die beteiligten Autoren reflektierten auf die Kampagnen der 1950er Jahre und klärten in Ansätzen die Leserinnen und Leser über die Funktionsweisen der Comics und den aktuellen Markt auf. Ängste vor einer möglichen Propaganda-

nutzung durch kommunistische Gruppierungen wurden diskutiert und der grundsätzliche Tenor lautete nun: „Es gibt gute und schlechte Comics." Die schlechten Comics waren zu diesem Zeitpunkt oftmals die amerikanischen Superhelden-Comics. Dieses Urteil wurde nun nicht mehr psychologisch, sondern soziologisch begründet und bezog sich auf den in den deutschen Übersetzungen angebotenen Mix aus fast 40 Jahren Comicgeschichte: Die meisten Superhelden aus dem „golden age" und „silver age" könne man als „Übermenschen" interpretieren, sie würden dem von den Nationalsozialisten propagierten Ideal ähneln, das antidemokratische Tendenzen begünstigen würde.[59]

Natürlich besteht ein Problem der Superhelden-Comics immer darin, einen Vorwand für Action mehr oder weniger gut konstruieren zu können. Dass aber das grundlegende Schema „gut gegen böse" so einfach blieb, liegt auch am amerikanischen Comic-Code, der lange Zeit eine komplexere und damit moralisch anspruchsvollere Entwicklung verhinderte. Diese gab es jedoch, sie blieb aber den meisten Kritikerinnen und Kritikern verborgen, weil diese sich selten mit der chronologischen Entwicklung einer einzelnen Serie über einen längeren Zeitraum beschäftigten.

Die Kritik an den Comics war dennoch im Laufe der 1960er- und 70er Jahre wesentlich differenzierter geworden, und Pauschalurteile wurden in den pädagogischen und soziologischen Zeitschriften seltener.[60] Schließlich entdeckte die Wissenschaft Comics für sich. Forschungsschwerpunkte lagen auf der systematischen Erarbeitung von serien- und seriengruppenspezifischen Kriterien der Comic-Literatur, empirischen Erforschungen der Wirkung von Comic-Konsum und der Konzipierung von didaktischen Programmen, die den Schülerinnen und Schülern das Fiktionale an Comics bewusst machen sollten.[61] Fragen einer adäquaten ideologiekritischen Auseinandersetzung mit Comics wurden vor allem von Michael Hoffmann, Alfred C. Baumgärtner und Malte Dahrendorf diskutiert.

Auch entstanden nun Comic-Fachzeitschriften, in denen über Neuerscheinungen, Stile, Techniken und Comic-Theorie diskutiert wurde, wie die „INCOS-Nachrichten"[62] oder die „Comixene", die ab 1974 von Andreas C. Knigge herausgegeben wurde. Eine Fan-Kultur – der Comic-Fandom[63] – begann sich herauszubilden, die maßgeblich durch die mittlerweile erwachsenen (und finanzkräftigen) Leserinnen und Lesern von Comics gestaltet wurde. Ein öffentliches Forum dieser Art war etwa die „Sprechblase". Neue Comic-Magazine wie „Wham", „Super-As", „Zack" und „Yps" erschienen. Mit „Zack" kam 1972 eine Zeitschrift für Jugendliche auf den deutschen Markt, die nicht nur deutsche Eigenproduktionen förderte, sondern vor allem ein Forum für franko-belgische Abenteuer-Comics war. Neben Serien wie „Lucky Luke" und „Leutnant Blueberry" war „Zack" auch ein Forum für technisch-sportliche Serien wie „Michel Valliant" (die Abenteuer eines Rennfahrers) und „Dan Cooper" (eine Fliegerserie). „Zack" ermöglichte dem westdeutschen Publikum, Comics von ästhetischer und narrativer Innovation kennenzulernen, wie Teile der Geschichtscomicserie „Corto Maltese" von Hugo Pratt.[64] Die Zeitschrift „Yps" erschien ab 1975 und war im Gegensatz zu „Zack" eher für jüngere Leserinnen und Leser konzipiert. Auch hier wurden Comics präsentiert, Spiel- und Bastelanleitungen für das beigelegte Gimmick, Rätsel, Sammelbilder und Kauf- und Tauschanzeigen machten aus dem Magazin bald ein „kleines Kindermedienpaket".[65]

Die Comic-Kultur der 1980er Jahre zeichnet sich vor allem durch drei hier hervorzuhebende Entwicklungslinien aus. Erstens: Comic-Künstlerinnen und -Künstler gründeten 1981 den „Interessenverband Comic", den ICOM. In Erlangen ansässig, ermöglichte dieser nicht nur eine grundlegende Organisation der Künstlerinnen und Künstler, sondern 1984 auch die Initiierung des ersten „Comic-Salons Erlangen", der bis heute alle zwei Jahre stattfindet. Dieses Datum, so Achim Schnurrer, „markiert auch den endgültigen Einbruch des Comics in die bundesdeutsche Kulturlandschaft; den Beginn jener Zeit, seit der der Comic in Feuilletons und Kulturmagazinen erstmals zur Kenntnis und ernst genommen wurde...".[66]

Zweitens: Comics existieren spätestens seit Mitte der 1970er Jahre in einem Medienverbund. Durch massives Merchandising, das vor allem durch Verlage wie Bastei und Condor forciert wurde und durch die Anbindung der Comics an das Fernsehen[67] und an den Spielzeugmarkt, Hörspielkassetten und andere Printmedien, entwickelten sich viele Comicserien zu sehr schnelllebigen und rasch verschleißenden Konsumartikeln, deren narrative Qualität durch multimediale Angebote sinken konnte: Die Geschichten entwickelten starke Tendenzen zur Standardisierung, da nur noch die Hauptfigur wichtig wurde. Der Einsatz von Merchandisingstrategien wurde nicht zuletzt durch die extrem erfolgreiche Vermarktung von US-amerikanischen Kinofilmen wie „Star Wars" beschleunigt.

Drittens etablierte sich in den 1980er Jahren eine neue Comicform in der Bundesrepublik: das Comicalbum, auch Autorencomic genannt. Inhaltlich können sie sich jedem Genre nähern, hier sollen aber die Geschichtscomics genauer untersucht werden. Die Alben zeichneten sich durch den für die 80er Jahre typischen realistischen Stil der

Abb. 11: Hermann: Die Türme von Bos-Maury

Zeichnungen aus. Im Rahmen der Comicforschung zeigte sich sehr bald, dass zwar die meisten der Comics eine Mischung aus Abenteuer und Historie waren, aber durch den realistischen Stil und die starke Orientierung an historischen Stoffen von den idealisierenden Tendenzen der älteren Abenteuergeneration abwichen. Diese Alben wurden in einer wesentlich niedrigeren Auflage als die Serienhefte verlegt,[68] eventuelle Fortsetzungsgeschichten erschienen selten regelmäßig. Dennoch bedienten sie eine Leserschaft, die immer größer wurde und heute einen entscheidenden, wenn auch kleinen Teil des Comicmarktes ausmacht.

Diese zählt zu der finanzkräftigsten Zielgruppe der Verlage, da Alben erheblich teurer als Hefte sind. Auf diesem Weg konnten sich die meisten Verlage eine neue Zielgruppe erschließen bzw. älter werdende Comic-Leserinnen und -Leser wieder an sich binden, denn ein Großteil der Geschichtscomic-Alben waren Erwachsenencomics: Sie waren durch ihre Themenwahl, ihre Komplexität aber auch durch Sex- und Gewaltdarstellung nicht mehr für Kinder und Jugendliche geeignet. „Die

Türme von Bos-Maury" von Hermann (Abb. 11), das „Algerische Tagebuch" und „Die Söhne des Südens" von Jacques Ferrandez oder „Reisende im Wind" von François Bourgeon[69] markieren dabei die oben genannte Trendwende.

„Reisende im Wind", 1979 in Frankreich erschienen, löste damals
eine regelrechte Historien-Welle aus. Die „Chronik der Barbaren" von
Jean-Yves Mitton und Chantal Cheret ist ein Beispiel für extremere
Gewalt- und Sexdarstellungen. Die Zeitgeschichte wurde ebenso thematisiert. Jacques Tardi, der einen Großteil seiner bisherigen Arbeit der
Suche nach einer adäquaten Darstellung des Ersten Weltkriegs gewidmet hat, schuf mit „Die wahre Geschichte des unbekannten Soldaten"
eine expressionistische Anklage gegen die Katastrophe des Krieges in
einem schwarz-weißen Albtraum. Neben einer großen Zahl von Comics, die den Zweiten Weltkrieg und den Nationalsozialismus zum
Thema hatten, wurde 1982 zum ersten Mal „Barfuß durch Hiroshima"
von Keiji Nakazawa (Abb. 24) in deutscher Sprache veröffentlicht als
einer der ersten japanischen Comics, der den Abwurf der Atombombe
über Hiroshima und dessen Folgen thematisiert.

2.4 Comics in der DDR

Im Gegensatz zum westdeutschen Comic stehen die Comics der DDR in der Sekundärliteratur unter – oftmals berechtigtem – Propagandaverdacht; und dieser ist bei Rekonstruktionen der Geschichte der ostdeutschen Comics fast immer erste und wichtigste Forschungsperspektive.

Dass gerade in den Zeitungen und Zeitschriften für Kinder und Erwachsene im östlichen Nachkriegsdeutschland Bildgeschichten mit comicalen Elementen zur sozialistischen Erziehung genutzt wurden,[70] lag eher an den (für propagandistische Zwecke optimalen) Funktionsweisen des Comics und nicht an einer Affirmation dieses Mediums an sich. Aus staatlicher Sicht galten Comics als ein Inbegriff des amerikanischen Imperialismus, mit dem die (westdeutsche) Bevölkerung infiziert wurde. Gleichwohl wurden diese Heftchen auch in der sowjetischen Besatzungszone von den jugendlichen Konsumenten geliebt und gelesen. Auch die in den 50er Jahren erlassenen Strafgesetze, die den Besitz und die Verbreitung westlicher Comics mit bis zu zwei Jahren Gefängnis ahndeten, taten der Beliebtheit der Hefte wenig Abbruch.[71] So ist es nicht verwunderlich, dass die Werthamschen Hetzkampagnen auch in der DDR aufgenommen wurden. Ihnen verdanken einige sehr langlebige pädagogische Vorurteile gegen Comics ihre Existenz.[72]

In der DDR kam es ebenso wie in der Bundesrepublik zu Comicverbrennungen, die nicht nur der „Rettung" der Kinderseelen, sondern auch der Bekämpfung des Klassenfeindes dienen sollten. Nichtsdestotrotz war in der DDR wie in der Bundesrepublik eine grundlegende Abwehrhaltung gegenüber den Comics immer noch auf die Verteidigung eines humanistischen Bildungs- und Kunstideals deutscher Kultur zurückzuführen.[73] Propagandistisch führte auch das „Neue Deutschland" seinen Kriegszug gegen die Comics aus den USA. So lautete eine Schlagzeile aus dem Jahr 1954: „Amerikanische Verbrechen gegen Deutschlands Kinder. Gangsterliteratur – eine ernste Gefahr für Westdeutschlands Jugend".[74] 1955 fand ein vom „Berliner Kuratorium zum Kampf gegen die Vergiftung der Jugend durch Schund und Schmutz" durchgeführter Schauprozess statt, bei dem u.a. die NATO und die Adenauer-Regierung für die „Vergiftung" der Jugendlichen für schuldig befunden wurden. Das Urteil wurde unter der Überschrift: „Comics – Rezepte für NATO-Söldner" im „Neuen Deutschland" veröffentlicht und darin hieß es: „Schuldig ist schließlich jeder, der Comics besitzt, verbreitet oder nicht einziehen lässt."[75]

Mitte der 1950er Jahre zeichnete sich ab, dass eine Verdrängung der westlichen Comics bei der jugendlichen Leserschaft nur durch eine intensive Eigenproduktion mit gewünschten Inhalten und Formen zu erreichen wäre. Eine zur „Überwachung des Standes von Satire und Karikatur" in der DDR im Jahre 1955 gebildete Kommission aus Vertretern der ZK-Abteilungen „Kultur und Presse" wachte eigens über deren Produktion. Auch nach den Anti-Comic-Kampagnen der 50er Jahre diskutierten Pädagoginnen und Pädagogen über den Wert der Comics, insbesondere über deren Darstellung von Gewalt und Krieg.

Nach und nach wurde auf Initiative der „Freien Deutschen Jugend" (FDJ), für Kinder und Jugendliche aller Altersstufen ein lückenloses Angebot an ideologisch korrekten Zeitschriften geschaffen. Seit 1957 gab es die Zeitschrift „Bummi" für Vorschulkinder, die „ABC-Zeitung" war auf Schülerinnen und Schüler der 1. bis 3. Klasse ausgerichtet, 1953 wurde die „Frösi" („Fröhlich sein und singen") als Kindermagazin gegründet. Sie galt neben der Zeitschrift „Atze" dem Lesepublikum der 4. bis 6. Klasse, für „Thälmann-Pioniere" und FDJler wurden die Zeitschriften „Trommel" und „Junge Welt" konzipiert.[76] Damit die grundlegende Idee der Verdrängung westlicher Comics funktionierte, sollten

Als im Oderbruch Hochwasser ist, spenden sie vom geringen Besitz Kleider und Schuhe.

„Keiner zu klein, Helfer zu sein", sagen die Kindergruppen der FDJ und bergen Nägel für den Aufbau.

Kollege Schmidt hat einen neuen Schatz aufgestöbert: eine Bibliothek, nur leicht angesengt!

Die erste Schulwanderung führt sie auf den Alex. Dort sind sowjetische Panzer im Einsatz. Mit Stahlseilen reißen sie dort, wo heute das Centrum-Warenhaus steht, riesige Ruinen nieder. Zum Tag der Gründung der DDR machten die Sowjetsoldaten den Berlinern ein großes Geschenk: Das Haus der Kinder in der Parkaue mit dem „Theater der Freundschaft".

Zeichnungen B. Günthe

Abb. 12: (Eine) Geschichte in „Atze": „Berlin, April 1945" aus dem Jahr 1987

schnell eigene Bildstreifen produziert und in die entsprechenden Zeitschriften integriert werden. Diese mussten sich aber von den amerikanischen Produktionen nicht nur inhaltlich, sondern auch optisch unterscheiden.[77] Lange Zeit verzichteten die meisten Comicstrips auf Sprechblasen. Der Zeitschrift „Atze" (Abb. 12) wird in der Comicforschung ein hoher Grad an versuchter ideologischer Manipulation attestiert.[78] „Atze" war jedoch trotz Bildgeschichten unterschiedlichster Inhalte am Anfang oftmals arm an Höhepunkten, und fehlende Serienkonzepte unterstützten keine hohe Leserbindung. Dennoch erfreute sich die Zeitschrift größerer Beliebtheit, was nicht zuletzt daran lag, dass neben den politischen auch unpolitische und hochwertigere Comics in den Heften angeboten wurden – wollte man Comics lesen, musste man Propaganda in Kauf nehmen.

Fax hat sich jetzt grad' selbst erkannt und wär' am liebsten fortgerannt.

Die fette Maus, die grad' da war, das ist er selbst, wurde ihm klar.

Abb. 13: Fix und Fax in „Atze"

Abb. 13 zeigt einen Ausschnitt von „Fix und Fax", die ihre kleineren Abenteuer ebenfalls in „Atze" erlebten. Neben ideologisch konstruierten Geschichten wurden in den verschiedenen Magazinen Klassiker in Comic-Format angeboten, die sicherlich zur Leserbindung beitrugen und u.a. ungarische Importe waren. Beispiele hierfür sind „Die Kinder des Kapitän Grant" („Frösi", 1973), „Der Schreiber des Pharao" („Frösi", 1989), sowie „Goldfieber" und „Tom Sawyers Abenteuer" („Trommel" 1972, 1974).

Die einzige erfolgreiche Serie der DDR mit einem eigenen Heft war das „Mosaik", das seine Premiere im Dezember 1955 feierte. Bis 1975 waren keine anderen Figuren annähernd so populär wie die Hauptprotagonisten des „Mosaik", die „Digedags" (Abb. 14). Im „Mosaik" der frühen Jahre verzichtete man zwar auch auf Sprechblasen, der Erschaffer des Comics, Johannes Hegenbarth (Hannes Hegen), konnte aber eine im Vergleich zu anderen Jugendzeitschriften relativ große Unabhängigkeit für sich und sein Team durchsetzen.[79] Das „Mosaik", das bis heute monatlich erscheint, ist ein Geschichts-Comic. Die Hauptprotagoni-

Am nächsten Morgen gibt es einen Mordsspektakel. Der General ist außer sich. „Major Treskow, wo ist das Boot?" – „Zu Befehl, Herr Jeneral, wahrscheinlich jeklaut!" Der Meinrath stöhnt: „Herrschaftsseit'n, das hab' ich g'wußt! Warum hat er auch die Seeseit'n net sichern woll'n!" – „Vielleicht ist es auch nicht gestohlen, sondern nur versenkt worden", meint Dig. „Wir werden uns solch einen Guckkasten holen, wie ihn die Fischer zum Beobachten der Fischschwärme haben und den Grund damit absuchen."

„Kannst du etwas sehen, Dag?" – „Ja, es liegt genau unter uns, unmittelbar an der Kaimauer. Es wird sich leicht heben lassen, denke ich."

„Das Boot ist noch da, Herr Bauer. Es liegt nur auf dem Grund." – „Dann werd' i glei anen Taucher abischicken."

„Wißt's was? Jetzt fangen wir an zu spionier'n. Wir werden uns in der Stadt umhorchen und die Hallodris aufspür'n, die das ang'stiftet haben." – „Ein guter Vorschlag, Oberst."

„Was haben die drei miteinander zu flüstern? Höchst verdächtig! Kombiniere, die wissen mehr als ick. Werde mich raffiniert verkleiden und ihnen nachspionieren. Bin doch ooch nich aus Dummsdorf!"

Abb. 14: Die Digedags im „Mosaik" von Hannes Heegen

sten reisen durch verschiedene Zeiten und Länder. Hegen entkam dabei allzu deutlichen Positionierungen zur aktuellen politischen Lage des geteilten Deutschlands dadurch, dass sich die „Digedags" bis auf zwei Ausnahmen nie über die zeitliche Grenze des 19. Jh. hinaus bewegten.

Abb. 15: Die Abrafaxe im „Mosaik"
von Lothar Dräger

Diese Strategie behielt Lothar Dräger bei, der seit 1976 das „Mosaik"-Team nach dem Ausscheiden von Hannes Hegen als künstlerischer Leiter übernahm. Der Titel der Serie wurde beibehalten, die „Digedags" wurden jedoch durch die „Abrafaxe" ersetzt (Abb. 15). Dass auch das „Mosaik" unter ideologischen Zwängen stand, kann anhand verschiedener Abenteuer und (Sonder)Serien[80] nachgewiesen werden.

Generell wurden in den 1970er Jahren comicale Elemente in der DDR etwas alltäglicher. Die „Berliner Zeitung" hatte sich zum Flaggschiff der Zeitungscomics entwickelt. Ebenfalls erlebten die Comics in den illustrierten Zeitungen mit dem Beginn der Honecker-Ära und der damit einsetzenden leichten Enttabuisierung der Comics eine neue Blüte. Erstmals wurden neben Kinder- und Jugendmedien auch Comics für Erwachsene produziert.[81] In den 1980er Jahren näherten sich Jugendcomics dann neuen Themen wie z.B. dem Umweltschutz; auch gab es erste Ansätze zur Sozialismuskritik.[82] Comics wurden in der DDR nur marginal für Werbung genutzt, und diese blieb auf wenige Produkte begrenzt. Den Comics fehlten in den 80er Jahren immer noch Normalität und Alltagstauglichkeit, um Wahrnehmungsmuster prägen zu können. Sie waren für eine klassische Produktwerbung noch viel zu umstritten, begleiteten sie doch immer noch Vorurteile, etwa das der Verdummung. Der Einsatz von Comics erfolgte eher in Kampagnen, so z.B. bei der Brandschutzaufklärung oder Hygieneerziehung.[83]

Die wissenschaftlichen Diskussionen der 80er Jahre in der DDR setzten ihren Schwerpunkt vor allem auf die Frage nach der Rolle des Trivialen in der Kunst, also auf die Frage nach der künstlerischen Qualität von Comics. Das Medium stand jedoch noch immer so stark unter dem ideologischen Verdacht der imperialistischen Indoktrination, dass kaum eine breitere Akzeptanz bei den entsprechenden staatlichen Organen und bei der Bevölkerung der DDR entstehen konnte.

Seit Mitte der 80er Jahre entwickelte sich um das „Mosaik" eine Fan-szene, die aber allein aufgrund oftmals fehlender oder zu teurer Verviel-fältigungsmöglichkeiten mit erheblichen Schwierigkeiten zu kämpfen hatte. Als ein Schritt zur Verbesserung des Ansehens von Comics kann die 1988 in Ostberlin gezeigte Ausstellung „Eine grafische Kunst: der französische Comic" gesehen werden, auf die positiv reagiert wurde.[84] In Frankreich hatten die Comics übrigens zu diesem Zeitpunkt bereits den Status der „neunten Kunst" inne. Neben wenigen Klassikern der Lite-ratur, die in Jugendzeitschriften als Abenteuer-Comics mit histori-schem Hintergrund produziert wurden, blieb das „Mosaik" das einzige Comic-Heft der DDR, das seinen Leserinnen und Lesern konsequent, wenn auch in wechselnder Qualität,[85] Geschichten um historische Ereignisse und Per-sonen angeboten hat.

Eine mit der westdeutschen Comicszene vergleichbare Comic-Kul-tur gab es in der DDR nicht. Dennoch hofften immer wieder vereinzelt Künstlerinnen und Künstler jenseits politisch korrekter Unterhaltung trotz fast völliger Chancenlosigkeit auf eine Veröffentlichung.[86] Einige Werke aus dem fast nicht organisierten Comic-Underground wurden vor dessen Absorption in eine gesamtdeutsche Szene von Volker Hand-loik in „Leichtmetall. Comics in der DDR" zusammengetragen.

2.5 Comics in der deutschen Kultur und Wissenschaft seit 1989

1990 wies laut UNESCO die „Mickey Maus" eine größere Verbreitung auf der Welt auf als die Bibel oder die Werke von Lenin.[87] Ein Prototyp des US-amerikanischen Comicbooks hat sich demnach weltweit durch-gesetzt. In den letzten 15 Jahren hat jedoch eine andere Comicform den deutschen Markt geprägt und verändert: die Manga. In Deutschland erlebten sie Anfang der 1990er Jahre einen Boom, wurden dann noch einmal kurz in ihrer Popularität von den klassischen westlichen Aben-teuer- und Superhelden-Comics übertroffen. Seit einigen Jahren zeich-nen sie sich durch eine starke Marktposition aus und sind heute die Comicgattung mit den höchsten Verkaufszahlen in Deutschland.[88]

Jenseits des Heftchen-Marktes sind vor allem folgende Entwicklungs-linien zu beachten: Der Autorencomic der 1980er Jahre weist heute eine stärkere Differenzierung auf. Gerade im Bereich der fiktionalen Litera-tur sind durch die Nutzung von erzählerischen Formen neue Comic-Gattungen entstanden, wie z.B. der Comic-Roman. Dieser wird in der hier vorgestellten Typologie als Comic-Epochal-Epos vorgestellt und kann als eine Spielart des historischen Romans wahrgenommen werden. Er stellt einen wichtigen Entwicklungsschritt des Geschichts-Comics dar.

Die in den 1980er Jahren populär gewordenen Sach-Comics wurden auch in den 90er Jahren erfolgreich vermarktet, wenngleich ihre Qualität teilweise sehr umstritten war und ist. Ein Klassiker auf diesem Gebiet sind die „... für Anfänger"-Reihen vom Rowohlt-Verlag. So gibt es seit 1979 in mehreren Auflagen z.B. „Marx", „Lenin", „Sozialismus", „Genetik", „Freud" oder „Atomkraft für Anfänger". Die Ende der 90er Jahre erschienenen Comic-Biografien über Franz Kafka und Albert Camus aus dem Verlag Zweitausendeins wurden zwar nicht so populär wie die „Anfänger"-Reihe, dafür weist aber die von Robert Crumb gezeichnete Kafka-Biografie („Kafka kurz und knapp", Abb. 16) eine wesentlich höhere ästhetische Qualität auf als einige der „Anfänger"-Sach-Comics. Gerade für Jugendliche wurden in den 90er Jahren vermehrt geschichtliche Aufarbeitungen produziert, so z.B. die „Geschichte der Musik in Comics" von Denys Lemery und Bernhard Deyriés oder „Die Geschichte der Philosophie in Comics" von Domenico Casamassima und Eugenio Fiorentini. Neben Comic-Sachbüchern wurden in den 1990er Jahren die ersten Comic-Sachbücher über Comics in deutscher Sprache veröffentlicht, so z.B. „Comics richtig lesen" von Scott McCloud, „Mit Bildern erzählen" und „Grafisches Erzählen" von Will Eisner sowie „Comic Welten" von Gerhard Habarta und Harald Havas.

Mit der Comic-Autobiografie und dem Comic-Journalismus haben sich in den letzten Jahren zwei Formen des Comics durchgesetzt, die das Medium auch den deutschen Leserinnen und Lesern endlich als eines zeigen, das allen Themen gewachsen ist. Die Tatsache, dass sich die Comic-Autobiografie durchsetzen konnte, ist unter anderem Robert Crumb zu verdanken, der bereits Ende der 1960er Jahre in den USA mit seinem Magazin „Zap Comix" Underground-Comics eine Plattform bot. Er war selbst einer der ersten Künstlerinnen und Künstler,

Abb. 16: D.Z. Mairowitz und R. Crumb: Kafka kurz und knapp

Abb. 17: Flix: Held

die autobiografische Elemente in ihren Comics wendeten.[89] Es gibt heute eine Vielzahl von internationalen Comic-Künstlerinnen und

-künstlern, die autobiografisch arbeiten, wie Art Spiegelman („In the shadows of no towers"), Marjane Satrapi („Persepolis") und Ted Rall („To Afghanistan and back"), die ihre Geschichte überwiegend an historisch bedeutsame Krisen knüpfen. Chester Brown („The Playboy"), Roberta Gregory („Bitchy Bitch"), Craig Thompson („Blankets"), aber auch Flix („Held") und Mawil („Die Band") aus Deutschland zeigen, dass autobiografische Narrative jenseits der Weltpolitik ein wertvolles Comic-Genre bilden.

Geschichtscomics weisen seit einigen Jahren eine größere inhaltliche Vielfalt auf. Es sind vor allem aktuellere Krisen, die von (betroffenen) Künstlerinnen und Künstlern bearbeitet werden, wie z.B. der Krieg im ehemaligen Jugoslawien („Fax aus Sarajevo" von Joe Kubert, „Sarajewo Tango" von Hermann und verschiedene Titel von Joe Sacco). Comics über den Zweiten Weltkrieg sind nach wie vor in verschiedensten Genres sehr populär. Nach dem Erscheinen von Art Spiegelmans „Maus" wurden in den letzten Jahren immer wieder ästhetisch anspruchsvolle und um Authentizität bemühte Werke über den Holocaust und die Schrecken des Nationalsozialismus veröffentlicht wie z.B. „Yossel" von Joe Kubert, „Auschwitz" von Pascal Croci oder „Berlin 1931" von Raúl und Felipe Cava.

In Deutschland war bzw. ist die Bewertung dieser Entwicklung durch harte Auseinandersetzungen zwischen Comicgegnern und -befürwortern gekennzeichnet. Der öffentliche Umgang mit Art Spiegelmans „Maus" (s. Abb. 57-62) und der Hitler-Biografie von Friedemann Bedürftig und Dieter Kalenbach (Abb. 18) zeigen das in beispielhafter Weise: Art Spiegelman hat mit „Maus: Die Geschichte eines Überlebenden" (1989) und „Maus II: Und hier begann mein Unglück" (1992) auch in Deutschland für Aufsehen gesorgt. Spiegelman wurde für die Verarbeitung der Geschichte seines Vaters, eines Holocaustüberlebenden, mit dem Pulitzer-Preis ausgezeichnet. In Deutschland wurde auf „Maus", so Annekatrin Dohm, viel aggressiver reagiert als in anderen europäischen Ländern. Zentrale Fragen waren hier: Durfte man den Holocaust in einem Comic verarbeiten? Durfte man Juden als Mäuse und Deutsche als Katzen zeichnen? War es rechtens, dass ein großes Hakenkreuz auf den Covern sichtbar war? Letzteres, so der thüringische Oberstaatsanwalt Reinhard Hönninger, war nicht angebracht, weshalb er ein dieses Cover zeigendes Plakat 1995 konfiszieren ließ.[90] Andererseits hatte Art Spiegelmans Werk sehr gute Kritiken in den USA und im restlichen Europa bekommen. „Maus" galt im Hinblick auf das qualitative Potenzial von Comics als positive Anomalie.[91]

Spiegelman schien durch seinen Comic lediglich eine Ausnahme

Abb. 18: Friedemann Bedürftig/Dieter Kahlenbach: Hitler

von der vermeintlichen Regel „Comics sind Teil der Schundliteratur" zu präsentieren. Dennoch hat „Maus" das Image des Mediums stark aufgewertet und das Genre der Comic-Autobiografie erstmals in das Licht einer breiteren Öffentlichkeit gerückt. „Maus" zählt darüber hinaus zu den Comic-Alben, zu denen eine relativ hohe Anzahl an Forschungsliteratur erschienen ist, wie die Arbeiten von Annekatrin Dohm, Oliver Näpel und Michael Hein, Ole Frahm und Hans-Jürgen Pandel belegen.[91]

„Hitler: Band 1: Die Machtergreifung" und „Band 2: Der Völkermörder" erschienen ebenfalls 1989 und verursachten zunächst Verwirrung. Friedemann Bedürftig hatte als Autor eine Biografie verfasst, die aufklären und nicht unterhalten sollte. Trotz kritischer Stimmen wurde das Werk auf einen Band gekürzt in einem Medienpaket im Auftrag der Bundeszentrale für politische Bildung 1993 zum Thema „Gewaltherrschaft und Demokratie" herausgegeben. Nachdem die Kritik immer heftiger wurde, zog die Bundeszentrale das Angebot zurück, und eine öffentliche Auseinandersetzung begann. Als Fazit aus diesen Diskussionen lassen sich folgende geschichtsdidaktische Pro- und Contra-Positionen aufzeigen. *Pro:* Dies ist einer der ersten Versuche, sich mit Hilfe eines Mediums, das für Kinder und Jugendliche als prägend gilt, ernsthaft einem für die deutsche Geschichte wichtigen Thema mit pädagogischen Absichten zu nähern. *Contra:* Dieter Kalenbach hat für die Gestaltung der bilderbogenähnlichen Seiten auf Fotografien zurückgegriffen, die ihrerseits Propagandamaterial, als solches aber für unbedarfte Leserinnen und Leser nicht mehr zu dechiffrieren sind, weil auf Bildnachweise, ebenso wie auf bibliografische und Quellennachweise verzichtet worden ist. Dem Vorwurf der negativen Personalisierung[93] und einer generell unangebrachten Fiktionalisierung sollte man jedoch mit Vorbehalten begegnen, da beides durch die Form des Mediums und die gewählte Perspektive für die Leserinnen und Leser erfassbar ist. Die ästhetische Qualität der Bilder ist trotz Kalenbachs Erfahrungen als Comiczeichner der Serie „Turi und Tolk", einer Abenteuerserie im Magazin „Zack", umstritten. „Hitler" ist kein Comic, sondern eine inhaltlich abgestimmte Anordnung von Bilderbögen, die bestenfalls die nicht nur optisch schwer lesbaren Texte kommentieren, aber nie eine Einheit mit diesen eingehen.[92] Der Verzicht auf Panels und die überwiegende Verwendung von Collagen und symbolischer Illustration des Textes hemmen den Bildlesefluss ungemein – und damit letztlich auch das Verstehen des Dargestellten. Eine Leserbindung kann so nicht wirklich erreicht werden. „Hitler" ist – obwohl für Schüler konzipiert – nicht in Lehrplänen für Gymnasien des Faches Geschichte präsent.

In den Diskussionen um die beiden genannten Alben lassen sich immer noch durch Vorurteile geprägte Befürchtungen gegenüber Comics finden, wobei die größte die Angst vor der Fiktionalität des Comics im Allgemeinen zu sein scheint. Bei den gewählten Beispielen entstand eine zusätzliche Brisanz dadurch, dass man bis dahin in Deutschland weder geklärt hatte, was Comics alles können, noch – und das ist die entscheidendere Frage – was Comics dürfen. Mittlerweile werden beide Fragen in den meisten wissenschaftlichen und intellektuellen Kreisen positiv beantwortet; dennoch werden Comics im Vergleich zu anderen Medien in wissenschaftlichen Auseinandersetzungen immer noch (quantitativ) stiefmütterlich behandelt. So wurden im deutschen Raum Neuerscheinungen aus dem biografischen wie auch journalistischen Raum wissenschaftlich kaum oder erst beachtet, nachdem die Werke Auszeichnungen auf den großen Comic-Messen erhalten hatten und in Comic-Fachmagazinen ausführlicher diskutiert worden waren.

Eines der wenigen Genre, das heute als relativ gut erforscht gelten kann, ist das der Superhelden-Comics. Man kann dies auf die Tatsache zurückführen, dass es lange als das umstrittenste Genre galt und dadurch aus verschiedenen wissenschaftlichen Perspektiven eine immer differenziertere Analyse über diese Comics erfolgte. Im Bereich der Geschichtswissenschaft bietet dieses Genre als Quelle einen hervorragenden Fundus für die Erforschung von zeitgenössischer Propaganda,[94] aber auch von alltäglichen Problemen.

In der deutschsprachigen Literatur lassen sich die letzten vermehrten Veröffentlichungen zum Thema Comic im Bereich der Geschichtswissenschaft auf die Mitte der 90er Jahre datieren.[95] Die pädagogisch motivierten Stellungnahmen zu Geschichtscomics beziehen sich eher auf ältere Comics als auf Neuerscheinungen. Fehlende neuere Veröffentlichungen jenseits der Comicforschung und Japanologie lassen sich durch mehrere Thesen plausibilisieren. Zum einen waren Comics in Deutschland nie so populär wie in Japan, Belgien, Frankreich, Italien, Spanien oder den USA. Auch zeichnete sich bereits in den 80er Jahren ab, dass es noch viel „schlimmere" Dinge gab, z.B. Zeichentrickserien (welche einen Großteil der Genre-Vielfalt der Comics bieten) oder Computerspiele immer neuerer Generationen und schließlich das Internet. In der virtuellen Welt der pädagogischen Probleme sind die Comics schlicht und einfach oftmals untergegangen. Zum anderen mag auch ein Grund der fehlenden wissenschaftlichen Beschäftigung mit den Comic-Heften in einer Art Übertragung einer Dichotomie von guter und schlechter Literatur auf die Comics vorliegen: Wenn überhaupt, beschäftigt sich „der" Wissenschaftler mit Alben, denen allein durch ihr nicht-serielles Erscheinen meist höhere Qualität zugesprochen wird.[96]

Die letzten beiden Thesen würden die eher geringe Zahl an Forschungsliteratur[97] über Manga erklären. Ebenfalls ist zu beachten, dass die Verkaufszahlen für Comics in den letzten Jahren nicht nur in den USA,[98] sondern auch in Deutschland zurückgegangen sind. Die eingeschränkte Beschäftigung der Geschichtsdidaktik mit Comics erklärt Munier wiederum durch das Fehlen eines Analyseinstrumentariums zur Auskunft über deren Leistung zur Ausbildung von Geschichtsbewusstsein.[99]

Ein Indiz für eine immer noch vorhandene „bemäntelte Ablehnung" von Alben wie Heften, lässt sich in der Haltung der öffentlichen Bibliotheken Deutschlands finden. Während die westdeutschen Bibliotheken meist mit dem Verweis auf die Kurzlebigkeit der Comic-Hefte oftmals ablehnen und sich nur zaghaft dem Albenmarkt nähern, ist die Abwehr in den neuen Bundesländern größer. Kaum eine Bibliothek stützt sich beim Albenkauf auf fachliche Ratgeber. Robert Elstner sieht einen bewahrpädagogischen Ansatz und eine kulturelle Abwehr immer noch als treibende Kraft in einer solchen Beschaffungspolitik.[100]

Aber wie sieht es in den Schulen bzw. aktuellen Rahmenrichtlinien der Bundesländer aus? Sind Comics mittlerweile ein Teil der Lehrpläne im Geschichtsunterricht? Das Ergebnis ist eher ernüchternd: Comics werden nicht gesondert als Medium mit spezifischen Eigenschaften besprochen. Wenn sie in den Rahmenrichtlinien erwähnt werden, kommt die Beschäftigung mit Comics einer Empfehlung gleich, und selbst dann beschränkt sich ihr Einsatz fast ausschließlich auf den Bereich der Alten Geschichte und einen anschließenden Vergleich. Comics werden damit weder als Quelle von Zeitgeschichte wahrgenommen, noch bewegt man sich bei Empfehlungen über einen Horizont von „Asterix" wirklich hinaus.[101] In anderen Unterrichtsfächern wie Kunst, Religion oder Deutsch werden Comics nur marginal behandelt. Es kommt vor, dass zwar keine Comictheorie behandelt wird, die Schülerinnen und Schüler aber selbst einen Comic erstellen sollen.[102]

Jenseits der Curricula gab und gibt es aber eine Vielzahl an Publikationen zur Arbeit mit Comics. Zum einen kann die – wenn auch geringe – Zahl an Lerncomics als Ergänzung zum Unterricht verstanden werden, so z.B. die dreibändige Reihe „LernComicGeschichte" von 1996. Auch im Bereich der Spracherziehung wurden in den letzten Jahren Angebote geschaffen.[103] Die größte Zahl an Publikationen findet man aber zu dem Thema „Comics selber zeichnen". Eine Auswahl an Titeln wird im Praxisteil dieses Buches vorgestellt.

Comics sind heute ein Teil der deutschen Kultur. Die Comicszene verfügt über etablierte Messen, wie z.B. den „Comic-Salon" in Erlangen aber auch neuere Festivals, wie die „Comic Time Hildesheim" oder den

„Comicologischen Kongress" in München. Die ICOM betreibt eine wissenschaftliche Auseinandersetzung mit ihrem Medium, die z.B. in Veröffentlichungen wie dem „Comic! Jahrbuch" ihre Diskurse auch für nicht- und semiprofessionelle Comicleserinnen und -leser zugänglich macht. Eine Vielzahl an Ausstellungen rund um Comics sprechen für eine Emanzipation des Mediums. Ferner sind Comicverlage seit geraumer Zeit auf den großen Buchmessen vertreten (Abb. 19).

Als ein Fazit lässt sich formulieren: Die pädagogische Aufwertung der Comics hat

Abb. 19: Werbeflyer für die Leipziger Buchmesse

trotz deren ökonomischer Erfolge und kultureller Anerkennung zu einem großen Teil nur oberflächlich stattgefunden. Obwohl empirische Forschungen belegt haben, dass sich Comic-Leserinnen und -leser keinen sozialen Schichten zuordnen lassen, und dass es nicht möglich war, negative Folgen von Comic-Konsum wie etwa eine Einschränkung der Lesefähigkeit oder Nachahmung von Gewalt nachzuweisen,[104] scheint an Comics immer noch ein Etikett der niederen und trivialen Auswüchse einer eigentlich hohen Kultur zu haften. Comics erfahren trotz ihrer „offiziellen" Aufwertung vor über 20 Jahren immer noch nicht die Aufmerksamkeit und Akzeptanz, die ihnen als weit verbreitetes und in allen sozialen Schichten präsentes Medium gebühren.

In gewisser Weise scheint also „Aufklärung" noch immer notwendig. Diese wird umso wichtiger, wenn man berücksichtigt, dass sich auch Comics als Medium weiter entwickeln. In einer Medienwelt, die zunehmend durch digitale Daten bestimmt wird, werden sich Comics in ihrer Form verändern, wie Scott McCloud perspektivisch zeigt (Abb. 20). In den nächsten Jahren kann, so McCloud, eine massive formale Metamorphose des Mediums erfolgen, denn es ist nicht länger auf ein zweidimensionales Nacheinander der Panels angewiesen. Sicher wird man in einem Comic immer ein Bild nach dem anderen lesen müssen, aber wenn diese Anordnung z.B. in einem Quadrat, einer Kugel oder Treppe besteht,

Abb. 20: Die Zukunft des Comics bei Scott McCloud

ergeben sich dadurch neue inhaltliche und ästhetische Ausdrucksmöglichkeiten.

In den letzten Jahren ist der Comic wieder zu einem Medium des jüngeren Publikums geworden. Er ist als Massenmedium nicht vollständig von neuen Medien abgelöst worden, sondern kann sich gerade durch den Manga-Boom als solches behaupten. Dennoch ist er ebenso ein Medium, das „erwachsen" geworden ist, und auch in Deutschland eine große Vielfalt an Inhalten für verschiedene Altersstufen aufweist.

2.6 Exkurs Manga: Japanische Comicwelten in Deutschland

Das Wort „Manga" bedeutet „komisches" oder „spontanes Bild"[105] und ist die Bezeichnung für Comics aus Japan. Diese zeichnen sich durch eine eigene, von westlichen Comicstilen unterschiedliche Ästhetik aus und werden von rechts oben nach links unten gelesen, wie Abb. 21 verdeutlicht. Während in den 90er Jahren noch oftmals alle asiatischen Comics unter dem Namen Manga zusammengefasst wurden, differenziert man heute die Comics nach ihrem Ursprungsland. So heißen die koreanischen Comics „Manwha" und die chinesischen Comics „Manhua". Auf dem deutschen Markt sind heute hauptsächlich Comics aus Japan, aber auch Korea und teilweise aus Taiwan vertreten.

Manga haben eine lange Vorgeschichte, die in einer reichen und hoch geschätzten Tradition der Bildgeschichte Japans beginnt. Entstanden sind sie erst in einer Modernisierungsphase während der Meiji-Periode, als westliche Einflüsse nicht mehr rigoros unterbunden wurden. Durch den 1862 gegründeten „The Japan Punch" konnten westliche Karikaturen verbreitet werden, und 1877 wurden im Magazin „Marumaru Chinbun" erstmals östliche und westliche Comic-Elemente verbunden; ab 1890 nannte man diese Zeichnungen Manga. Ende des 19. Jahrhunderts wurden die ersten Manga mit mehreren Panels veröffentlicht. Um die Jahrhundertwende erfreuten sich die importierten US-amerikanischen Funnies steigender Beliebtheit, ebenso wurden Anfang des 20. Jahrhunderts europäische Comics importiert und teilweise kopiert. Der Aufstieg der Manga setzte sich jedoch ungebrochen fort.[106] In den 1920er Jahren wurden neben den ersten Jugendmagazinen die politischen Manga-Strips für Erwachsene immer populärer.

Manga waren und sind heute

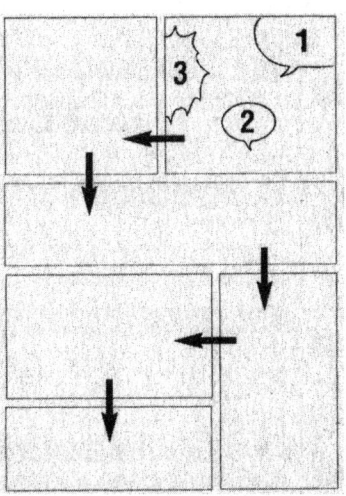

Abb. 21: Leserichtung bei Manga

51

bis auf Titelbilder oder Kapitelanfänge aus ökonomischen Gründen in schwarz-weiß gehalten, ihre Popularität hing nicht wie bei den US-amerikanischen Comics von der Möglichkeit des Bunt-Druckes ab. Seit 1931 gab es den „Shōnen-Club", das bis heute populärste und erfolgreichste Manga-Magazin mit Fortsetzungsgeschichten für Jungen, die zu Beginn noch sehr einfach aufgebaut waren. Die „Mangaka", die Manga-Zeichner eigneten sich erst nach und nach die Schnitttechniken, Einstellungs- und Perspektivenwechsel an, die man zu dieser Zeit schon in den US-amerikanischen Comics finden konnte.[107]

Schon in den 1930er Jahren waren Manga eine Plattform für japanischen Militarismus. Während des Zweiten Weltkriegs standen sie, ähnlich wie die US-amerikanischen Superhelden-Comics, oftmals im Dienst der Propaganda.[108] Im Unterschied zu den USA, wo die meisten Superhelden freiwillig als Patrioten gegen die Nazis in den Comic-Kampf zogen, wurden die japanischen Zeichner ab 1940 durch die „Shin Nippon Manga Kyokai", die „Neue Japan Manga Assoziation" überwacht und zensiert. Nach der Niederlage Japans wurden die Mangakas von der Besatzungsmacht kontrolliert, und so konnte sich erst nach 1950, als einige der Darstellungsverbote gelockert wurden, das Abenteuer-Genre in den japanischen Comics entfalten.

Die Entwicklung des Manga hat wohl keine andere Zeichnerin und kein anderer Zeichner so nachhaltig beeinflusst wie Osamu Tezuka, der nicht nur in Japan als „Manga-Gott" oder „Vater des Manga" verehrt wird. Er gehörte zu den ersten Zeichnern, die Filmtechniken in Manga umsetzten, um Spannung zu erzeugen, und er kreierte unzählige Figuren, die heute als Klassiker gelten. Tezukas Stil, der sich, was die Physiognomie der Figuren betrifft, durchaus an Disney anlehnt, hat das Genre der Kinder-Manga nachhaltig beeinflusst. Seine erste erfolgreiche Manga-Serie war „Jungel Taitai", die im „Shōnen-Club" abgedruckt und später als Animeserie[109] „Kimba, der weiße Löwe" nicht nur in Japan, sondern auch in den USA und Europa erfolgreich vermarktet wurde.

Manga wurden in den 50er Jahren in Magazinen, aber auch in kleinen Büchern verkauft, deren Umfang anfänglich 60 Seiten betrug. Tezuka selbst sprengte diesen Umfang 1947 mit „Shin Takarajima", der „Neuen Schatzinsel", einer 200-seitigen Abenteuer- und Piratengeschichte, mit der er nicht nur seinen endgültigen Durchbruch feierte, sondern auch das „epische story manga"[110] als neue Manga-Form einführte. Einer seiner berühmtesten Serienhelden bleibt jedoch „Tetsuwan Atomu", „Astro Boy", ein kindlicher Roboter, der, ausgestattet mit Riesenkräften, nicht nur im Dienste der Menschheit des Jahres 2003 steht, sondern auch zwischen ihr und den Robotern vermittelt. In Abb.

22 sieht man Tezuka selbst mit seiner Figur. „Astro Boy" erschien erstmals 1951 in „Shōnen Jump", 1962 begann Tezuka die Produktion der Trickfilmserie. Er „wurde zur Ikone der japanischen Popkultur und war Vorreiter der Multimedia-Gesellschaft."[111]

Bereits in den 1950er Jahren wurden in Japan erste Manga für Erwachsene, die „gekiga" produziert,[112] die mit Gewalt und Sex freizügiger umgingen, teilweise auf einen realistischeren Zeichenstil zurückgriffen und durchaus aktuelle Fragen zu Gesellschaft und Politik aufgriffen. Die Manga für Erwachsene bekamen ein eigenes Format (DIN A5), um sie besser von den Kinder-Büchern abgrenzen zu können, denn auch in Japan gab es Diskussionen um Gewalt in den

Abb. 22: Osamu Tezuka: Astro Boy

Jugend-Manga.[113] Diese Diskussionen führten zu einem Boom von Sportmanga, in denen Kampfszenen im Rahmen des sportlichen Wettkampfs gezeigt werden konnten. Fast jede Sportart war populär, die „national favourites" – so Paul Gravett – waren jedoch Baseball und Sumo-Ringen.[114]

In den 70er Jahren erfasste der Manga-Boom die gesamte japanische Gesellschaft. Es entstand in dieser Zeit eine Vielzahl von neuen Stilen, Genres und Sub-Genres, so dass für jede erdenkliche Zielgruppe Manga angeboten werden konnten. Eines dieser neuen Genres, das weniger Wettkampf, aber dafür Kampf thematisierte, war das der Riesenroboter-Geschichten. In diesem Genre kämpfen noch heute meist jugendliche Helden in gigantischen Robotern oder „Battlesuits" gegen ebenso gigantische Bedrohungen aus fernen Welten oder Dimensionen. Die Serie „Mazinger Z" gilt als einer der Begründer dieses Genres, das durch parallel vermarktete Animes in den USA und Europa im Verlauf der 80er Jahre Einzug hielt und mit der Serie „Gundam" 1981 ein hohes Maß an Popularität erreichte.[115]

Der japanische Mangamarkt produzierte Manga nicht nur für Jungen (shōnen-manga), sondern auch relativ früh für Mädchen. Das erste

Mädchen-Manga-Magazin „Shōjo Kai" – so Paul Gravett – hat es in Japan schon 1902 gegeben.[116] Bis in die 60er Jahre hinein wurden die Mädchen-Manga von Männern gezeichnet, und deren inhaltlicher Umfang bewegte sich meist nicht über Romanzen, Heirat und Mutterschaft als erklärte Ideale in der japanischen Gesellschaft hinaus. Osamu Tezuka hat auch dieses Genre maßgeblich beeinflusst mit seiner Figur der „Ribon no Kishi", der „Prinzessin Ritter" (1955), die ein Prototyp in mehrfacher Hinsicht war. Erstens hatte diese kämpfende Prinzessin die heute so typischen großen, glänzenden Augen, zweitens war sie eine Vorlage für ein neues Sub-Genre, das Magical-Girl-Genre,[117] das heute nicht nur in Japan in jeder weiblichen Altersstufe sehr beliebt ist. Frauen revolutionierten die „Shōjo's", die Manga für Mädchen, in dem sie sich beim Zeichnen weniger auf logisch strukturierte Inhalte, sondern auf Formen konzentrierten. Die Darstellung von Emotionen und ganzen Gefühlslandschaften stand im Vordergrund. Dadurch erweiterte sich das symbolische Repertoire dieser Manga im Laufe der Zeit erheblich. Ein Shōjo-Klassiker ist „Die Abenteuer der Lady Oskar" (s. Abb. 23) von Riyoko Ikeda. Diese Geschichte dreht sich um „Lady Oskar", eine Frau gekleidet als Mann am Hofe Ludwigs XVI., die die Leibgarde der Königin Marie Antoinette befehligt bis zum Ausbruch der Französischen Revolution von 1789. „Die Abenteuer der Lady Oskar" sind also ebenso ein Klassiker im Bereich der historischen Fiktion, vergleichbar mit den historisch angereicherten Abenteuer-Serien der 80er Jahre in Westeuropa.

Die „jidaigeki", die historischen Dramen, bilden ein eigenes Genre. Sie drehen sich oft um ritterliche Helden wie die Samurai-Krieger. Einer der Initiatoren dieses Genres war Yukio Mishima, dessen Erzählungen sehr nationalistisch gehalten sind.[118] Aber auch Sanpei Shiranto, dessen „Kamui Den" (1964) 1995 ins Deutsche übersetzt wurde, gehört in dieses Genre. Die „jidaigeki" weisen einen unterschiedlichen Grad an Authentizität auf, auch findet man romantische oder mystische Elemente in diesen Manga, die sich seit den 50er Jahren erfolgreich behaupten.

Ein Mangakünstler, der höchst authentisch seine Geschichte und die seines Landes in einem Manga aufgearbeitet hat, ist Keiji Nakazawa. Er hat als Sechsjähriger den Abwurf der Atombombe über Hiroshima überlebt und zeichnete 1968 mit „Kuroi Ame ni Utarete" – „Unter schwarzem Regen" seinen ersten Manga über die Folgen der atomaren Kriegsführung. 1972 begann er schließlich seine autobiografische Erzählung „Hadashi no Gen", „Barfuß durch Hiroshima" (Abb. 24) zu zeichnen, die in den USA, in Frankreich, Deutschland, Norwegen, Schweden, Italien, Portugal, Russland, Indonesien und Korea erschien.

Abb. 23: Riyoko Ikeda: Die Abenteuer der Lady Oskar

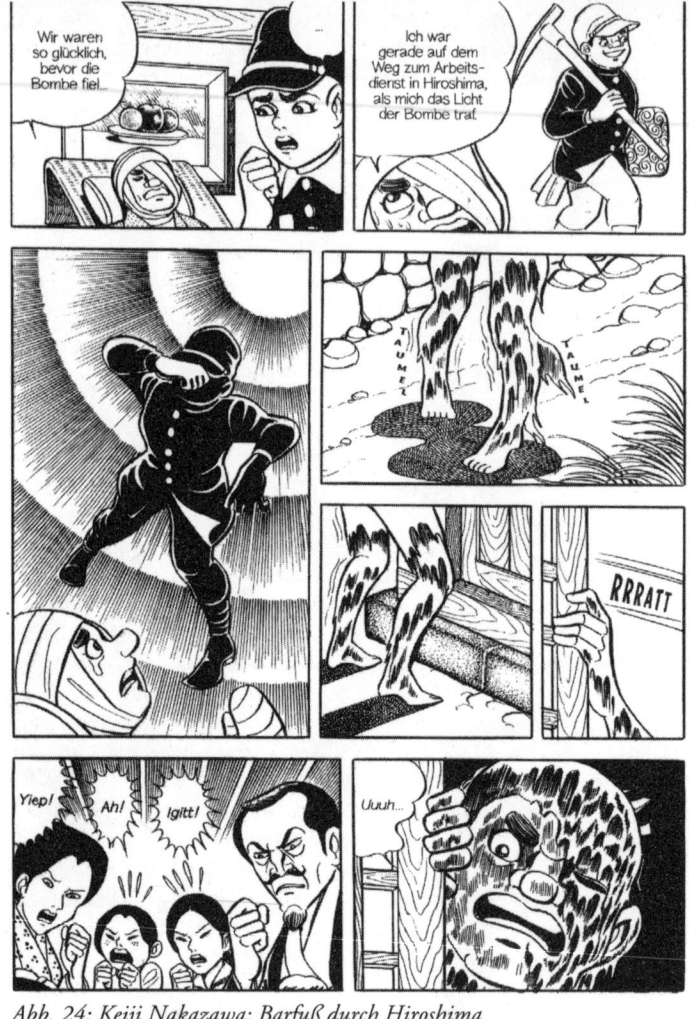

Abb. 24: Keiji Nakazawa: Barfuß durch Hiroshima

Manga sind inhaltlich und kulturell für den japanischen bzw. asiatischen Markt konzipiert. Da allein die Übersetzungskosten der im Verhältnis zu den klassischen Comic-Heften um ein vielfaches umfangreicheren Manga europäische und US-amerikanische Comic-Verleger von Manga-Importen abhielten, dauerte es relativ lange, bis sie auch in der westlichen Welt angeboten wurden. Animes hingegen waren wesentlich leichter für ein europäisches Publikum aufzuarbeiten und wurden deswegen viel früher importiert, nicht zuletzt wiesen einige dieser Serien einen sehr deutlichen westeuropäischen Bezug auf, wie z.B. „Captain Future".[119] Einen ersten Manga-Boom löste „Akira" von Katsuhiro Otomo aus. Allein in Japan verkaufte sich der erste Band 1984 in kürzester Zeit über 700 000mal.[120] 1988 veröffentlichte dann der Marvel-Verlag in den USA einen Teil der „Akira"-Saga, damals noch nachkoloriert, um dem US-amerikanischen Publikum einen Anknüpfungspunkt an die landeseigene Comictradition zu bieten. Über die USA gelangte „Akira" und damit das Phänomen Manga nach Europa. „Akira" wurde 1991 erstmals vom Carlsen-Verlag in Deutschland veröffentlicht. Die Tatsache, dass sich Manga nach diesem ersten Popularitätsschub in Deutschland etablieren konnten, liegt nicht zuletzt an Marketingstrategien privater Fernsehsender und Comic-Verlage. Manga wurden in den 90er Jahren gezielt für das jüngere Publikum im Medienverbund zur Verfügung gestellt: So strahlte der Sender RTL II parallel zu den erfolgreichen Serien „Dragon Ball" und „Sailor Moon" (vom Ehapa-Verlag herausgegeben) die gleichnamigen Animes aus. Der Erfolg dieser ökonomischen Konstellation bedeutet zwar eine Bereicherung des deutschen Comicmarktes, dennoch stellen die bis jetzt in deutscher Übersetzung erhältlichen Manga bei weitem noch nicht die qualitative Vielfalt des japanischen Comics dar.

Manga machen heute in Japan 40 Prozent aller Druckerzeugnisse aus[121] und sind seit einigen Jahren auch in Europa ein unglaublich erfolgreiches Medium. Allein der Carlsen-Verlag verzeichnete im Jahr 2003 einen Anstieg der Verkaufszahlen von Manga auf 85 Prozent der Verlagsproduktion.[122] Der Verlag startete im gleichen Jahr das Mädchen-Manga-Magazin „Daisuki" als Counterpart für das erfolgreiche Jungen-Manga-Magazin „Banzai" (seit 2001), das ebenfalls im Carlsen-Verlag erscheint. Carlsen verlegt dabei nicht nur japanische Manga, sondern konnte z.B. durch Zeichenwettbewerbe (deren Ergebnisse u.a. auf der Leipziger Buchmesse präsentiert werden) deutsche Mangazeichnerinnen rekrutieren, wie z.B. Christina Plaka. Manga-Magazine[123] sind meist so gestaltet, dass sie sehr viel Wert auf die Meinungen und Wünsche des Publikums legen und diese per Leserbriefe, Umfragen u.ä. vorstellen und in die Gestaltung des aktuellen Magazins so weit wie möglich einbeziehen. Das unterscheidet sie von den klassischen Comic-Heften aus US-amerikanischer und europäischer Produktion, die diese Art der Marktforschung in wesentlich geringerem Aufwand betreiben. Neben Fortsetzungsgeschichten in Manga-Magazinen kann man Manga in Form kleiner Bücher erwerben. Auch das Internet ist heute eine Plattform für Veröffentlichungen: „Dojinshis", das sind Amateur-Manga, werden mittlerweile oftmals auf diese Weise veröffentlicht.[124]

Ein aktueller Trend bei den „Shōjo-", den Mädchen-Manga scheinen neben den traditionellen romantischen (Liebes-)Geschichten die auch in Japan sehr populären „Shōnen-ai" zu sein. Das sind Geschichten, die hauptsächlich von romantischen Beziehungen zwischen jungen Männern handeln. Diese Manga können in der heutigen Zeit spielen oder vor prähistorischem („Wild Rock" von Kasuza Takashima) oder historischem Hintergrund („Ludwig II." von You Higuri) angesiedelt sein und gehen mit dem Thema Homosexualität einfühlsam und entspannt um. Bei „Shōnen"-, also Jungen-Manga ist nach wie vor das Thema Wettkampf sehr beliebt. Nach dem Boom um die Manga- und Animeserie „Pokémon" führen Serien wie „Yu-Gi-Oh", „Beyblade" und „Naruto" diesen Trend fort, aber auch die Detektivgeschichten der Serie „Conan" oder die abenteuerlichen Schatzsucher in „One Piece" erfreuen sich einer großen Leserschaft.[125]

Für Manga-Fans wird mittlerweile eine Vielzahl von „Conventions" veranstaltet, bei denen neben dem Verkauf von Manga, Zeichenkurse und -wettbewerbe angeboten werden und sich Fanclubs präsentieren. In Deutschland haben die ersten Manga-Cafes nach japanischem Vorbild eröffnet, wie das „MANGA Cafe" in Köln. Manga können heute als Massenmedium gelten, dennoch findet eine wissenschaftlich-pädagogische Auseinandersetzung mit ihnen in nur geringem Umfang statt, und auch die Berichterstattung über Manga in deutschen Tages- oder Wochenzeitungen und -journalen ist eher als defizitär zu beschreiben. Während „Der Spiegel" z.B. seit einigen Jahren zu europäischen und US-amerikanischen Comics und Comiczeichnerinnen und -zeichner immer wieder Stellung bezieht, scheinen beim Thema Manga eher Vorurteile der Eltern reproduziert zu werden, ohne dass man sich der Mühe unterzieht, sich näher damit zu beschäftigen.[126]

Manga für Erwachsene bzw. ältere Jugendliche werden zwar in weitaus größerem Umfang als entsprechende Comics gekauft, einen tatsächlichen Markt für die „jidaigeki", die historischen Dramen in Mangaformat, gibt es bis jetzt in Deutschland noch nicht.

3. *Es funktioniert! Aber wie?*
Aufbau und Funktion des Comics

Das folgende Kapitel dient dem Verständnis des Comics als eigenständiges Medium mit einem spezifischen Aufbau und daraus resultierenden Funktionsmechanismen. Die wichtigsten Bestandteile eines Comics sind Text, Bild und Symbol. Um die narrativen Eigenschaften des Comics darzustellen, wird der räumliche Aufbau des Mediums beleuchtet: Panel, Habitus, Hiatus und Sequenz. So kann die für das Comic-Lesen wichtigste Operation der Induktion dargestellt werden, die wiederum an Erfahrung und Imagination gebunden ist. Didaktisch bedeutende Wirkungsmechanismen wie Emotionalisierung und Synästhesie werden ebenfalls näher erläutert.

3.1 Die drei Elemente des Comics

Die meisten Comics bestehen aus drei Elementen: Bild, Text und Symbol. Gute Comics zeichnen sich durch eine Einheit dieser Elemente aus. In der Comicforschung wurde immer wieder diskutiert, ob das Bild den Text oder der Text das Bild dominiere. Diese Frage kann nur für jeden Comic einzeln entschieden werden, wobei für den Comic weder der Text noch das Bild „wichtiger" ist. Man kann aber Comics oder Ausschnitte aus Comics je nach dem Text-Bild-Verhältnis klassifizieren. Textlastige Verbindungen verfügen über Bilder, die zum großen Teil nur eine Illustrationsfunktion haben, das Pendant dazu sind bildlastige Verbindungen. In zweisprachigen Panels transportieren Bild und Text dieselbe Botschaft. Comics, bei denen jeweils ein Element das andere näher ausführt, bezeichnet man als additive Verbindungen (Abb. 25). Gehen Bild und Text in unterschiedliche Richtungen ohne sich dabei zu überschneiden, sind dies parallele Verbindungen. Manche Comics verfügen über Montagen, bei denen Textteile zum integralen Bestandteil eines Bildes werden. Die korrelative Verbindung ist die gebräuchlichste. Bei ihr gehen sich Wort und Bild gegenseitig zur Hand.[127]

Abb. 25: Marjane Satrapi: Persepolis

Abb. 26: Paul Gillon/Patrick Cothias: Der Schrei nach Leben

3.1.1 Das Bild

Das Bild als zentrales Element des Comics ist das erste, was Comicleserinnen und -leser wahrnehmen,[128] wenn sie ein Comic auswählen, oder eine Comicseite aufschlagen. Bilder werden hauptsächlich durch Stil, Technik, Farbe und Material näher klassifiziert. Sie zu analysieren setzt einen ästhetischen Fragehorizont voraus. Allein die aktuelle europäische Comiclandschaft zeichnet sich durch eine solche Vielfalt von grafischen Stilen aus, dass hier lediglich einige einführende Bemerkungen folgen:

Abb. 27: Joe Kubert: Yossel, April 19, 1943

Der grafische Stil einer Künstlerin oder eines Künstlers kann den gesamten narrativen Gehalt des Comics verändern. Besonders deutlich wird das im Vergleich zweier Geschichten zum gleichen Thema, wie hier „Schrei nach Leben" von Paul Gillon und Patrick Cothias (s. Abb. 26) mit „Yossel" von Joe Kubert (s. Abb. 27). Allein die Verwendung von Farbe auf der einen („Schrei nach Leben" ist farbig gestaltet, „Yossel" nicht) und der Verzicht auf Farbe und Tusche auf der anderen Seite lassen eine vollkommen andere Atmosphäre entstehen. McCloud verweist in diesem Kontext darauf, dass Farben prinzipiell die Aufmerksamkeit eher auf Umrisse ziehen. Die Form wird damit wichtiger als der Inhalt. In Schwarz-Weiß-Zeichnungen hingegen werden Ideen direkter vermittelt, die Bedeutung transzendiert die Form, und die Kunst kann sich so der Sprache nähern.[129]

Gerade die frühen Comics und hier besonders die Superheldencomics wurden farbig produziert, weil sich bunte Comics besser verkaufen ließen, Inhalte standen weniger im Vordergrund. Farben werden in der klassischen Kunst wie in der Comic-Kunst natürlich auch dann eingesetzt, wenn ihr kulturspezifischer Symbolcharakter genutzt werden soll. Ob ein Comic farbig oder schwarz-weiß gezeichnet wird, hängt von den zur Verfügung stehenden Produktionskosten ab und natürlich von der Intention der Künstlerin oder des Künstlers: Geht es eher um Inhalte, um Formen und Farben oder ist die Verwendung von spezifischen Farben von grundlegender Bedeutung für die Aussage. In den 70er Jahren wurden in den USA schwarz-weiß-Comics vor allem von den amerikanischen Undergroundkünstlern produziert, die sich so ganz bewusst von den bunten Main-Stream-Comicbooks distanzieren wollten. Nach dem abflauenden Erfolg der realistischen Darstellungen in Geschichtscomics und dem Erfolg von „Maus" von Art Spiegelman scheint sich in Deutschland die Vorstellung durchzusetzen, nur die nicht-farbigen Autorencomics seien die anspruchsvollen – eine Dichotomie von hoher und niedriger Kunst als Kultur wird innerhalb der Comicalben-Landschaft selbst forciert. Tendenziell lässt sich aber beobachten, dass gerade die Comic-Künstlerinnen und -künstler, die authentische Geschichten umsetzen oder „Wahrheit" simulieren wollen, meist auf die Verwendung von Farbe verzichten.

3.1.2 Der Text

Der Text als zweites wichtiges Element ist im Comic in drei möglichen Formen präsent. Blocktexte, die sich in westlichen Comics meist am oberen oder unteren Bildrand befinden, enthalten oftmals Situationsbeschreibungen, Kommentare, Vorhersagen, Metanarrationen oder Authentizitätsbeteuerungen. Sie können zur Überbrückung von Raum und Zeit eingesetzt werden. Die Sprechblase[130] stellt im Comic die eigentliche Sprache dar. Sie ist meist eine mit Text gefüllte Ellipse, die eine wörtliche Rede oder Gedanken anzeigt. Dies geschieht oft durch spezifische Sprechblasenränder, wodurch die Sprache einem Akteur zugeordnet werden kann. Sprechblasen können durch ihre Zeichnung Lautstärke, Tonfall oder Gemütsverfassung ausdrücken. Sie vermögen den Klang des Dialoges, aber auch geheime Motivationen und Intentionen zu verdeutlichen. Leere Sprechblasen stehen für Sprachlosigkeit, ein großes Fragezeichen hingegen für Ratlosigkeit oder Unverständnis, während etwa eine Glühbirne eine Idee symbolisiert. Flüche oder Schimpfwörter können anstelle von Text in den Sprechblasen als Symbole dargestellt sein. Worte wie „huch", „wow" oder „seufz" vermitteln hingegen einen emotionalen Zustand. Die verwendete Schriftart unterstützt das Bild bei der Stimmungsbeschreibung und kann zu einer narrativen Brücke werden, in dem sie bspw. Auskunft über die Herkunft einer Figur gibt, wie in Abb. 28 zu sehen ist.

Eine dritte Form des Textes ist die Lautmalerei. Die sogenannten Soundwords sind integrale Bestandteile eines Bildes und dienen diesem in additiver Art und Weise, indem sie Geräusche simulieren. Während Bilder sofort wahrgenommen werden können, benötigt das Lesen von Text dagegen Zeit. Sprache und Bild können nicht wie im Film synchron konsumiert werden, es gibt hier nur ein nacheinander, weil für die Wahrnehmung von Bild und Text das gleiche Sinnesorgan nötig ist.

3.1.3 Das Symbol

Das Symbol ist für das Medium Comic ein konstituierendes Element, es stellt ein „Definitionsmerkmal der Gattung"[131] dar. Symbole können

Abb. 28: Sprechblasen können Klang, Lautstärke und Dialekt des Gesprochenen vermitteln.

als Zeichen für eine Person, einen Ort, eine Sache oder eine Idee stehen. Nichtbildliche Symbole bezeichnen abstrakte Inhalte, sie haben eine konstante, unveränderliche Bedeutung und ihre Formen haben keinen Einfluss auf diese. Bei bildlichen Symbolen hingegen ist die Bedeutung nicht fixiert und variiert in Abhängigkeit von der Form, wie in Abb. 29 zu sehen ist.[132] Will Eisner bezeichnet dies als Symbolismus der Gegenstände.

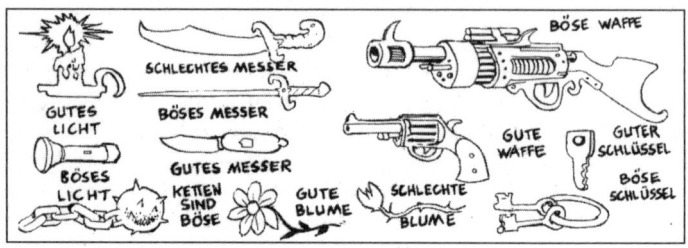

Abb. 29: Symbolismus bei Will Eisner

Dieser Symbolismus ist auch in der Konstruktion von Figuren wiederzufinden. Aussehen und Kleidung einer Figur können so einfach bestimmt werden, die Leserinnen und Leser können sich leicht in einem Comic orientieren. Figuren werden meist dann vereinfacht und durch symbolische Charaktereigenschaften gekennzeichnet, wenn sie innerhalb der Geschichte schnell eingeführt werden müssen. So entstehen stereotype Bilder, die Figur wird klischeehaft und vorerst ohne Individualität dargestellt, wie die Beispiele in Abb. 30 zeigen. Diese Stereotype sind gesellschaftsbezogen. Durch die Verbreitung des Comics als Massenmedium und einer Globalisierung unter westlicher Vorherrschaft, lassen sich mittlerweile auch kulturübergreifende Stereotype finden.

Diese Eigenschaft des Mediums macht den Comic zu einer optimalen Plattform für Propaganda und ideologische Beeinflussung. Anstelle eines Argumentes wird ein Klischee gesetzt, das viel schwieriger zu entdecken und zu hinterfragen ist, zumal bildliche Stereotypen unbewusster als Text wirken können und zum ideologischen wie zum unpolitischen Comic einfach dazu gehören. Werden in Comics Stereotype dargestellt, handelt es sich zeichnerisch um eine Vereinfachung bzw. Reduktion auf wesentliche Informationen, die die Leserinnen und Leser erhalten sollen. Eine solche gezielte Reduktion von Bildern und Figuren beschreibt Scott McCloud als äußerst wirkungsvolle Erzähltechnik, denn je realistischer bzw. naturalistischer eine Zeichnung ist, desto weniger lädt sie die Leserinnen und Leser ein, sich selbst in der Figur zu entdecken. McCloud beschreibt dieses Phänomen am Beispiel des

Cartoons: „Der Cartoon ist wie ein Schwarzes Loch, in das unser Ich und unser Bewusstsein hineingezogen werden (...) eine Leerhülle, in die wir schlüpfen und die es uns ermöglicht, uns in einer anderen Welt zu bewegen. Wir betrachten ihn nicht nur: wir werden selbst zum Cartoon!"[133] Für den Comic bedeutet das: Die Leserin identifiziert die Protagonistin mit sich selbst, indem sie diese mit ihren eigenen Vorstellungen zusammen bringt. Dieser Vorgang ist ein sicherer Indikator für

Abb. 30: Stereotype bei Will Eisner

die Anteilnahme von Leserinnen und Lesern an der im Comic erzählten Geschichte.

Symbole sind nicht nur Teil einer „universellen Sprache"[134] des Comics, sie können starke Emotionen bei Leserin und Leser auslösen – darin liegt eine ihrer größten Stärken. Asiatische Comics zeichnen sich durch ein viel größeres Repertoire an Symbolen aus. Oftmals sind diese aber schwer verständlich für die westlichen Leserinnen und Leser, sodass sie bei der Übersetzung teilweise wegretuschiert werden. Ein auch in übersetzten Manga oftmals zu findendes Stilmittel ist bspw. der Tropfen. Tropfen in oder an Gesichtern kennzeichnen bei Figuren emotionale Erregung, wie Abb. 31 zeigt und nicht etwa eine starke Transpiration.

Abb. 31: Der Tropfen symbolisiert Erregung.

Ein Comic zu lesen bedeutet, Bilder, Symbole und deren Bedeutungen in eine Beziehung zum Text zu setzen. Der Schlüssel zum Verstehen von Comics liegt in einer Interaktion zwischen diesen drei Elementen. Damit die Leserinnen und Leser diese Leistung erbringen können, basiert die Zeichenwelt des Comics auf der Basis von gemeinsamen visuellen Erfahrungen von Comic-Künstlerinnen und -konsumentinnen.[135]

3.2 Die Bausteine einer Erzählung im Comic

Comics erzählen Geschichten. Wenn im Comic Zeit vergehen soll, ist dies nur räumlich darstellbar. In der Bildfolge entsteht erst die Narration, deren Bausteine hier kurz vorgestellt werden. Prinzipiell wird in den westlichen Comics dabei eine Leserichtung von links oben nach rechts unten vorausgesetzt, für asiatische Comics gilt hingegen eine Leserichtung von oben rechts nach links unten.

Ein einzelnes Comic-Bild mit Rahmen bezeichnet man als *Panel*. Dies ist für westliche Comicformen ein überwiegend rechteckiges Standardformat, das jedoch zugunsten von zeichnerischen und Zeit-Effekten verändert werden kann. Manga hingegen zeichnen sich durch eine für westliche Konsumenten eher aufgelöste Seitenstruktur aus, d.h. oftmals fehlen Panelbegrenzungen, oder sie sind nur an ein oder zwei Seiten angedeutet. Die gesamte Comic-Seite wird dann zur Begrenzung des Bildes. Panels können bspw. quadratisch, rechteckig, kreis- oder

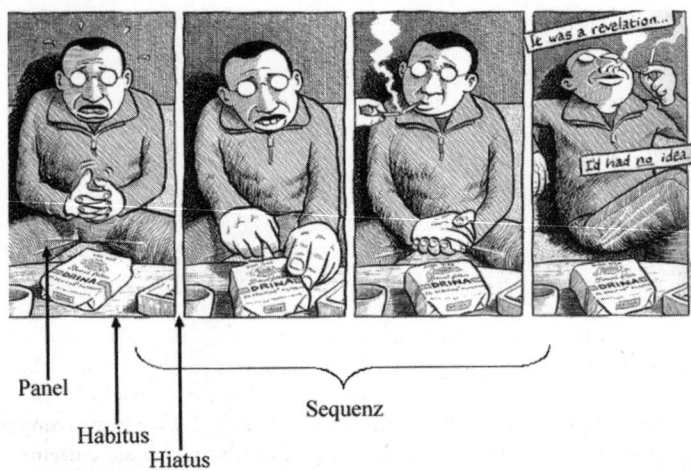

Abb. 32: Narration im Comic

sternförmig sein. Füllt ein Panel eine ganze Comicseite und springt dabei regelrecht dem Betrachter ins Auge, bezeichnet man dieses als „Splashpanel".

Durch die räumliche Begrenzung stellt ein Panel einen bestimmten Zeitabschnitt dar, der aber keinesfalls – wie bei einer Fotografie – mit einem eingefrorenen Moment gleichgesetzt werden kann. Ein Panel ist nur dann ein eingefrorenes Bild, wenn es über keine Sprache und keine Bewegung verfügt. Sobald Sprech- oder Denkblasen oder Soundwords hinzukommen, vergeht im Panel Zeit. Ausführliche Dialoge in großformatigen Panels nehmen dementsprechend mehr Zeit ein. Ebenfalls kann es in einem einzigen Panel Bewegung geben. Diese Bewegung wird durch mehrere Möglichkeiten simuliert oder angedeutet. Die verbreitetste ist die Verwendung von Bewegungslinien, so genannten Speedlines, bei der die Figur in einer gefrorenen Bewegung gezeigt wird, die Linien aber ihre aktuelle Bewegung verdeutlichen. Einige Zeichnerinnen und Zeichner lassen vor einem klaren Hintergrund die Figur in ihrer gefrorenen Bewegung unscharf werden und imitieren die Fotografie einer Bewegung. Während die westlichen Comiczeichnerinnen und Zeichner überwiegend die Figur auf diese Weise animieren, findet man in asiatischen Comics häufiger die Technik, den Hintergrund in Bewegung zu versetzen, anstatt die Figur. Dadurch entsteht der Eindruck einer subjektiven Bewegung. Trotz dieser Möglichkeiten, ist das narrative Potenzial eines einzigen Panels sehr begrenzt.

Den Rahmen eines Panels bezeichnet man als *Habitus*. Durch den Habitus kann die Comiczeichnerin die Ebenen der erzählten Zeit regulieren und so den Lesefluss der Konsumentin steuern. Linear-sukzessive Zeit wird meist durch regelmäßige Rahmen dargestellt, unterschiedliche Zeitebenen können bspw. durch einen kleinen Kreisrahmen in einem größeren rechteckigen verdeutlicht werden. Die Form und Anordnung von Rahmen gibt dabei den Rhythmus der Erzählung an. Eine Folge von Rechtecken oder Quadraten drückt Ruhe, Stabilität und eine gleichmäßig fortlaufende Handlung aus, unregelmäßige Formen dagegen können Spannung und Unruhe anzeigen, eine Beschleunigung der Erzählung kann mit vielen sehr schmalen Rechtecken bewirkt werden.[136] Löst man einen Habitus auf, so dass ein Panel nicht mehr über einen Rahmen verfügt, kann sich dieses Bild über einen Zeitrahmen ausbreiten, der nur noch durch das Papierformat begrenzt wird und z.B. Unendlichkeit oder eine starke emotionale Betroffenheit ausdrückt. Undeutliche, verwaschene Rahmen hingegen können eine Erinnerung symbolisieren. Als ein weiteres künstlerisches Mittel können einzelne bedeutsame Text- oder Bildelemente über den Habitus hinaus gezeichnet werden, sie sprengen dann den Bild- und Zeitrahmen des Panels.

Der *Hiatus* – oder Rinnstein, wie er umgangssprachlich genannt wird – ist der zeit- und erzähltheoretische Zwischenraum zwischen zwei Panels und stellt einen Zeitsprung dar. In ihm geschehen all die nicht-erzählten Ereignisse, die im nächsten Panel vorausgesetzt werden. Der Hiatus verweist auf einen erzählerischen Selektionsvorgang. Einzig die Leserin kann und muss diesen Hiatus überbrücken, wenn sie den Comic lesen und verstehen will. Diese Überwindung gelingt ihr durch Induktion und Imagination, also durch Operationen, die aktiv von den Lesenden ausgeführt werden.

Die *Sequenz* als eine Folge von Panels bildet im Comic Handlungs- und Erzähleinheiten. Durch die Aneinanderreihung von Panels ist es im Comic möglich, einen Handlungsablauf in der Zeit darzustellen, und damit eine sinnhafte Verbindung der Ereignisse herzustellen.

3.3 Wie ein Comic erzählt

Wenn Texte, Bilder und Symbole in mehreren Panels zu einer Sinneinheit, also zu einem Teil einer Geschichte, verbunden werden sollen, muss die Leserin eines Comics eine wichtige Eigenleistung erbringen. Sie selbst muss eine Verbindung zwischen den Comicelementen herstellen: Die **Induktion** ist die wichtigste Operation beim Comiclesen und bedeutet zunächst: das Erkennen des Ganzen, obwohl nur Teile davon wahrnehmbar sind. Sie ermöglicht es den Comic-Leserinnen und -Lesern, die Panels zu verbinden und eine zusammenhängende, geschlossene Wirklichkeit zu konstruieren und damit die erzählte Geschichte zu verstehen. Die Induktion stellt eine Art Grammatik zum visuellen Vokabular des Comics dar.[137] Bei der Induktion muss die Leserin auf ihre Erfahrungen und auf ihre Fähigkeit zur Imagination zurückgreifen, wie Scott McCloud in Abb. 33 vorführt. Je größer der Zeitabschnitt ist, der durch den Hiatus überwunden werden muss, desto mehr ist die Leserin gefordert. McCloud hat die möglichen Induktionsquantitäten sechs Formen zugeordnet.[138] Diese sind:

◆ Übergänge von Augenblick zu Augenblick, dabei vergehen nur wenige Sekunden zwischen den Panels;

◆ Übergänge von Handlung zu Handlung, hier wird ein einzelnes Subjekt bei verschiedenen Handlungen gezeigt;

◆ Übergänge von Gegenstand zu Gegenstand, dies geschieht innerhalb einer Szene oder eines Gedankens;

◆ Übergänge von Szene zu Szene oder

◆ Übergänge von Gesichtspunkt zu Gesichtspunkt. Bei dieser Form tritt der Aspekt der Zeit in den Hintergrund, stattdessen werden dem Auge des Betrachters einzelne Aspekte eines Raumes oder einer Stimmung präsentiert. Diese Übergänge bestimmen maßgeblich den Rhythmus der Erzählung.

◆ Die sechste Form des Übergangs ist die Paralogie. Zwischen den einzelnen Panels ist dabei überhaupt kein Zusammenhang erkennbar, damit ist es nur sehr bedingt für die Leserin und den Leser möglich, einen narrativen Sinn herzustellen. Solche Übergänge kommen äußerst selten vor und werden zur Inszenierung von Verwirrung oder Chaos benutzt.

Dass Leserin und Leser den Hiatus überwinden können, liegt hauptsächlich an einem in den Panels vorhandenem Verweissystem, das Hinweise auf die inhaltliche Verknüpfung gibt. Fritz Breithaupt spricht dabei von einem System von „Indizien".[139] Die Indizien werden erst durch ihre wiederkehrende Präsenz zu solchen Hinweisen. Sie stellen ein bedeutsames Zeichen für die Leserin dar. Fast jeder Bestandteil eines Panels kann sich als Indiz qualifizieren, so können eine Person, ein Gegenstand, ein Geräusch, ja selbst eine Farbe oder ein Geruch ein Indiz werden. Wichtig ist hierbei nur, dass das jeweilige Indiz spezifische und benennbare Eigenschaften aufweist. Erst wenn das Indiz ein zweites Mal auftaucht, ist es als solches erkennbar und sein erstes Auftreten wird rückwirkend bedeutsam. Indizien haben keine Bedeutung an sich, sondern ihre Bedeutsamkeit besteht lediglich darin, dass sie Bilder verknüpfen und auf diese Weise Sinn stiften können. Jedes Panel enthält eine Fülle von potenziellen Indizien und damit eine Fülle von potenziellen Geschichten. Die Aufgabe der Comiczeichnerin ist es, die Wahrnehmung der Leserinnen und Leser über die Comicseiten hinweg so zu leiten, dass die tatsächlichen Indizien als solche erkannt werden.

Hans-Jürgen Pandel hat ebenfalls einen theoretischen Ansatz für ein solches Verweissystem entwickelt; das sogenannte „piktürale Ver-

Abb. 33: Induktion bei Scott McCloud

weissystem".[140] Dieses Verweissystem bezieht sich ausschließlich auf die Figuren der Erzählung. Nachdem sie in einem Panel in die Handlung eingeführt werden (Setzung), können sie durch das Erscheinen im nächsten Panel (Verweis) wieder erkannt werden. Tauchen die Figuren erst später wieder auf, handelt es sich um eine Wiederaufnahme, also einen mittelbaren Verweis. Das wiederholte Auftreten der Figuren ermöglicht es der Leserin, einen zeitlichen Zusammenhang zwischen den Panels herzustellen.

Während in einer Szene sicherlich die Figuren maßgeblich zur erfolgreichen Induktion beitragen können, so ist das Modell von Hans-Jürgen Pandel hier nicht ausreichend. Fritz Breithaupt betont mit seinem Indizienmodell, dass gerade bei der Meisterung der Induktionen von Szene zu Szene und Gesichtspunkt zu Gesichtspunkt Indizien, die keine Handlungsträger sind, sehr bedeutsam sein können. Für Geschichtscomics ist darüber hinaus zu berücksichtigen, dass bspw. Zeitsprünge (also Rückblenden, Erinnerungen und Zeitreisen etc.) nur dann von der Leserin erfolgreich erfasst werden können, wenn der Hintergrund ebenfalls als Verweisraum wahrgenommen wird. Gerald Munier weist darauf hin, dass viele der Geschichts-Comics hauptsächlich „von ständig wiederholten Hintergrundbildern"[141] leben, denn wie sonst sollte die Leserin in die Rolle einer Figur schlüpfen, wenn sie die Umgebung nicht imaginieren kann. Ohne diese Imaginationsleistung kann die Leserin die Erzählung nur schwer verstehen. Darüber hinaus ergibt das gesamte Comic bzw. der Comicstrip eine Art „framework",[142] eine komplexe und je nach Kultur konventionsgebundene Struktur. Das framework unterlegt die von der Comiczeichnerin benutzten Zeichen mit einer Ordnung. So können die Verknüpfungen und Übergänge antizipiert und absichtsvoll gestaltet werden. Comics selbst erzählen also gar nicht im üblichen Sinne, sie bieten dem Betrachter lediglich einen kohärenten Rahmen, den dieser ausfüllen muss.

Es gilt: Je weniger Zeit und Raum der Erzählung aus der eigenen Erfahrung konstruiert werden können und je größer die Induktionsquantität ist, desto mehr Imagination muss für die Induktion eingesetzt werden.

3.4 Wie ein Comic die Leserinnen und Leser beeinflusst

Comics fordern wie dargestellt nicht nur einen sehr aktiven Rezeptionsprozess, sondern sie wirken auch massiv auf die Leserin, denn sie verfügen über das Prinzip der Synästhesie.[143] Das bedeutet, dass, obwohl nur *ein* Reiz, nämlich ein visueller Reiz geboten wird, mehrere Sinne auf diesen Reiz ansprechen. Das ist nur durch kulturelle und individuelle

Abb. 34: Emotionalisierung bei Will Eisner

Erfahrung und Imagination möglich.[144] Das Beispiel der Sequenz zu den Bausteinen der Erzählung (Abb. 32) verdeutlicht diesen Prozess: Joe Sacco zeichnet sich hier selbst, wie er nervös auf einem Sofa sitzt, mit seinen Fingern spielt und schließlich zur Zigarettenpackung greift und eine Zigarette zu rauchen beginnt. Das alles wird von ihm ohne unterstützende Soundwords gezeichnet, dennoch kann die Leserin das Rascheln der Packung und das Ausstoßen des Rauches „hören" und nicht zuletzt den Rauch „riechen". Durch diese imaginative Leistung des Gehirns, die zum größten Teil unbewusst vollzogen wird, kann die Leserin den Comic auf mehreren sinnlichen Ebenen erleben.

Eine zweite Leistung des Comics besteht darin, dass es die Leserinnen und Leser emotionalisiert. Die Comiczeichnerin verfügt über Techniken, Emotionen der Figuren darzustellen (Emotionalität des Objekts) und dadurch Emotionen bei der Leserin auszulösen (Emotionalität des Subjekts).[145] Die Leserin kann sich durch Empathie und Induktion in die Geschichte hineinbegeben und damit Emotionen erleben, die durch die grafischen Eigenschaften des Mediums hervorgerufen und unterstützt werden. Dabei stellen Symbole eine der wichtigsten Quellen von Emotionen dar, wie durch Abb. 34 zu erkennen ist. Eine Simulation von Emotionen kann in den Panels durch Sprache, Formen, Farben oder comicspezifische Symbole erfolgen, aber auch durch den Einsatz des Hiatus können Emotionen stimuliert werden.[146]

Scott McCloud nimmt gleichfalls auf diese Techniken Bezug: Erstens sagt der Zeichenstil der Figuren meist viel über ihre Stimmung und ihren Charakter aus (Stereotype). Zweitens können Farben eine starke physiologische und emotionale Wirkung haben, nicht zuletzt haben sie in vielen Kulturen auch eine symbolische Dimension.[147] Rot kann bspw. für Gefahr und Tod, aber auch für Liebe stehen. Grün kann je nach Nuance tödliches Gift oder hoffnungsvollen Neubeginn symbolisieren, um nur einige Möglichkeiten zu nennen. Der Verzicht auf Farben kann ebenfalls zur Erzeugung von Stimmungen genutzt werden (siehe als Beispiel Abb. 27).

Natürlich können auch die im Panel gewählten Perspektiven Emotionen bei der Leserin erzeugen. Während bspw. ein typischer Held meist aus einer leichten Froschperspektive gezeigt wird (das lesende Publikum kann so zu ihm aufschauen), wird der klassische Schurke meist in einer leichten Vogelperspektive dargestellt. So erscheint er als Figur im Panel und als Charakter zugleich niedriger. Ein Beispiel aus Joe Saccos (Abb. 35) Arbeiten demonstriert das Wirken von Perspektivität über diese stereotypischen Arrangements hinaus.

Da Comics fast von Anfang an ihres Bestehens vom Film beeinflusst wurden, finden sich Filmtechniken in ihrem Repertoire, um Spannung zu erzeugen und zu emotionalisieren. Kameraeinstellungen wie z.B. eine Totale, Halbtotale oder die Nahaufnahme sind ein gängiges Arrangement im Comic. Will Eisner bezeichnet solche Techniken als „Filmklischees".[148] Klassische Filmklischees sind z.B. Kamerafahrten oder die Kamera als Auge des Betrachters und ein darauf folgender Schnitt zum Sehenden. Solche Filmtechniken können den Lesefluss manchmal erschweren. Sie funktionieren jedoch prinzipiell, weil Comiczeichnerinnen und -zeichner wissen, dass ihr Lesepublikum in einem gemeinsamen Medienverbund konsumiert, d.h. sie können darauf vertrauen, das die Leserinnen und Leser eine filmische Schnitttechnik im Comic durch Kino- und Fernseherfahrung erkennen und verstehen.

3.5 Ein didaktisches Ziel: Die Ausprägung einer piktoralen Lesefähigkeit

Der hier vorgestellte für Comics notwendige aktive Leseprozess wird von einigen Autoren auch „Bildlesen"[149] genannt, was nicht nur auf die Synthese von Text, Bild und Symbol verweist, die entschlüsselt werden muss, sondern auch auf die Induktions- und Imaginationsfähigkeiten der Leserin. Für ein erfolgreiches Lesen des Comics ist eine piktorale Lesefähigkeit notwendig. Diese kann aber nach Dietrich Grünewald[150] nur durch den Konsum von und die Arbeit mit möglichst vielen verschiedenen Arten von Comics entwickelt werden. So wird das visuelle Vokabular der Leserin kontinuierlich erweitert, ebenfalls kann eine Kritikfähigkeit gegenüber verschiedenen Exemplaren von Geschichtscomics ausgebildet werden. Im Rahmen einer medialen Methodenkompetenz ist es eine Aufgabe des Geschichtsunterrichts, Angebote zu schaffen, die eine Ausprägung dieser spezifischen Lesefähigkeit ermöglichen.

Abb. 35: Joe Sacco: Palestine

4. *Von einem, der auszieht, den Comic zu lernen.* Comics und Geschichtsdidaktik

Wenn im Geschichtsunterricht mit Comics gearbeitet werden soll, so muss dies entsprechend begründet werden. Eine solche didaktische Begründung wurde bisher noch nicht geliefert. Wurden Comics eingesetzt, dann vor allem wegen ihrer Motivationskraft, die ihnen als beliebtes Massenmedium zugeschrieben wurde. Im Folgenden geht es viel grundlegender um die Frage nach dem Wert von Comics für die Herausbildung eines reflektierten Geschichtsbewusstseins als zentrales geschichtsdidaktisches Paradigma. Ist es möglich, Geschichtsbewusstsein gezielt durch den Einsatz von Comics zu stimulieren?

4.1 Die Stimulation von Geschichtsbewusstsein durch Geschichtscomics

Gerald Munier hat argumentiert, dass auf Grund der massenhaften Verbreitung bestimmter populärer Geschichts-Comicserien wie „Prinz Eisenherz"[151] eine Prägung bei Jugendlichen anzunehmen sei. Sind es die Abenteuer von „Sigurd", „Falk" oder „Asterix", die demnach für ein buntes geschichtliches Halbwissen von Schülern wie Erwachsenen verantwortlich sind?

Diese These erhält ihre Brisanz nicht nur dadurch, dass sie einer allgemeinen Ansicht jenseits der Geschichtswissenschaft entspricht; sie ist empirisch nicht nachweisbar: Die oben genannten Serien sind im klassischen Sinne Massenmedien,[152] d.h. sie wurden zwar in großen Auflagen produziert und fanden in ihrer Blütezeit entsprechend viele Abnehmer, ihre Wirkung auf die Konsumentinnen und Konsumenten ist jedoch nicht genau auszumachen. Zum einen waren und sind wöchentliche und monatliche Serienproduktionen extrem schnelllebig. Weder Verlage noch Verkaufsstellen sind verpflichtet, sie zu sammeln. Die Verwertung der Restexemplare zu neuen Sonderauflagen etc. macht es oftmals unmöglich, eine genaue Verkaufszahl für ein spezielles Heft einer bestimmten Serie zu ermitteln, auch halten sich die meisten Verlage bezüglich ihrer tatsächlichen Absatzzahlen sehr bedeckt. Zum anderen sind Aussagen zur Wirkung von Comic-Heften auf Konsumentinnen und Konsumenten niemals ohne den Bezug zum Medienverbund möglich, der bei den genannten „historisierenden Abenteuer-Imaginationen" Fernseh- und Kinofilme sowie ein umfangreiches Merchandisingangebot einschließt. Eine weitere Problematik ist die folgende: Wie im Kapitel 2 zur Geschichte des Comics gezeigt wurde, ist die große Zeit der Abenteuerheftchen mit historischer Würze seit den 1980er Jahren eigentlich vorbei. Es ist demnach nur sehr bedingt möglich, der heutigen Generation von Schülerinnen und Schülern zu unterstellen, sie hätten durch das Massenmedium Comic z.B. ein staufisches Bild vom Mittelalter (Harold Foster hat die Handlung von „Prinz Eisenherz" nach einiger Zeit vom 6. ins 10.–12. Jahrhundert verlegt, weil es für diese Zeit detailliertere Quellen für Architektur und Kleidung gibt). Die Autorencomics der 80er und 90er Jahre fanden jedoch nie eine solche Abnehmerzahl, die es erlauben würde, von massenhafter Verbreitung als Grundlage für eine Prägung des Geschichtsbewusstseins zu sprechen. Es ist zwar möglich, durch die wenigen vorhandenen empirischen Untersuchungen anzugeben, in welchem Jahr wie viele Kinder und Jugendliche in welchem Ausmaß Comics konsumiert haben, z.B. durch die Studien von Lukesch 1985 und 1988. Eine triftige Aussage über deren Wirkung auf das Geschichtsbewusstsein ist jedoch so nicht belegbar.

Dennoch hat sich die Behauptung von der Wirkung der Comics gehalten und manifestiert. Gründe hierfür mögen sein, dass dem Comic ein viel größeres Motivationspotenzial als z.B. Schulbuchtexten zugeschrieben wurde und wird. Auch haben Comics den Ruf, sich viel einfacher als abstrakte wissenschaftliche Abhandlungen lesen zu lassen. Ich bin der Ansicht, dass jedes Medium, das Inhalte transportiert, die in irgendeiner Art und Weise Vergangenheit thematisieren, das Verständnis von und die Einstellung zu Geschichte prinzipiell beeinflussen kann. Dabei spielt es keine Rolle, ob diese Inhalte wahr oder authentisch sind. Verfügt die betreffende Person über ausgeprägte Kompetenzen eines Geschichtsbewusstseins, kann sie Vorbehalte gegenüber den vertretenen Wahrheitsansprüchen formulieren, verfügt die Person über solche Kompetenzen nicht, ist sie zu einem gewissen Grad den manipulativen Effekten der betreffenden Medien stärker ausgesetzt.

Dass man Comics überhaupt einen relativ großen Wirkungsbereich bei der Stimulation von Geschichtsbewusstsein zuschreiben kann, liegt an ihren Funktionsmechanismen, an ihrer spezifischen Form der Narrativierung von Ereignissen. Comics sind in der Lage eine Geschichte zu erzählen und damit Ereignisse sinnvoll miteinander zu verbinden. Comics können Sinn(bildung) anbieten. Durch den notwendigen aktiven Leseprozess können diese Botschaften so erfolgreich wirken. Erst durch die Induktion der Leserin kann eine Sequenz und damit die Sinnbildung verstanden werden. Diese Induktion kann aber nur unter Rückgriff auf Erfahrung und Imagination erfolgen. Das Lesen eines Comics erfordert – anders als eine historiografische Darstellung – eine

enge Verknüpfung und Kombination von alten und neuen Wissensbe-
ständen auf einer begrifflichen, bildlichen und symbolischen Ebene,
weil er sonst nicht verstanden werden kann. In gewisser Weise produzieren die Leserin und der Leser durch die Induktionsleistung selbst
einen Teil des Sinnes, während der narrative Sinn-Rahmen von der
Zeichnerin und Texterin zur Verfügung gestellt wird. Die Frage nach
Wahrheit oder Authentizität ist dabei für die Sinnbildung nicht entscheidend. Ebenso ist es nicht notwendig, dass der Leserin und dem
Leser ein fast fotorealistischer Hintergrund zur Verfügung gestellt wird.
Gerald Munier hat zweifellos recht, wenn er detailreiche Hintergründe
als bedeutsam für Geschichtscomics und für das Lernen an Comics
beschreibt,[153] eine Voraussetzung für eine Beeinflussung der Leserin, für
Sinnbildung und Identifikation mit einer Protagonistin der Geschichte
sind sie nicht.

Comics haben den Vorteil, dass allein durch den gewählten Zeichenstil eine Identifikation mit den Protagonistinnen und Protagonisten
einer Geschichte stattfinden kann. Je weniger spezifische Merkmale eine
Figur aufweist, desto leichter ist die Identifikation mit der Figur, desto
größer ist die Anteilnahme an ihrer Geschichte, so Scott McCloud.[154]
Comics wirken durch ihren Symbolgehalt und die bildlichen Darstellungen direkter als abstrakte Begriffe.[155] Sie wirken subtiler und unbewusster: Im Gegensatz zu einem abstrakten historiografischen Text veran-
schaulichen Comics nicht nur kognitiv-intellektuelle Wissensbestände,
sondern bieten sinnlich-emotionale Konkretionen an.[156]

Das ist einer der wichtigsten Gründe, warum Comics erfolgreich
Geschichtsbewusstsein beeinflussen können. Sie bringen die Leserin
dazu, mit allen Sinnen (Synästhesie) und Emotionen in eine Geschichte
einzutauchen, sich mit den dargestellten Figuren zu identifizieren, mit
zu leiden oder mit zu lachen. Insbesondere die emotionale Dimension
von Comics ist ausgesprochen wichtig in ihrer Wirkung auf die Leserinnen und Leser. Deren Emotionalisierung bedeutet eine höhere Anteilnahme am beschriebenen Geschehen und kann dadurch kurz- wie auch
langfristig Einstellungen zu historischen Personen, Gruppen und Ereignissen stark beeinflussen.[157] Konkretere Aussagen über emotionale
Beeinflussungen durch Comics wird man selbst in der Comictheorie
nur zu ausgewählten Beispielen finden, da in der bisherigen Forschung
der Fokus auf dem Rationalen und Logischen lag und Emotionen – so
Pascal Lefèvre – noch nicht ausreichend Gegenstand von Untersuchungen waren.[158]

Zeichnerinnen und Zeichner eines Comics verfügen über ein großes
Repertoire an Techniken der Bildgestaltung, um die Leserinnen und

Leser zur Anteilnahme am Erzählten zu bringen und damit nicht nur ihre Aufmerksamkeit zu erwecken, sondern auch ihr Interesse aufrecht zu erhalten. Voraussetzung für eine solche erfolgreiche Beeinflussung der Leserinnen und Leser ist die Fähigkeit derselben, mit dem Medium umgehen zu können. Sie müssen wissen, wie ein Comic zu lesen ist. Zu Verständnisschwierigkeiten kann es vorwiegend bei expressionistischen Ausdrücken oder der Symbolik kommen.

Die Leserinnen und Leser sollten deshalb über ein ausreichendes visuelles Vokabular[159] verfügen und das Bildlesen beherrschen, also das räumlich gerichtete Zusammenfügen von Text, Bild und Symbol. Dies stellt gerade beim Lesen von Manga häufig ein Problem für ungeübte europäische Leserinnen und Leser dar, da diese (bis auf frühe Übersetzungen) von rechts nach links und von hinten nach vorne zu lesen sind und über ein ungleich größeres Repertoire an expressionistischen Ausdrücken, Lautmalerei und Symbolen verfügen als europäische Comics. Wie hier deutlich wird, ist eine gezielte Stimulation von Geschichtsbewusstsein durch Geschichtscomics an eine piktorale Lesefähigkeit gebunden. Es ist davon auszugehen, dass Menschen, deren Geschichtsbewusstsein durch den Konsum von Comics beeinflusst wurde, zumindest über narrative und methodische Fähigkeiten verfügen, die sie in die Lage versetzen, durch Induktion den Sinn der verbundenen Ereignisse zu verstehen. Durch die teilweise vor-handene Übernahme von Filmtechniken verlangen Comics weiterhin im Bereich der Perspektiven und Schnittfolgen eine Vertrautheit der Leserinnen und Leser mit Film und Fernsehen. Eine narrative und methodische Kompetenz und damit eine Fähigkeit zur Reflexion müssen sie dabei noch nicht entwickelt haben. Die Ausbildung dieser Fähigkeiten ist wiederum Aufgabe der Geschichtslehrerinnen und -lehrer, denn nur so können die Schülerinnen und Schüler ein reflektiertes Geschichtsbewusstsein ausprägen.

4.1.1 Geschichtsbewusstsein – ein Modell

In den letzten Jahren wurde eine Vielzahl an Publikationen zum Thema Geschichtsbewusstsein veröffentlicht. Da an dieser Stelle die Debatten um den Leitbegriff der Geschichtsdidaktik nicht erörtert werden können, greife ich auf ein Modell von Hans-Jürgen Pandel[160] zurück, das in Wissenschaft und Praxis als anerkannt und erprobt gilt und hier partiell erweitert wird.

Geschichtsbewusstsein – so Pandel – ist eine mentale Struktur, die man in sieben Kategorien unterschiedlicher Wertigkeit beschreiben kann, die pädagogisch beeinflussbaren Kompetenzen als Zugänge zu diesem Bewusstsein gegenüberstehen. Die Basiskategorien sind Zeit-,

Wirklichkeits- und Historizitätsbewusstsein, die vier sozialen Kategorien sind Identitätsbewusstsein, politisches, ökonomisch-soziales und moralisches Bewusstsein. In den folgenden Ausführungen wird das verwendete Modell um eine Kategorie der Ästhetik ergänzt, denn es ist nur schwer möglich, Geschichte gerechtfertigt mit Sinn zu erfüllen, ohne auf die ästhetische Dimension von sichtbarer Vergangenheit – gerade in Bezug auf Comics – einzugehen. Literarische Formen der Historiografie beeinflussen ebenso Sinnbildungsprozesse.

In der aktuellen Diskussion um Geschichtsbewusstsein wird ein solches Problem nur marginal diskutiert. Diese zaghafte Annäherung hat auch gute Gründe, denn eine Ausführung einer Kategorie der Ästhetik verlangt eine Anbindung an eine ästhetische Theorie, ebenso wie bspw. die Kategorie des moralischen Bewusstseins ohne eine solche naiv bliebe. Welcher ästhetischen Theorie soll man sich aber anschließen? Gerät man nicht in die Gefahr, tatsächlich das Profil eines Geschichtsunterrichtes zugunsten von Kunstgeschichte zu sehr zu verändern? Auf wissenschaftstheoretischer Ebene sind diese Fragen noch viel brisanter. Hat man in der Historiografie Dekaden damit verbracht, „die traditionelle Ästhetisierung der Literatur zu überwinden und ihren Realitätsbezug neu zu akzentuieren",[161] erweisen sich die nicht vorhandenen Kriterien zum Umgang von Wissenschaftlichkeit und historiografischer Erzählkunst als zunehmendes Problem. Es geht um das Verhältnis von Faktion und Fiktion, von Wissenschaft und Dichtung. Beides spielt beim wissenschaftlichen Umgang mit Comics eine große Rolle. Antworten auf die hier gestellten Fragen und Probleme zu geben, ist im Rahmen dieses Bandes nicht möglich, dennoch füge ich dem Bewusstseinsbegriff von Pandel eine ästhetische Kategorie hinzu, die als These und Diskussionsgrundlage verstanden werden kann.

Um ein reflektiertes Geschichtsbewusstsein auszubilden, bedarf es also der Stimulierung von acht Kategorien. Dadurch können Schülerinnen und Schüler einen kompetenten Umgang mit Geschichte erlernen, sie können historische Kompetenz[162] erwerben. Diese besteht aus zwei Komponenten: zum einen aus der narrativen Kompetenz und damit der Fähigkeit, unterschiedliche Sinnbildungstendenzen und die an sie geknüpften Wahrheitsansprüche und Normen zu erkennen und selbst zu verwenden; zum anderen aus einer Methodenkompetenz, die nicht nur einen reflektierten Umgang mit verschiedenen Textgattungen und Medien, in denen uns Geschichte begegnet, ermöglicht, sondern auch Methoden wie z.B. historiografische Techniken umfasst. Zur Ausprägung einer Methodenkompetenz gehört im Zusammenhang mit Comics die Ausbildung einer piktoralen Lesefähigkeit. Eine schematische

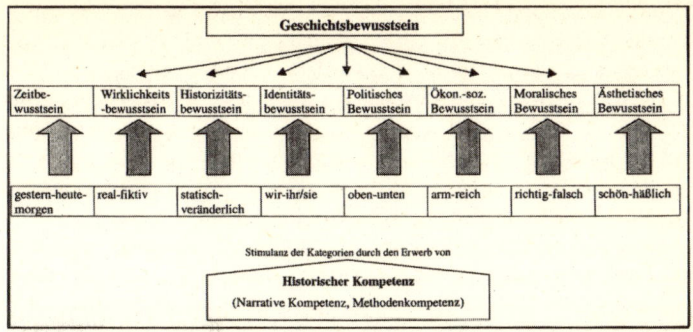

Abb. 36: Schematische Darstellung der Kategorien und Kompetenzen des Geschichtsbewusstseins

Darstellung der Kategorien und Kompetenzen von Geschichtsbewusstsein ist in Abb. 36 dargestellt.

4.2 Möglichkeiten der gezielten Stimulation von Geschichtsbewusstsein durch Geschichtscomics

Um der Möglichkeit von einer gezielten Stimulierung des Geschichtsbewusstseins durch Geschichtscomics nachzugehen, werde ich mich ausgehend von dem oben skizzierten Modell auf die acht Kategorien des Geschichtsbewusstsein konzentrieren. So können Potenziale aber auch Schwierigkeiten im Umgang mit Geschichtscomics im Unterricht aufgezeigt werden. Anschließend gehe ich der Frage nach, ob Geschichtscomics bzw. die Arbeit mit Comics einen Beitrag zur Ausprägung der historischen Kompetenz leisten können. Eine grundlegende Annahme ist dabei, dass eine positive Beeinflussung von Geschichtsbewusstsein durch Geschichtscomics in jedem Fall eine (Arbeits-)Phase der Reflexion verlangt.

Geschichtscomics können auf vielfältigste Weise das Zeitbewusstsein ansprechen. In erster Linie geschieht dies durch die Präsentation einer Geschichte in einer bestimmten Epoche, die das Schicksal einiger Protagonisten näher beleuchtet. Dadurch können Vorstellungen von der Dichtigkeit der Ereignisse in der Zeit stimuliert werden. In historisierenden Abenteuerimaginationen der 80er-und 90er Jahre und in den Werken aus der Brüsseler Schule geschieht dies hauptsächlich durch den Hintergrund. Dieser ist so detailreich und deutlich und wird oft in mehreren Panels hintereinander dargestellt, dass Architektur, Farben, Alltagsgegenstände und Personen unterschiedlicher sozialer Schichten gut zu erkennen sind. In vielen dieser Comics tritt durch mehrere intensive Szenenübergänge der Hintergrund zu Beginn einer Geschichte und beim Sequenzwechsel in den Vordergrund, so dass die Leserinnen und Leser genug Zeit haben, die Vordergrundnarration in einen historischen Hintergrund einzufügen, der in Abständen immer wieder in großen flächigen Bildern auf die Betrachter wirkt. Der Hintergrund kann damit als ein zeitliches Verweissystem fungieren. Aber auch hier ist keinesfalls eine durch Quellen gestützte realistische Abbildung notwendig.

Comiczeichnerinnen und -zeichner verwenden nur in wenigen Fällen konkrete fachwissenschaftliche Darstellungen als Grundlage zur Gestaltung der Hintergründe, denn eine zeitliche Einordnung kann ebenso durch das Verwenden von Stereotypen und Symbolen erfolgen. So sind z.B. in „Hitler" von Bedürftig und Kalenbach relativ wenige Details zu erkennen, dafür nimmt die verstärkte Verwendung von Hakenkreuzen und anderen nationalsozialistischen Symbolen vor blutrotem Hintergrund viel Raum ein. Bei dem Comic-Epochal-Epos, der Comic-Historie, der Autobiografie und dem Comic-Journalismus (s. Kap. 4.3.) sind die Protagonisten an historische bzw. authentische Verhaltensmuster gebunden. Solche Darstellungen setzen aber nicht nur ein großes Wissen beim Autorenteam voraus, sondern auch bei den Leserinnen und Lesern. Verfügen diese nicht über das notwendige historische Wissen, können sie unter Umständen keine erfolgreiche Induktion ausführen. Je mehr Zeit (also Platz) Comiczeichnerin und -texterin zur Einführung ihrer Figuren haben, desto mehr können sie historisch notwendiges Wissen vermitteln und die Figuren und deren Handlungen in der gewählten Zeit verankern, denn dann kann auf Stereotype eher verzichtet werden. Zeitliche Positionierungen im Blocktext sind ebenfalls eine häufig verwendete Möglichkeit. Durch Metatexte kann die Leserin und der Leser in die Rahmenhandlung und Zeit der Geschichte eingeführt werden, auch Zeitsprünge können so verdeutlicht werden. Elke Steiner z.B. bedient sich in „Rendsburg Prinzessinstrasse" sehr häufig (s. Abb 43) dieses Mittels. Wichtige Ereignisse, die in der Hintergrundnarration eine Rolle spielen, können ebenfalls als zeitliche Orientierung dienen, so z.B. der Ausbruch eines Krieges oder einer Revolution. Neuere Autobiografien und der Comicjournalismus verorten das Geschehen zeitlich oftmals durch wörtliche Rede der Protagonisten, die ja als Zeitzeugen die relevanten historischen Ereignisse direkt erleben, und verzichten damit auf einen detailreichen Hintergrund. Gerade diese Comics ermöglichen die Stimulierung von Zeitbewusstsein dadurch, dass eigene Vorstellungen über die Länge der Zeitausdehnung in der Vergangenheit mit der der Protagonisten verglichen werden können.

Je expressionistischer der Zeichenstil oder die gewählte Darstellungs-art wird, desto schwieriger ist es für Leserin und Leser ohne historisches Vorwissen der betreffenden Zeit, die Geschichte zu verstehen und mit bereits vorhandenem historischem Wissen zu verknüpfen. Das ist aber kein Grund, auf die Arbeit mit Geschichtscomics zu verzichten, es verdeutlicht einmal mehr, dass diese Comics keine Schul- und Fachbü-cher sind, sein wollen und sein müssen. Auch zeichnet sich ein guter Geschichtscomic nicht zwangsläufig durch eine normale Bildaufteilung (drei oder vier Panels pro Zeile) aus. Sequenzen in Spiral- oder Puzzle-form sind nicht so einfach zu lesen, weisen aber gerade im Bereich der Autobiografie und des Comic-Journalismus auf Verwirrung oder Ohn-machtsgefühle des Verfassers hin und zeigen deutlich die Perspektive bzw. Subjektivität der Wahrnehmung des Verfassers an. Joe Sacco be-dient sich dieser Technik in „Palestine" sehr häufig. Im Sinne der Förderung der Reflexionsfähigkeit der Leserinnen und Leser kann also auch eine Avantgarde-Aufteilung der Panels hilfreich sein.

Meist werden Geschichtscomics im Zusammenhang mit Wirklich-keitsbewusstsein als „Problemkind" gesehen und behandelt. Eine Be-fürchtung ist hierbei, dass Geschichtscomics keine Unterscheidung zwischen realen und fiktiven historischen Ereignissen und Personen ermöglichen könnten. Als größtes Problem erscheint das ungenügend geklärte Verhältnis zwischen Wissenschaftlichkeit und historiografi-scher Erzählkunst. Bis auf einige Werke des Typus Comic-Historie sind die meisten anderen Geschichtscomics in erster Linie der Unterhaltung ihres Publikums und nicht einer nüchternen und wahrheitsgemäßen Darstellung historischer Ereignisse verpflichtet. Durch die Sprechbla-sen ist es möglich, historischen Persönlichkeiten Worte in den Mund zu legen, für die es keine Quellen gibt. Dieses Problem kann man dann meistern, wenn gilt, dass alles, was nicht in Quellen protokolliert wurde und dem gegenwärtigen Forschungsstand nicht widerspricht, als wört-liche Rede dargestellt werden kann.[163]

Manche Zeichnerinnen und Zeichner bedienen sich Authentizitäts-beteuerungen, die zwar kennzeichnend für wissenschaftliche historio-grafische Literatur sind, aber tatsächlich erfundene sind. So beinhaltet eine geheime Pergamentrolle die Abenteuer von „Prinz Eisenherz" und die letzte Beichte des „Kolumbus" von Erich Nußbaumer und Ronald Putzker gibt den Leserinnen und Lesern Aufschluss über dessen Taten. Ebenso kann die Verwendung von Ikonen, bestimmten Bauwerken oder Modeformen eine Authentizitätsbeteuerung sein. Nicht zuletzt zeichnet Hermann einen Helden der „Türme von Bos-Maury" direkt vor einen Ausschnitt des Teppichs von Bayeux und simuliert so Realität für die Leserin. Art Spiegelman hingegen zeichnet in „Maus" einen Beweis für die Authentizität der Worte seines Vaters, die er auf Kassetten aufnimmt. Auch Marjane Satrapi, Ted Rall oder Joe Sacco zeichnen sich in ihre Comics hinein, um zu verdeutlichen, dass sie das Geschehen erleben und dann in einem Comic verarbeiten.

Comic-Historiografie zeichnet sich wiederum dadurch aus, dass den Leserinnen und Lesern oft in begleitenden, von der erzählten Geschichte getrennten Teilen historiografische Darstellungen zur Verfügung gestellt werden, die die Geschichte in einen größeren und abstrakten Kontext einordnen oder konkrete Quellen benennen. Bünzli und Illi z.B. fügen in „Hirsebarden und Heldenbrei" ihre Comicstrips in eine humorvolle doch wissenschaftliche Beschreibung einzelner mittelalterlicher Phänomene ein, während Enzo Biagi, Milo Manara und Giacinto Gaudenzi ihr Comic „Kolumbus" mit einer rein textlichen Biografie und einer kleinen Chronologie weltgeschichtlicher Ereignisse der angehenden Neuzeit versehen. Die Leserinnen und Leser eines Comics haben es mit äußerst komplexen Varianten der Kennzeichnung von Wahrheit und Fiktion zu tun. Um gezielt das Wirklichkeitsbewusstsein von Schülern zu beeinflussen, empfiehlt sich daher eine Analyse des betreffenden Geschichtscomics oder der Sequenz auf mögliche Authentizitätstypen, die hier auf Basis eines Begriffsrasters von Hans-Jürgen Pandel dargestellt werden:[164]

◆ Jeder Comic verfügt über eine Quellenauthentizität, denn er berichtet als Quellencomic auch immer über die Zeit, in der er entstanden ist. Er kann z.B. nicht nur Lebensumstände widerspiegeln, sondern auch durch die Bilder bestimmte Gegenstände, Gebäudeformen und Kleidermoden festhalten, und durch den Text Redewendungen konservieren.

◆ Über Erlebnisauthentizität verfügen vor allem Comics des Typus Comic-Autobiografie und Comic-Journalismus. Die dargestellten Erfahrungen sind subjektiv authentisch. Erlebnisauthentiztität meint auch, dass fiktive Personen dargestellt werden können, solange die Erzählung selbst auf tatsächlichen Erfahrungen beruht.

◆ Ein Geschichtscomic verfügt über Faktenauthentizität, wenn zumindest exemplarisch nachgewiesen werden kann, dass die geschilderten Personen tatsächlich gelebt haben und die Ereignisse tatsächlich vorgefallen sind. Fiktive Personen und Handlungen dürfen verwendet werden, wenn diese die historische Situation und die Großchronologie nicht verändern. Mentalitäts- und Interessenlagen müssen dem Forschungsstand entsprechen.

◆ Die Typenauthentizität verlangt dagegen nur, dass die im Comic

dargestellten fiktiven Personen einem historischen Typus entsprechen, ebenso sollte es möglich sein, fiktive Ereignisse einem historischen Ereignistyp zuzuordnen.

◆ Über eine Repräsentationsauthentizität verfügt ein Comic dann,
wenn sich die Vordergrundnarration in einen historischen Gesamt-
zusammenhang einordnen lässt, der zumindest mit diesem nicht in
Widerspruch steht. Die dargestellten Ereignisse müssen exemplarisch für den Themenkomplex sein.

Wenn Comics nach diesen Typen der Authentizität analysiert werden,
kann man ihr Potenzial zur Stimulierung des Wirklichkeitsbewusstseins
einschätzen. Generell aber Typen von Geschichtscomics Authentizitätstypen zuzuordnen, ist durch die Vielfalt und die unterschiedliche
Qualität der Exemplare der einzelnen Comic-Typen nicht möglich.
Auch sind nicht automatisch die authentischsten Comics die besten,
denn Wirklichkeitsbewusstsein bezieht sich auf eine Unterscheidung
von Realität und Fiktion. Fiktive Comics können zur Bildung von
Geschichtsbewusstsein ebenso beitragen. Bemisst man die Qualität von
Geschichtscomics ausschließlich an einem wissenschaftlichen Maßstab
der Historiografie, verkennt man ihr Wesen. Bis auf einen sehr geringen
Teil von Comic-Historien werden Comics nicht für ein geregeltes
Lernen von geschichtlichem Wissen oder Fähigkeiten produziert. Geschichtscomics sollte man jenseits von Comic-Historie ebenso wenig
ausschließlich das Ziel der puren Unterhaltung unterstellen, denn sie
können eine Verarbeitung von Vergangenheit vermitteln. Geschichtscomics sind das Produkt einer Auseinandersetzung mit Vergangenheit,
die sowohl problematisierend als auch romantisierend usw. sein kann.
Diese Verarbeitung bedeutet auch, dass durch eine Kombination von
gesicherten Fakten, der Fiktion der Zeichnerin und der Imagination der
Leserin erst Sinn entsteht. Comics zeigen, dass Geschichte nicht eine
Wiedergabe dessen, was gewesen ist, sein kann, sondern dass sie immer
wieder neu geschrieben wird.

Historizitätsbewusstsein als Erkenntnis von Geschichtlichkeit wird
relativ spät aus den Basiskategorien Zeit und Realität gebildet[165] Es ist
nicht möglich, diese Bewusstseinsebene direkt durch Verwendung eines
bestimmten Mediums zu stimulieren. Da Historizitätsbewusstsein nur
über Erzählung und Denkakte entstehen kann, trägt das Medium Comic zu einer inhaltlichen Füllung der Kategorie bei, weil es durch den
aktiven Leseprozess die narrativen Fähigkeiten fördert und die dafür
notwendige Induktion zur Verknüpfung von Erfahrung und Imagination zwingt. Im besten Falle bietet allein das Lesen eines Geschichtscomics Anlass, sich gedanklich mit erfassten Veränderungen, die die

menschlichen Denk-, Lebens- und Verhaltensweisen betreffen, auseinanderzusetzen. Hier spielen Sinnbildungstendenzen eine Rolle, weil sie Interpretationen dieser Veränderungen anbieten. Will man diese analysieren, ist es sinnvoll, sich auf eine Fragestellung, eine Sequenz oder die Darstellung bestimmter Ereignisse zu konzentrieren, da in vielen Geschichtscomics mehrere Erzählstränge parallel verlaufen und sich die erzählte Geschichte über Jahre oder ganze Dekaden erstrecken kann. Gerald Munier hat eine Analyse dieser Tendenzen für ganze Comic-Alben und -Serien vorgenommen. Dies geschieht jedoch auf der Basis der nicht unumstrittenen Rüsen'schen Sinnbildungstypen.[166] Ein Verdienst Muniers ist in diesem Zusammenhang die Erstellung einer Matrix zur Analyse von Geschichtscomics, die sich auf den Comic-Typus, die Rüsen'schen Sinnbildungstopoi und eine politisch-gesellschaftliche Kategorisierung bezieht. Gleichfalls stellt er eine Checkliste zur „comic-eigenen Grammatik" her. Beide Listen können durchaus eine Orientierungshilfe auf dem Markt der historischen Comics bieten.[167]

Die sozialen Kategorien politisches und ökonomisch-soziales Bewusstsein, Identitätsbewusstsein sowie moralisches Bewusstsein werden durch fast jeden Geschichtscomic stimuliert. In welcher Qualität und Quantität dies geschieht ist aber immer vom einzelnen Geschichtscomic abhängig und von der Analyse desselben. Solche Untersuchungen erfordern eine intensive Interpretation der Bilder und Symbole, da bspw. eine Wir/Ihr-Differenzierung des Identitätsbewusstseins oftmals auf einer nonverbalen, also bildlichen und symbolischen Ebene geschieht. Verwendete Stereotype z.B. ermöglichen der Leserin und dem Leser in kürzester Zeit eine solche Differenzierung und eine persönliche (unbewusste) Positionierung zu ihnen. Auch werden durch die Handlungen solcher stereotypen Figuren exemplarisch moralische Urteile präsentiert, zumal ja, wie in Abb. 29 zu sehen ist, die gezeichneten Gegenstände selbst schon allein durch die Form ihrer Darstellung Träger eines Werturteils sein können. Durch die emotionalisierende Wirkung eines Comics ist es nur schwer möglich, diese Werturteile zu reflektieren und sich von ihnen zu distanzieren, dies sollte aber das Ziel einer bewussten Stimulierung dieser Kategorie des Geschichtsbewusstseins sein. Politisches und ökonomisch-soziales Bewusstsein werden hauptsächlich durch konkrete Inhalte der Geschichte und skizzierte Lebensverhältnisse angesprochen. Als Beispiel kann Jason Lutes „Berlin. City of stones" dienen. Einerseits werden politisch konträre Ansichten hier vor dem Schauplatz der untergehenden Weimarer Republik von den betreffenden Gruppen ausgefochten. Andererseits zeigt Lutes immer wieder eindringlich das Schicksal mehrerer Menschen aus unterschiedlichen sozialen Schichten, die sich politisch positionieren müssen, um zu überleben. Gerade ökonomisch-soziale Verhältnisse schlagen sich beim Comic massiv in der Darstellung des Hintergrundes und der Gestaltung der Figuren nieder. Eine komplexe Plotstruktur mit mehreren Erzählsträngen und die ästhetische Umsetzung von sozialen und politischen Gefügen können didaktisch für die Einnahme von verschiedenen Perspektiven durch die Leserinnen und Leser (Multiperspektivität) genutzt werden. Auch hier ist die Analyse von Symbolen unerlässlich.

Die ästhetische Wirkung von Comics jenseits einer Reduktion auf kommunikative Zusammenhänge ist bis jetzt noch nicht ausreichend beachtet worden. Dennoch ist davon auszugehen, dass ein ästhetisches Bewusstsein allein durch das Lesen eines Comics stimuliert wird. Jede Leserin und jeder Leser entwickelt beim Konsum von Comics ein ästhetisches Verständnis und Urteilsvermögen, wodurch sie bzw. er in die Lage versetzt wird, zwischen in diesem Sinne guten und schlechten Comics zu unterscheiden. Während für Historikerinnen und Historiker die Frage nach Authentizität und Inhalt am wichtigsten ist, entscheiden die „normalen" Leserinnen und Leser eher nach dem Urteil ihres ästhetischen Bewusstseins über die Qualität eines Comics. Die literarische Qualität der Erzählung (ist sie spannend, mitreißend, glaubhaft, herzerweichend …) und die ästhetische Qualität der Umsetzung dieser Erzählung (künstlerische Idee, Sicherheit der Linien, Proportionen der Figuren, ausgefallene Perspektiven etc.) sind für die Konsumenten entscheidend, da so überhaupt erst ihr historisches Interesse geweckt bzw. bedient werden kann. Nicht zuletzt entscheidet beim Kauf eines Comics meist das Cover. Dies ist ein Grund, warum fast alle Schwarz-Weiß-Comics (Manga wie Avantgarde-Alben) auf einen farbigen Einband zurückgreifen. Wenn bspw. der Zeichenstil und die Zeichentechnik nicht mit der erzählten Geschichte harmoniert, oder expressionistische Ausdrücke einer Figur weder mit dem Charakter dieser noch mit ihrer Zeichnung harmonieren, ist das ein Zeichen für einen ästhetisch schlechten Comic. Geübte Leserinnen und -leser von Comic-Heften oder Manga können schneller in der Lage sein, diese Harmonie bei neuen, stärker expressionistischen oder inhaltlich komplexeren Comics wieder zu finden, weil sie über ein relativ ausgeprägtes visuelles Vokabular verfügen. Leserinnen und Leser, die seltener Comics konsumieren und sich dabei auf Alben beschränken, dürften dagegen größere Schwierigkeiten bei der Beurteilung der Ästhetik eines Manga oder eines Superhelden- oder Abenteuerheftes haben. Denn hier gilt, dass sich die künstlerische wie literarische Qualität und die ästhetische Entwicklung

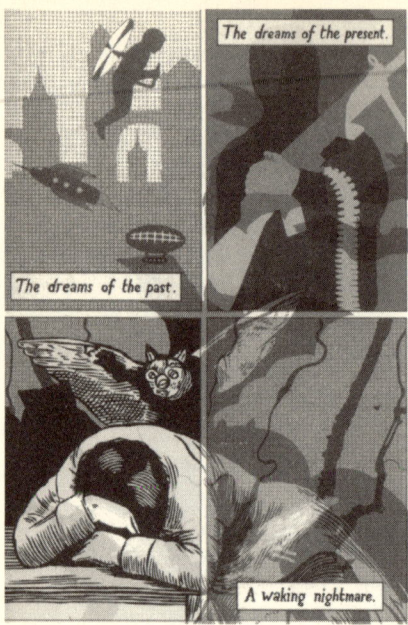

The dreams of the present.

The dreams of the past.

A waking nightmare.

Abb. 37: Michael Kuppermann, ohne Titel

eines Comic-Heftes oftmals nur demjenigen eröffnen, der diese Form der Trivialliteratur regelmäßig konsumiert.[168]

Comics sind nicht nur eine Form von Kunst, sie beziehen sich auch auf Kunst. Damit bauen sie teilweise auf einer kunstgeschichtlichen Bildung der Leserinnen und Leser auf. Tatsächlich kann diese zuweilen darüber entscheiden, ob eine Induktion gelingt oder nicht. Zum einen verwenden Comiczeichnerinnen und -zeichner manchmal so genannte Kunstzitate. Bekannte Bilder, Plastiken oder klassische literarische Texte werden für den Comic auf eine Ikone oder einen Slogan reduziert, an den Zeichenstil angepasst und tauchen so in der Geschichte wieder auf. In den „Asterix"-Comics lassen sich dafür einige gut dokumentierte Beispiele finden.[169] Während aber bei „Asterix" lediglich die intellektuelle Raffinesse bei der kunsthistorisch und literarisch weniger interessierten Leserin verloren geht, kann sie die Arbeit von Michael Kuppermann nicht mehr verstehen, wenn ihr nicht Goyas Radierung „Der Schlaf der Vernunft"[170] bekannt ist, da der Künstler den persönlich erlebten Alptraum des 11. September 2001 in der Form einer Adaption dieser Radierung von Goya verarbeitet hat (s. Abb. 37).

Ein Comic, der ein großes kunstgeschichtliches Verständnis voraussetzt, ist sicherlich „Berlin 1931" von Raúl und Felipe Cava (Abb. 38). Anstelle von Zeichnungen erwarten die Leserinnen und Leser hier gemalte Bilder, die in ihrem expressionistischen Stil in überraschender Vielfalt selbst ein Zeichen der zeitlichen Authentizität bedeuten, denn der Expressionismus war eine aktuelle Kunstform der 1920er-und 30er Jahre in Deutschland. Anstelle eines möglichst naturalistisch gezeichneten Hintergrundes hat der Zeichner einen zeitlich authentischen Stil gewählt, um die Geschichte zeitlich wie ästhetisch zu verankern. Es gibt sicherlich nur wenige Comics, die ein so hohes Maß an kunstgeschichtlichem Wissen voraussetzen. Dennoch zeigen sie, dass ein reflektiertes Geschichtsbewusstsein nicht ohne eine ästhetische Dimension eine Stellungnahme zu einer historischen Darstellung im Comic ermöglicht. Im Sinne einer gezielten Stimulation von Geschichtsbewusstsein eignen

Abb. 38: Felipe Cava, Raul: Berlin 1931

sich Comics hervorragend, um ästhetische und rhetorische Darstellungsprobleme von Geschichte zu diskutieren.[171]

Die Kategorien und Kompetenzen des Geschichtsbewusstseins bedingen sich in ihrer Entwicklung und Stimulation gegenseitig. Eine Beeinflussung der einzelnen Kategorien des Geschichtsbewusstseins bewirkt immer auch eine Stimulation und Förderung der historischen Kompetenz und umgekehrt. Das Lesen von Geschichtscomics fordert und fördert gleichzeitig narrative und methodische Fähigkeiten. Die Ausprägung einer Methodenkompetenz verlangt zudem ein theoretisches Wissen um die Bestandteile, Funktionen und Wirkungsmechanismen eines Comics. Denn nur so können die Leserinnen und Leser ein wirkliches Verständnis des Mediums erreichen, dieses wissenschaftlich kommunizieren und auch außerhalb des Geschichtsunterrichts erfolgreich anwenden.

Die gezielte Beeinflussung von Geschichtsbewusstsein durch Geschichtscomics ist also möglich. Alle diese Möglichkeiten verlangen neben dem Lesen des Comics eine intensive Analyse- und Reflexionsphase, die sich nicht nur auf eine kognitive Ebene beschränken darf, sondern auch eine emotionale Dimension berücksichtigen muss.

4.3 Eine Typologie von Geschichtscomics

Die Typologisierung von Geschichtscomics nach Authentizität und Inhalten stellt eine Möglichkeit dar, die Qualität eines Comics aus geschichtswissenschaftlicher Perspektive zu bestimmen. Die Frage nach der Authentizität ist besonders wichtig, weil so die Wahrheitsansprüche des Geschichtscomics beleuchten werden können. Die hier vorgestellte Typologie bezieht sich in einigen Teilen auf die Arbeiten von Gerald Munier und Hans-Jürgen Pandel.[172]

Sie ist aber nur als eine Richtlinie zu verstehen. Selten wird es gelingen, ein Comic ohne Probleme nur einem einzigen Typus zuzuordnen. Auch ist keiner der hier vorgestellten Typen von Geschichtscomics durch eine bestimmte Zeichentechnik oder einen Zeichenstil bestimmt. Eine steigende Authentizität bedeutet nicht notwendig eine reale/naturale Zeichentechnik – auch wenn durch die Zeiten der Entstehung und Etablierung eines neuen Typus bevorzugte Stile und Techniken angegeben werden können, die nach Entstehungsland und Zeichenschule zu ordnen sind. Von einem „simplen Stil" kann man nicht auf eine „simple Story" schließen. Als Trend bei neueren Typen wie dem Comicjournalismus lässt sich eine stärkere expressionistische Tendenz verzeichnen, die den Realismus der 80er-und 90er Jahre ablöst. Ebenfalls lässt sich zeigen, dass einige Comics immer wieder Mischformen aus verschieden Typen von Geschichtscomics bilden: „Fax aus Sarajewo" von Joe Kubert hat durch seine Quellenbezüge Qualitäten eines journalistischen Berichtes, weist aber ansonsten die Merkmale eines Epochencomics auf, während „To the Heart of Storm" von Will Eisner eine Mischung aus Epochencomic und Autobiografie darstellt. Eine eindeutige Zuordnung ist immer von der wissenschaftlichen Fragestellung und dem betrachteten Ausschnitt des Comics abhängig.

4.3.1 Der Quellencomic

Jeder Comic, egal ob es sich um einen geschichtlichen handelt oder nicht, ist immer auch eine Quelle seiner Zeit. Comics können Lebensumstände, Gegenstände, Bauten, Modeformen und Interieurs widerspiegeln. In das Verhalten und die Sprache der Protagonisten können ebenso unwillkürlich zeitgenössische Komponenten einfließen, so werden z.B. Dialekte oder Regionalsprachen konserviert. Gerade die Comics ohne historische Inhalte können in besonderem Maße Höflichkeitsformen, Geschlechterverhältnisse oder soziale Rangordnungen überliefern.[173] Die empirische Triftigkeit ist für Comics dieses Typs nicht entscheidend, ihre Herkunft und Entstehungszeit muss aber verbürgt sein. Die Abenteuer von „Tim und Struppi" zeigen dies besonders gut. Hergé zeichnete z.B. die Geschichten um „Tim im Kongo" (s. Abb. 5) in den 30er Jahren. Tim als Vertreter der belgischen Kolonialherren und weißer Hauptprotagonist ist den äußerst stereotyp gehaltenen afrikani-

Abb. 39: Cover des Comic-Heftes „Captain America", Nr. 1 von 1941

schen Ureinwohnern an Intellekt, Geschicklichkeit und sogar Sprachfähigkeit (die Ureinwohner sprechen in diesem Comic keinen einzigen
Satz grammatikalisch korrekt) so sehr überlegen, dass ein Verweis auf
die Entstehungszeit in der Werkausgabe von Carlsen nötig schien.

Auf einen Comic (Beispiel) soll hier besonders hingewiesen werden.
Nach den Terroranschlägen des 11. September 2001 auf das World-
Trade-Center von New York haben amerikanische Comic-Künstlerin-

Abb. 40: Gibbons/Mulvihill: o. Titel

nen und -künstler über die Anschläge und deren Folgen gezeichnet und diese Shortstories und Onepager sind von verschiedenen Verlagen herausgegeben worden.[174] Ein Band trägt die Aufschrift: „The World's finest comic book writers & artists tell stories to remember".[175] Diese Comics wurden geschaffen, um einer späteren Generation eine Form des Gedenkens zu übermitteln und haben deswegen einen Sonderstatus inne. Die Bände gelten als Vorreiter für andere Produktionen im Bereich Kunst und Literatur (zwei Beispiele für die Bandbreite der Darstellungen s. Abb. 37 und 40).

Historische Forschungen zeigen bis jetzt bei der Beschäftigung mit Comics als Quelle eine Konzentration auf bestimmte Gruppen, von denen zwei Beispiele genannt seien: die Comics der ehemaligen DDR und die damit verbundene Propaganda und die amerikanischen Superheldencomics, die ja seit den 40er Jahren teilweise direkt für die Soldaten an der Front konzipiert wurden, und deswegen oft den Kampf der Superhelden gegen das nationalsozialistische Deutschland oder im folgenden Kalten Krieg gegen den Kommunismus thematisieren. Einer der wichtigsten Vertreter dieser Superhelden ist „Captain America", der extra für den Kampf gegen die nationalsozialistischen Feinde 1941 geschaffen wurde (s. Abb. 39).

4.3.2 Die Comic-Geschichtsgroteske und -parodie

Unter diesen Typus fallen vor allem die Funnies. Sie weisen meist weder realistisch-naturalistische Hintergründe noch ebensolche Figuren auf. Letztere sind überwiegend auf die Jetztzeit bezogen, so dass die Hintergrundnarration und der vorgegebene historische Rahmen nur als Vorlage zur Ironisierung der aktuellen Lebensumstände dienen. Ein gutes Beispiel dieser Art sind die Strips um „Hägar" von Dik Browne (siehe Abb. 41).

Comic-Alben dieses Typus' gibt es ebenfalls, wie z.B. „Hut ab" von Loup. „Asterix" von Rene Goscinny und Albert Uderzo nimmt insofern

Abb. 41: Dik Browne: Hägar der Schreckliche

eine Sonderstellung ein, da Figuren und teilweise der Hauptplot der
Geschichten durchaus zu den Comic-Parodien gerechnet werden können, Hintergründe und Nebenstränge der Erzählung aber immer wieder detailreiche Authentizitätsbeteuerungen liefern. Dies betrifft z.B.
die Darstellung der römischen Kleidung. Gerade Architektur (Aquä-
dukte, Pyramiden oder das römische Kolosseum) und das Auftreten
historisch verbürgter Persönlichkeiten wie Cäsar und Kleopatra verankern die Geschichten um „Asterix" zeitlich in der Antike. „Asterix"
bildet demnach eine Mischform aus dem zweiten, dritten und vierten
Typus und ist dem gesamten Erscheinungsbild nach eher als Semi-
Funny zu klassifizieren.

Eine Rekonstruktion historischen Geschehens ist nicht zwangsläufig
abhängig vom Stil des Comics. Funnies und Semi-Funnies können
durchaus in Teilen historisch fundierte Geschichte vermitteln. Stil und
Inhalt müssen analysiert werden, um einen Comic dem Typus der Ge-
schichtsgroteske und -parodie zuzuordnen.

4.3.3 Die historisierende Comic-Abenteuerimagination

Kennzeichnend für Comics dieses Typus ist ein Plot, der zwar vor einer
historischen Bühne abläuft, aber nicht zwingend mit den Zeitumstän-
den verzahnt ist. Meist ist die Vordergrundnarration erfunden, und die
zeitlichen Umstände bilden keine Bedingungen für die Handlungen.
Die Triftigkeitsansprüche dieser Comics sind sehr unterschiedlich, weil
manchmal Teile der Hintergrundnarration historisch verbürgt sein
können. Viele der Abenteuerimaginationen weisen aber einen hohen
Fantasyanteil auf, der sich auf die Authentizität der Hintergrundnarration auswirkt. „Sigurd" und „Falk" von Hansrudi Wäscher sind Beispiele dieses Typus.

Das „Mosaik" nimmt eine Sonderstellung ein. Die Figuren sind zwar
Zeitreisende, somit können die Geschichten eher als Abenteuer-
imaginationen verstanden werden. Da die Abenteuer aber immer wieder durch authentische Figuren bestimmt werden und die Geschichten

Abb. 42: Jason Lutes: Berlin, City of Stones

anhand historiografischer Zusatzinformationen in der jeweiligen Zeit verankert werden, stellt das „Mosaik" eine Mischform aus Abenteuerimagination und realgeschichtlicher Comic-Nacherzählung dar.

4.3.4 Das Comic-Epochalepos

Erfundene und historisch verbürgte Ereignisse werden bei diesem Typus durch triftige Authentizitätsbeweise verbunden, sodass Ausschnitte aus der Geschichte mit Personen, Strukturen oder Sachelementen besetzt werden. Hintergrund- und Vordergrundnarration sind miteinander verzahnt, so dass Plot und Zeitumstände einander bedingen. Der Verzicht auf bekannte historische Personen (in der Vordergrundnarration) trägt dabei eher zur historischen Wirkung bei, da Realbezüge in Form von Strukturen und Gegenständlichkeiten auftreten. Epen oder Romane dieser Art erzählen meist Geschichten, die das Schulbuch ausklammert. Comicromane, wie „Berlin, steinerne Stadt" von Jason Lutes (Abb. 42) und „Grabenkrieg" von Jacques Tardi können zu diesem Typus gezählt werden.

4.3.5 Die realgeschichtliche Comic-Nacherzählung

Dieser Typus bezieht sich auf die Historiografie im engeren Sinne. Die Comics stellen eine Art „gezeichnetes Geschichtsbuch" dar, in dem zentrale Personen und Ereignisse dargestellt werden, die real verbürgt sind. Comic-Historien können sich auf die Weltgeschichte beziehen („Das große Abenteuer der Menschheit. Eine Geschichte in Bildern" von Miguel Velasco u.a.), einzelne Epochen und Themen darstellen („Geschichte der Philosophie in Comics" von Domenico Casamassima und Eugenio Fiorentini) oder ausgewählte Ereignisse und Plätze beleuchten („Rendsburg Prinzessinstrasse" von Elke Steiner, s. Abb. 43). Zu diesem Typus können auch Biografien, wie „Hitler" von Friedemann Bedürftig und Dieter Kahlenbach gezählt werden.

Eine Untergruppe dieses Typus sind Lerncomics. Die Reihe „Lern-ComicGeschichte" von der Schlüterschen Verlagsgesellschaft wurde so konzipiert, dass Kinder Zeitreisen in verschiedene Epochen unternehmen, um deren Probleme und Strukturen besser kennen zu lernen. Daneben gibt es gesonderte Informationsteile, in denen durch Schrift und Bilder ohne comicale Elemente noch einmal wichtige Informationen dargeboten werden.

4.3.6 Die Comic-Autobiografie

Die Comic-Autobiografie stellt ein relativ junges Genre innerhalb der westlichen Comiclandschaft dar. Deren konkrete Inhalte und Formen können sehr verschieden sein. Autobiografien können ein ganzes Leben, einen Lebensabschnitt oder nur über ein einziges, für den Protagonisten entscheidendes oder beispielhaftes Ereignis berichten. So beschreibt Robert Crumb in „My Troubles with Women" seine sexuellen Fantasien vor dem Hintergrund seiner tatsächlichen Beziehungen. Roberta Gregory arbeitet in ihren bissigen Strips der „Bitchy Bitch" Erlebnisse aus ihrem lesbischen Alltag auf, während Harvey Pekar in „American Splendor" mit Hilfe von Robert Crumb einen Einblick in sein Leben

Abb. 43: Elke Steiner: Rendsburg, Prinzessinstrasse

gibt und z.B. über seine Krebskrankheit berichtet. Die dabei verwendeten Stilrichtungen entsprechen höchst selten der von Munier geforderten realistischen Darstellungsweise. Diese erste Gruppe von Autobiografien eignet sich in erster Linie als Quelle für Alltags- und Mentalitätsgeschichte.

Je nach Fragestellung der Historikerin und des Historikers können

Abb. 44: Ted Rall: To Afghanistan and back

gezielt Autobiografien ausgewählt werden, die auf historisch relevante Ereignisse stärker Bezug nehmen, wie z.B. auf den deutschen Nationalsozialismus oder auf den Abwurf der Atombombe auf Hiroshima. Als hervorragende Beispiele dieser Art können „Maus" von Art Spiegelman (s. Abb. 57-62) und „Barfuß durch Hiroshima" von Keiji Nakazawa (s. Abb. 24) gelten.

Marjane Satrapi zeichnete nach dem Vorbild von „Maus" mit „Persepolis" (siehe Abb. 25) einen Teil ihres Lebens von ihrer Kindheit im Iran bis zur Bürgerin Frankreichs nach. Ihr Werk gilt als eine der aktuellsten Autobiografien in deutscher Übersetzung. Sie bezeichnet ihre Arbeit als „Comic-Autofiction", weil sich nicht alles wortwörtlich so zugetragen habe.[176] Comic-Autobiografien haben durch die personale Einheit von Texter(in), Zeichner(in) und Protagonist(in) der Erzählung eine besondere Form der Authentizität, die in einer Biografie nicht zu finden ist.

4.3.7 Der Comic-Journalismus

Comic-Journalismus hat prinzipiell zwei Bedeutungen: Als „Comic Book Journalism" umfasst er Autorinnen und Autoren, die über Comiczeichnerinnen und -zeichner und deren Werke berichten wie z.B. Bill Baker oder Randy Zimmermann.

Als „Comic-Journalism" hingegen werden Werke von Autorinnen und Autoren bezeichnet, die sich journalistisch betätigen und ihre Arbeit in Comicform produzieren.

Der Begriff des Comic-Journalismus wurde hauptsächlich durch die Arbeiten von Joe Sacco („Zero Zero" 1997, „Soba" 1998, „Safe Area Gorazde" 2000, „Palestine" 2001) populär. Ein Beispiel seiner Arbeit zeigt Abb. 35. Dieses relativ neue Genre ist ebenfalls ein neuer Typus der Geschichtscomics, weil er sich durch wesentliche Elemente von der realgeschichtlichen Comic-Nacherzählung unterscheidet. Zum einen sind die Inhalte dieser Comics auf die jüngste Geschichte beschränkt, zum anderen bilden auch hier Zeichnerin, Texterin und Protagonistin eine personale Einheit: Journalistinnen und Journalisten wählen ganz gezielt die Möglichkeit, die Ergebnisse ihrer Arbeit in Form eines Comics zu präsentieren. Inhaltlich beziehen sich die meisten Werke auf zuvor besuchte Kriegs- und Krisengebiete. Ein weiterer Künstler, der für seine Arbeit mit einem „Award" ausgezeichnet wurde, ist Ted Rall mit seinem Buch „To Afghanistan and back" (s. Abb. 44).

II. Comics im Unterricht:
Vorschläge und Erfahrungen

1. *Jenseits von Asterix:*
Der Einsatz von Comics im Geschichtsunterricht

Nun geht es um den konkreten Einsatz der Comics im Unterricht – und zwar über das Angebot des allseits beliebten „Asterix" hinaus, der bis heute oftmals als einzige Comicfigur gelten muss, die einen Zugang zum Geschichtsunterricht erhalten hat.

Comics können im Geschichtsunterricht mehreren unterschiedlichen Funktionen dienen: Sie können (a) aus Motivationsgründen eingesetzt werden, so z.B. für einen Unterrichtseinstieg. Ein bis zwei Seiten, eventuell auch wenige Panels sind schon ausreichend, dieses Ziel zu erreichen, denn es geht erst einmal nur darum, in ein neues Thema einzuführen, ein Problem zu skizzieren oder eine Persönlichkeit vorzustellen etc. Diese Art der Nutzung von Comics ist wohl bis heute die gängigste, das Potenzial des Mediums wird hier aber bei weitem nicht ausgeschöpft.

Comics können ebenfalls (b) als historiografisches Material eingesetzt werden. Anstelle eines Lehrbuchtextes oder im Vergleich mit diesem dient dann ein Comic als Informationsquelle. Besonders Sachcomics und realgeschichtliche Comic-Nacherzählungen sind für solche Verwendungsweisen geeignet. Eine dritte Möglichkeit ist, einen Comic (c) zur Vergegenständlichung eines abstrakten Gegenstandes einzusetzen. So können die Hauptprotagonisten der „Türme von Bos Maury" die Funktionsmechanismen des mittelalterlichen Lehnswesens verdeutlichen, weil diese in den rechtlichen Handlungsräumen des Lehnswesens agieren. Ebenso eignen sich die Comics wie „Berlin, steinerne Stadt" sehr gut, um z.B. das Thema „Untergang der Weimarer Republik" durch konkrete Schicksale und Situationen zu verdeutlichen. Comics können aber ebenso (d) als Quelle dienen, dann werden sie als Zeuge ihrer Entstehungszeit bspw. auf die gezeichneten Interieurs, Mode, Klischees oder dargestellte Geschlechterrollen hin befragt.

Bevor man mit der Arbeit mit Comics beginnt, sollte sich jede Lehrerin und jeder Lehrer kritisch fragen, welche persönliche Einstellung sie bzw. er gegenüber Comics (im Allgemeinen, in Bezug auf spezifische Genres etc.) hat. Diese Frage ist der Geschichte des Mediums selbst geschuldet. Wie im zweiten Kapitel des ersten Teiles gezeigt wurde, stehen Pädagogen und Wissenschaftler dem Medium seit Dekaden äußerst kritisch gegenüber und es ist zu befürchten, dass diese Vorbehalte zu einem oftmals fast unbewussten pädagogischen Habitus „mutiert" sind. Befassen sich Comics gar mit Themen wie Krieg oder Holocaust, ist die Frage „Darf man das?" für die deutsche Kultur – und den Platz, den Comics darin einnehmen – ernst zu nehmen. Nur so kann eine Problemverschiebung vermieden werden: Nicht die Schülerinnen und Schüler können im Ernstfall nicht mit der Fiktionalität des Comics umgehen – genau das sollen sie ja im Geschichtsunterricht lernen und nicht von vornherein können –, sondern die Lehrerperson sollte sich den Umgang mit dem Medium zutrauen und im besten Fall damit wohlfühlen.

Im folgenden Abschnitt werden grundlegende Fragen formuliert, welche bei der Planung einer Unterrichtssequenz mit Comics gestellt und beantwortet werden sollten. Anschließend werden für die Sekundarstufe I und II konkrete Unterrichtsbeispiele vorgestellt.

1.1 Planungsfragen zur Unterrichtsvorbereitung

Die oben vorgestellten Möglichkeiten des Einsatzes von Comics im Geschichtsunterricht sind nicht notwendig auf konkrete Arbeitsphasen des Unterrichts beschränkt, dennoch verlangen die unterschiedlichen Verwendungen spezifische Fragestellungen an den jeweiligen Comic. Die erste Frage ist die wichtigste und diese sollte sich vor dem Unterrichtseinsatz jede Lehrkraft stellen.

◆ *Auf welche Art und Weise soll das Medium selbst vorgestellt werden?* Wenn Schülerinnen und Schüler reflektiert mit dem Medium Comic umgehen sollen, müssen sie dies genau wie die klassischen Methoden der Quellen- oder Bildinterpretation lernen. Dazu benötigen sie eine Einführung in die Funktionsmechanismen des Mediums und damit eine Einführung in das Fachvokabular. Nur so kann die Beschreibungs- von der Interpretationsebene getrennt werden! Man sollte als Lehrperson auf keinen Fall dem Irrtum verfallen, dass Schülerinnen und Schüler, nur weil sie Comics selbst lesen, diese ohne Probleme selbständig und kritisch in allen für den Geschichtsunterricht relevanten Punkten analysieren können. Eine notwendige Einführung in die Comic-Theorie kann ebenfalls in Comicform geschehen, wenn man sich auf die sehr gut geeigneten Veröffentlichungen von Will Eisner und Scott McCloud stützt, die in diesem Band mehrfach zitiert worden sind. Auch kann eine solche Einführung parallel zur Arbeit mit Comics geschehen.

◆ *Welche comicspezifischen und ästhetischen Leseanforderungen stellt der Comic?*
Die Beantwortung dieser Frage ist eng verknüpft mit der gewählten Einführung ins Medium. Vorab können so z.B. der Einsatz und die Bedeutungsmöglichkeiten von Symbolen geklärt werden. Stellt der gewählte Comic besondere ästhetische Anforderungen, wie z.B. „Berlin 1931", sind zumindest einleitende kunsthistorische Bemerkungen zur Zeichentechnik und ihrer Verbreitung in der Malerei sowie exemplarische Bildinterpretationen von einzelnen Panels empfehlenswert. Bereits hier wird deutlich, dass eine intensive Arbeit an Comics durch fachübergreifende Unterrichtseinheiten leichter realisiert werden kann.

◆ *Müssen einzelne oder mehrere Panels einer Bildinterpretation unterzogen werden?*
Comics können als visuelle Handschriften[177] verstanden werden, da die Bildanteile durch die Kombination mit Text (aber auch über diese hinaus) durch einen Bezug auf Sprache gekennzeichnet sind. Teilweise ist es für das Verständnis und die Bewertung der erzählten Geschichte notwendig, über eine Bild-Text-Analyse hinaus einzelne Bilder einer klassischen Bildinterpretation zu unterziehen. Hierfür eignet sich der Interpretationsansatz Hans-Jürgen Pandels, der auf den klassischen drei Stufen des Panofsky-Schemas aufbaut (vorikonografische, ikonografische und ikonologische Stufe) und diese erweitert. Pandel stellt in seinem Aufsatz „Bildinterpretation"[178] im „Handbuch Methoden im Geschichtsunterricht" vier Ebenen der Analyse bzw. Interpretation vor. Demnach sind einzelne Bilder auf ihren Erscheinungssinn, Bedeutungssinn, Dokumentensinn und Zeitsinn zu befragen. Diese Bildinterpretationen sollten in die inhaltliche Auswertungsphase eingeplant werden.

◆ *Welche geschichtlichen Wissensanforderungen stellt der Comic?*
Bei der Auswahl des Comics oder einer Comicsequenz ist zu bedenken, ob die Schülerinnen und Schüler den Comic selbständig erschließen sollen. Ist der Comic z.B. so umfangreich, dass er zu Hause gelesen werden muss, kann es durchaus von Vorteil sein, wenn das für das Verständnis der Geschichte notwendige historische Wissen im Laufe der Erzählung selbst vermittelt wird. Andernfalls muss neben einer Einführung zum Medium eine inhaltliche Vorbereitung erfolgen.

◆ *Welchen Sachverhalt kann der Comic sinnlich und emotional konkretisieren?*

Wenn Comics zur Konkretion eines abstrakten Sachverhaltes genutzt werden sollen, dann ist zu prüfen, ob die gewählte Sequenz oder das Kapitel tatsächlich das Unterrichtsthema in der gewünschten Weise unterstützt oder ob andere Sachverhalte, wie z.B. eine emotionale Beziehung in der Vordergrundnarration, stärker betont werden. In letzterem Fall können zusätzlich gezielte Aufgabenstellungen als Lesehilfe formuliert werden.

◆ *Werden eine oder mehrere Perspektiven eines Sachverhaltes durch den Comic beleuchtet?*

Eine der wichtigsten Forderungen des modernen Geschichtsunterrichts ist Multiperspektivität. Bei der Konzeption der Unterrichtssequenz muss deshalb gefragt werden, in welcher Art und Weise der Einsatz von Comics multiperspektivisch erfolgen kann. Oftmals bieten Comics des Typus Epochal-Epos Erzählungen an, die eher eine Figur und eine Perspektive näher darstellen, während Comic-Historiografien durchaus mehrere Perspektiven eines Ereignisses vermitteln können. Ein Comic des Typus historisierende Abenteuerimagination kann dazu dienen, sich gezielt nur einer Perspektive zu nähern und diese durch ein zweites Medium wie eine klassische schriftliche Quelle zu ergänzen. So kann z.B. durch „Prinz Eisenherz" die Vorstellung von einem glorreichen Rittertum (aus dem 20. Jahrhundert!) vermittelt werden, die durch eine Quelle über die realen Lebensbedingungen höriger Bauern entmystifiziert wird. Die Frage der Perspektivität wird bei der Arbeit mit Comic-Biografien besonders wichtig, da diese meist nur eine Person oder einen sehr eingeschränkten Personenkreis ins Zentrum ihrer Erzählung setzen.

◆ *Welche Authentizitätstypen weist der gewählte Comic-Abschnitt aus?*

Bei einer Arbeit mit Comics im Geschichtsunterricht sollte nach dem Grad der Authentizität des Comics (siehe Teil I, Kap. 4.2.) gefragt werden. Diese Analyse ermöglicht es letzlich den Schülerinnen und Schülern, zwischen Faktizität und Fiktionalität zu unterscheiden und einen wissenschaftlich gesicherten Umgang mit Comics zu entwickeln. Ebenfalls entscheidet der vorhandene Authentizitätstyp über die prinzipiellen Einsatzmöglichkeiten des Comics. Wird ein Comic als historiografisches Material eingesetzt, sollte es über Faktenauthentizität verfügen, eine Repräsentationsauthentizität allein wäre für ein solches Vorhaben nicht mehr ausreichend.

◆ *Welche Informationen werden benötigt, wenn man den Comic als Quelle einsetzen will?*

Eine bis jetzt wenig beachtete Möglichkeit ist es, Comics im Geschichtsunterricht als Quelle einzusetzen. Comics sind stets auch Quellen ihrer eigenen Entstehungszeit. Sie können, wie bereits angedeutet, nicht nur Lebensumstände widerspiegeln, sondern auch durch die Bilder bestimmte Gegenstände, Gebäudeformen und Kleidermoden festhalten und durch den Text Redewendungen konservieren. Um diese Comics als Quelle im Unterricht einzusetzen, muss so viel wie möglich über ihren Entstehungs- und Verbreitungshintergrund in Erfahrung gebracht werden: So sollte die Erscheinungsform des Comics bekannt sein: War es ein Tagesstrip, ein Comic einer Sonntagsbeilage, ein Heft oder Album. Wann ist der Comic entstanden? Bei einer so langlebigen Serie wie „Prinz Eisenherz" ist diese Frage durchaus entscheidend.

Ebenso hat sich gezeigt, daß die Superheldencomics gewaltige Umbrüche in der Charakterisierung ihrer Helden erfahren haben – auch hier ist eine zeitliche Positionierung äußerst wichtig. Ebenfalls sollte nach der Biografie und dem Gesamtwerk der Künstlerin bzw. des Künstlers gefragt werden, die heute meist über das Internet relativ schnell zugänglich sind. Angaben über die Wirkungsgeschichte und die Auflagen- bzw. Leserzahl werden wesentlich schwieriger zu beschaffen sein. Das bedeutet vor allem, dass die Konklusionen bei der Interpretation des Comics als Quelle mit entsprechender Zurückhaltung formuliert werden müssen. Der Comic kann ein Indiz für eine bestimmte Rollenzuschreibung oder Modeerscheinung sein, ist aber kein Beweis, dass alle Personen der betreffenden Zeit und des Ortes sich tatsächlich genau so verhalten oder gekleidet haben. Durch die Offenlegung dieser Informationslücken kann aber andererseits sehr gut gezeigt werden, dass es eben gar nicht so einfach ist, anhand von Comics etwa eine zunehmende Kriminalisierung oder einen „Verfall" der Jugend zu belegen, wie das oftmals in den pädagogischen Diskussionen der 50er- und 60er Jahre geschehen ist.

Wenn Comics als Quelle und damit bspw. als Zugang zu einer Populärkultur dienen, sollten ausreichende Informationen über die damals gültigen sozialen und kulturellen Ideale sowie über soziale Beziehungen und Hierarchien verfügbar sein.

◆ *Wie soll die Auswertungs- und Reflexionsphase gestaltet werden?*

Die Auswertungsphase bezieht sich im Geschichtsunterricht vor allem auf den Inhalt und die Authentizität des Comics und kann durch entsprechende Arbeitsaufträge geleitet werden.

Der Einsatz von Comics im Geschichtsunterricht verlangt neben dieser inhaltlichen Auswertung auch eine Reflexionsphase, bei der vor allem die beim Leseprozess erfahrene eigene Emotionalisierung beleuchtet wird. Es gibt nur sehr wenige Comics, deren Zeichnerinnen bzw. Zeichner eine wissenschaftliche, möglichst neutrale Art und Weise der Erzählung verwenden. Sympathien und Identifikationen mit Hauptfiguren sind gewollt und eine grundlegende Eigenschaft des Mediums. Es ist daher sinnvoll, den Schülerinnen und Schülern genug Raum und Zeit einzuräumen, sich von diesen Figuren wieder emotional zu distanzieren. Eine Autobiografie wie „Maus" von Art Spiegelman ist ergreifend, ein reflektierter Umgang mit „Maus" ist aber nur dann möglich, wenn sich die Leserin in ihrer eigenen Emotionalität wahrnehmen, d.h. sich über ihre Gefühle, die beim Lesen entstehen, bewusst werden und diese im besten Fall artikulieren kann.

1.2 Vorschläge für den Einsatz von Comics im Geschichtsunterricht

Die Vorschläge für den Einsatz von Comics im Geschichtsunterricht umfassen keine minuziösen Planungen von Unterrichtssequenzen. Vielmehr sind die Beispiele als Anregung zu verstehen und so offen gestaltet, dass Variationen möglich sind. Da sich diese Anregungen auf wenige ausgewählte Comics beziehen, findet sich im Anhang dieses Bandes eine „Comicografie", eine bibliografische Zusammenstellung von Geschichtscomics, die nach Epochen sortiert ist. Sie kann auf Grund der großen Menge an Geschichtscomics keine Vollständigkeit beanspruchen, gibt aber durch die kurzen Inhaltsangaben eine erste Orientierung bei der Auswahl eines Comics für den Geschichtsunterricht. Die Unterrichtsvorschläge sind mit Ausnahme des Angebots für die Klassenstufe 5/6 so gestaltet, dass ein geschichtliches Thema immer durch einen Comic in Kombination mit einem anderen Medium behandelt wird. Auf diese Weise können Quellen zum Vergleich herangezogen werden, gleichzeitig lässt sich so die Forderung nach Multiperspektivität realisieren.

Für die Klassenstufen 5/6 wird mit „Prisca et Silvanus" von Dorothée Šimko und Rolfein Meier ein Comic aus dem Bereich der Alten Geschichte vorgestellt, welches als Alternative zu Schulbuchtexten eingesetzt werden kann. Gleichzeitig wird in diesem Unterrichtsbeispiel eine Möglichkeit dargestellt, in die Comictheorie einzuführen. Mit Hilfe des Comics „Kolumbus" von Enzo Biagi, Milo Manara und Giacinto Gaudenzi können sich Schülerinnen und Schüler der 7. und 8. Klassenstufe dem großen Thema der Entdeckungsreisen nähern, Reisewege kennenlernen, und über die globale Dimension der Entdeckung Nord- und Südamerikas diskutieren. Für die Klassenstufe 9/10 wird mit „Grabenkrieg" von Jacques Tardi ein Comic über die Grauen des Ersten Weltkriegs vorgestellt. Hier steht die Möglichkeit der emotional-sinnlichen Konkretion von Comics im Vordergrund. Der Unterrichtsvorschlag für die Sekundarstufe II bezieht sich auf den Comic „Maus" von Art Spiegelman, der eine Biografie und Autobiografie ist und dessen starkes Medienecho als Quelle für die Erforschung einer deutschen Erinnerungskultur an die nationalsozialistischen Verbrechen genutzt werden kann.

1.2.1 Klassenstufe 5/6:
Ein erster Kontakt mit Comics und „Prisca et Silvanus" – Alltag in einer römischen Provinz

Der Unterrichtsvorschlag für die Klassenstufe 5/6 beinhaltet zwei thematische Schwerpunkte: Zum einen soll in das Medium Comic eingeführt werden, zum anderen wird mit „Prisca et Silvanus" ein Comic vorgestellt, der als historiografisches Material genutzt werden und so z.B. einen Lehrbuchtext ersetzen kann.

„PRISCA ET SILVANUS" UNRUHIGE ZEITEN IN AUGUSTA RAURICA

„Prisca et Silvanus" von Dorothée Šimko und Rolf Meier (Roloff) ist ein zweibändiger Comic über die römische Stadt Augusta Raurica, das heutige Augst in der Schweiz, und ist in der Reihe der Augster Museumshefte erschienen. Beide Bände („Unruhige Zeiten in Augusta Raurica" und „Die Zerstörung von Augusta Raurica") wurden als didaktisches Material für das Museum der „Römerstadt Augusta Raurica" entwickelt mit dem Ziel, Kindern und Jugendlichen das römische Alltagsleben jener Stadt näher zu bringen. Es eignet sich als Vorbereitung auf einen Besuch dieser Römerstadt, kann aber auch als allgemeine Vertiefungslektüre zur Alltagsgeschichte genutzt werden.

Beide Comicbände verfügen über jeweils zwei detaillierte Stadtpläne, welche die Stadt in verschiedenen Entwicklungsphasen zeigen, in denen sich die Hauptprotagonisten der Geschichte bewegen. Des Weiteren verfügen die Comics über ein **didaktisches Sachregister**, das über die Erwähnung jeder Fremd- und Fachwörter im Comic Auskunft gibt und über eine Zeitleiste, die die im Comic angesprochenen Ereignisse noch einmal für jüngere Leser ordnet. Besonders empfehlenswert ist der Comic durch ein ausführliches Quellenverzeichnis und eine Literaturliste. Das Quellenverzeichnis informiert den Leser (nach Comicseiten und damit nach Themen sortiert) über Gegenstände, Gebäude, Kleidung, Namen und Schriftzüge, die im Comic erscheinen und geben detailliert über deren Fundorte Auskunft. Der Comic kann damit für den gegenständlichen Bereich Faktenauthentizität beanspruchen. Wie der archäologische Leiter von Augusta Raurica, Alex R. Furger, im Vorwort betont, erzählt der Comic zwar nicht die Geschichte zweier authentischer Personen, dennoch lässt sich nach intensiver Forschungsarbeit behaupten, dass „Prisca" und „Silvanus" über Typenauthentizität verfügen. Durch diese Kombination von Fakten- und Typenauthentizität ist „Prisca et Silvanus" geeignet, als historiografisches Material im Unterricht verwendet zu werden.

Im ersten Band „Unruhige Zeiten in Augusta Raurica" werden die Hauptpersonen Prisca und Silvanus vorgestellt. Der Geschichtenerzähler ist dabei der nunmehr 82-jährige Silvanus selbst, der seinen Urenkeln nicht nur die Geschichte von sich und Prisca, sondern auch die vom Blühen und Vergehen von Augusta Raurica erzählt. In Szenen erzählt Silvanus, wie er geboren wurde, als Kleinkind umgeben von seinen Brüdern aufwuchs, wie er seinem Vater, dem Metzger half, sich er und Prisca kennen lernten, und später bei einem tragischen Unglück in einer Nacht zwei seiner Brüder verlor – der eine starb an einer Blutvergiftung, der andere wurde bei der Verteidigung seines kleinen Bruders Silvanus erstochen. An dieser Stelle wird im Comic die Geschichte unterbrochen und es werden auf einer Doppelseite römische Trauerriten und Begräbnisrituale näher vorgestellt.

Durch die Berufe von Silvanus' Vater (Metzger) und Priscas Vater (Bronzegießer) gelangen beide mehrmals auf Anwesen der reichen Oberschicht von Augusta Raurica und später Aventicum, aber auch das Leben der Sklaven wird geschildert. In einer letzten Szene des ersten Bandes begleitet die Leserin Prisca und ihre Cousine Marulina in die Frauentherme von Augusta Raurica. Auf diese bezieht sich der folgende Unterrichtsvorschlag.

Der Stil des Comics ist sehr realitätsnah gehalten, darüber hinaus sind die Seiten farbig gestaltet. Die Farbgebungen von Kleidungen und Gegenständen erfolgte nicht nur aus künstlerischen, sondern auch aus didaktischen Gründen. Gerade auf die Darstellung von Interieur und Gebäuden wurde sehr viel Wert gelegt. Die Figurentypen lassen in ihrer Entwicklung viel Liebe zum Detail erkennen, die zeichnerische Umsetzung von verbalen und nonverbalen emotionalen Reaktionen der Protagonisten ist jedoch nicht immer comic-ästhetisch gelungen. Eine weitere Besonderheit des Comics ist die Verwendung von lateinischen Grußformeln und Gegenstandsbezeichnungen, die auf jeder Seite übersetzt werden. Perspektivisch eignet sich der Comic auch für eine fachübergreifende Arbeit im Geschichts- und Lateinunterricht.

DER ERSTE KONTAKT – EINE EINFÜHRUNG ZUM MEDIUM COMIC

Eine der wichtigsten Planungsfragen für die Unterrichtsvorbereitung ist die folgende: Auf welche Art und Weise soll das Medium selbst vorgestellt werden? Diese Frage ist – wie in der Einleitung zu diesem Kapitel dargestellt – deswegen so wichtig, weil die Schülerinnen und Schüler sich einen reflektierten Umgang mit den verschiedensten Medien, die Geschichte präsentieren, also Medienkompetenz, aneignen sollen. Bei einem ersten Kontakt mit Comics im Geschichtsunterricht gilt es, sie dort abzuholen, wo sie sind.

◆ *Welche Comics lesen sie (regelmäßig)? Haben sie einen Lieblingshelden oder zeichnen sie selbst Comics? Was finden sie an Comics gut, was eventuell nicht so gut? Was machen sie mit ihren Comics – tauschen sie diese, spielen sie Szenen nach? Gibt es Schülerinnen und Schüler, die Comics mit historischen Inhalten lesen?*

Diese ersten Fragen sind vor allem für die Lehrperson wichtig, denn meist ist es so, dass die Schülerinnen und Schüler in Bezug auf den Comic-Konsum ihren Lehrerinnen und Lehrern weit voraus sind. Die Lehrerin kann sich hier erste Überblicke verschaffen, wie das Medium von den Schülerinnen selbst wahrgenommen wird. Auch lässt sich mit der Frage nach Geschichtscomics feststellen, über welche inhaltlichen und materiellen Ressourcen die Schülerinnen und Schüler verfügen – vielleicht bietet es sich ja an, bei einer weiteren Stunde auf ein Comic zurückzugreifen, das bereits einige von ihnen lesen.

Wenn mit Comics im Geschichtsunterricht gearbeitet werden soll, ist es wichtig, dass sich die Schülerinnen und Schüler Schritt für Schritt ein wissenschaftliches Vokabular aneignen, und verstehen, wie der Comic erzählt. Beides kann man anhand von Beispielen aus „Prisca et Silvanus" erarbeiten, Ergänzungen bieten sich teilweise an, da der Comic selbst relativ arm an Symbolen gehalten ist. Dabei können zum einen die Bestandteile des Comics besprochen werden (Bild, Text, Symbol), zum anderen sollten die narrativen Eigenschaften des Comics und das Prinzip der Induktion erörtert werden. Die zentralen Fragen sind:

◆ *Aus welchen Elementen besteht ein Comic?*

Hier geht es natürlich um eine Diskussion der drei wichtigsten Elemente des Comics: Text, Bild und Symbol. In welcher Art und Weise Texte im Comic auftauchen und welche comictypischen Symbole die Schülerinnen und Schüler kennen, sollte ebenso wie der zeichnerische Stil des Comics besprochen werden. Für letzteres kann man z.B. einen Hägar-

Comic, also ein Funny, neben den aktuellen Comic legen und so diskutieren, in welchen Punkten sich beide unterscheiden.

◆ *Wie wird im Comic eine Geschichte erzählt?*
Auch diese Frage sollte zunächst auf einem relativ einfachen Niveau diskutiert werden. In der 5. und 6. Klasse müssen die Schülerinnen und Schüler nicht detailliert Indiziensysteme beschreiben können oder abstrakte Begriffe wie Panel, Habitus, Hiatus und Sequenz definieren. Lässt man die Schülerinnen und Schüler den Badetag nacherzählen, können von der Lehrperson einzelne Beispiele für Indizien herausgegriffen und im Gespräch konkretisiert werden.

◆ *Was geschieht bei der Induktion?*
Auch wenn es jüngeren Schülerinnen und Schülern zweifellos schwer fallen wird, das abstrakte Prinzip der Induktion sprachlich korrekt zu beschreiben, kann es doch mit einfachen Worten vorgestellt bzw. selbst erarbeitet werden. Hilfreich ist es, die Induktionsleistung den Schülerinnen und Schülern dadurch bewusst zu machen, indem sie bzw. er selbst eine solche zwischen zwei Panels einmal schriftlich festhält. Wenn diese dann in der Klasse verglichen werden, wird ganz schnell klar, dass jede und jeder eine etwas andere Vorstellung von dem hatte, was gerade passiert ist, und die Geschichte im Comic trotzdem „funktioniert".

Da die Elemente und Funktionsweisen des Comics in diesem Band an früherer Stelle bereits intensiv besprochen worden sind, wird hier auf ausführliche Antworten zu den Fragen verzichtet. Als Arbeitsgrundlage für den Unterricht bietet sich ein Arbeitsblatt an, das je nach dem ersten einführenden Comic gestaltet werden kann – eine Variante solcher möglicher Arbeitsblätter ist in Abb. 47 zu sehen.

Weitere Fragen an Comics, etwa wie mit ihnen als historischen Quellen umgegangen werden kann, sollten je nach weiterer Einsatzmöglichkeiten der Comics und Entwicklungsstand der Schülerinnen und Schüler in den Folgestunden besprochen werden. So werden sie nicht überfordert und die Lust am Comic bleibt erhalten.

DAS ARBEITSBLATT
Das hier vorgestellte Arbeitsblatt für eine Einführung zum Medium Comic ermöglicht eine Diskussion der o.a. grundlegenden Fragen, d.h.: Wie funktionieren Comics? Wie erzählen Comics eine Geschichte?

Da das Arbeitsblatt auf dem im Unterricht zu verwendenden Comic aufbaut, empfiehlt es sich, diesen Teil der Unterrichtssequenz erst nach dem Vorstellen der Badeszene zu verwenden. Ebenfalls ist im Arbeitsblatt neben den Panels aus „Prisca et Silvanus" ein kleiner Ausschnitt von Will Eisners Stereotypen gezeigt. Ein konkreter Bezug zwischen den Stereotypen und dem Comic wird auf dem Arbeitsblatt über eine Charakterisierung der Badefrau hergestellt. Im zweiten Teil des Arbeitsblattes haben die Schülerinnen und Schüler die Möglichkeit, eine Induktion zwischen zwei Panels schriftlich festzuhalten und so einen grundlegenden Mechanismus der Narration im Comic bewusst nachzuvollziehen. Hier zeigt sich, dass es tatsächlich sinnvoll ist, mit dem im Unterricht zu besprechenden Comic zu arbeiten, weil die Kinder durch die vorangegangene Einführung in „Prisca et Silvanus" sich viel besser in der Geschichte zurechtfinden und damit trotz der wenigen Panels auf dem Arbeitsblatt diese Aufgaben zur Induktion lösen können.

DIE BADESZENE ALS TEIL EINER UNTERRICHTSSEQUENZ

Beide Bände des Comics bieten eine Fülle an Informationen zur Alltagsgeschichte in einer römischen Stadt an. Die Verwendung der Badeszene (s. Abb. 45 und 46) ist nur eine Möglichkeit von vielen und stellt bei weitem nicht das gesamte didaktische Potenzial der Comicbände dar. Sie bietet sich aus mehreren Gründen hier an. Zum einen wurden durch die römische Kultur hygienische Maßstäbe für das Abendland über Jahrhunderte hinweg gesetzt. Körperhygiene und Badekultur sind für die heutige westliche Kultur ein wesentlicher Bestandteil ihres Selbstbildes. Ebenfalls gibt es heute in einigen deutschen Städten Reste von Aquädukten, alten Wasserversorgungskanälen oder sogar von römischen Thermen. Auch finden wir in Saunen immer noch das Römische Dampfbad. Die römische Badekultur findet sich in verschiedenen Formen auch in unserer heutigen Gesellschaft wieder. Dennoch hat sich viel verändert – der Comic erlaubt, diese Unterschiede und Gemeinsamkeiten in einigen Facetten wahrzunehmen. Darüber hinaus befinden sich die Hauptprotagonisten der Badeszene in einem Alter, das dem der Schülerinnen und Schüler einer 5. oder 6. Klasse entspricht – ein Sichhineinversetzen in die Figuren und die Szene ist so relativ leicht möglich.

Am Anfang der Unterrichtssequenz sollte in den Comic selbst eingeführt werden, die Protagonisten können vorgestellt, die Römerstadt „Augusta Raurica" und das Museum sollten ebenfalls kurz erläutert werden. Schließlich kann die Doppelseite mit der Badeszene ein erstes Mal gelesen werden und anschließend das oben vorgestellte Arbeitsblatt bearbeitet werden. Erst danach erfolgt die inhaltliche Arbeit mit der Badeszene. Folgende Aufträge können bearbeitet werden:

◆ *Erzähle den Badetag der Mädchen nach.*
◆ *In welchen Räumen der Therme halten sich Prisca und Marulina auf*

Abb. 45: Dorothee Simko, Roloff: Prisca et Silvanus 1/2

(lateinische und deutsche Bezeichnung)? Welche Funktionen erfüllen diese Räume?

◆ In dem Comic sind mehrere Formen der Körperreinigung und -pflege zu sehen. Beschreibe diese. Fallen dir Unterschiede zur heutigen Zeit auf?

◆ Wozu dienen die Holzschuhe?

◆ Vergleicht die Therme mit heutigen Schwimmbädern – fallen euch Gemeinsamkeiten und Unterschiede auf?

Abb. 46: Prisca et Silvanus 2/2

Eingangs wurde bereits erwähnt, dass der Comic über einen nach Comicseiten geordneten Quellennachweis verfügt. Die folgenden optionalen Aufgaben beziehen sich auf eine Kombination dieser Quellennachweise und der zwei Comicseiten. Letztlich kann so die Frage nach der Qualität des Comics als historiografisches Material beantwortet werden; ebenfalls kann an dieser Stelle der Unterschied zwischen einem Geschichtscomic und einer Quelle diskutiert werden. Da gerade die letzte Fragestellung ein hohes Reflexionsvermögen von den Schülerin-

Abb. 47: Arbeitsblatt

nen und Schülern einer fünften Klasse verlangt, wird diese tatsächlich nur optional und bei entsprechend vorhandener Zeit zur Bearbeitung empfohlen.

◆ *Lies die Quellennachweise und markiere alle genannten Gegenstände im Comic.*

◆ *Alle markierten Gegenstände gab es zur damaligen Zeit wirklich. Wie sieht es aber mit den anderen Gegenständen und Personen im Comic aus? Diskutiert in eurer Gruppe, inwiefern der Comic zeigt, wie das Baden in einer römischen Therme tatsächlich gewesen ist.*

1.2.2 Klassenstufe 7/8:
„Kolumbus" – mehr als eine Entdeckung

1992, pünktlich zum 500. Jubiläum der ersten Überquerung des Atlantischen Ozeans durch Kolumbus und seiner Entdeckung der durch ihn benannten Bahama-Insel San Salvador (Guanahani) vor der Küste Kubas, erschien im Carlsen-Verlag die deutsche Übersetzung von „Kolumbus", einem Gemeinschaftswerk von Enzo Biagi, Milo Manara und Giacinto Gaudenzi. Die Autoren bzw. Zeichner dieses Comics haben zwar auf ein Vorwort im Sinne einer Absichtserklärung verzichtet, dennoch wird durch den Aufbau des Comicalbums sehr schnell klar, dass sich Autoren und Zeichner um eine realgeschichtliche Comic-Nacherzählung bemüht haben. Der Comic soll deswegen in diesem Vorschlag als historiografisches Material eingesetzt werden.

INHALT DES COMICS
Der Comic erzählt in mehreren Kapiteln in biografischen Skizzen und Episoden das Leben des Christoph Kolumbus. Diese werden mit Zusatzinformationen über Seewege, Religionskriege, Kulturgüter der neuen Welt etc. angereichert. Beide Erzähleben sollen hier näher vorgestellt werden.

GESCHICHTEN ÜBER KOLUMBUS
Im ersten Kapitel „Anbruch einer neuen Zeit" sieht die Leserin Christophs Taufe, seine Jugendjahre, erfährt von seiner frühen Neigung, Seefahrer zu werden und dem ersten Schiffbruch des jungen Seefahrers. Schließlich arbeitete Kolumbus bei seinem Bruder Bartholomäus als Kartograph, segelt dann aber wieder, erst nach Irland und dann nach Island, immer auf der Suche nach Informationen über den atlantischen Ozean. Zurückgekehrt nach Lissabon wirbt er um Filipa Perestrello y Moniz, die Tochter des früheren Gouverneurs der Insel Porto Santo und nimmt sie schließlich zur Frau. Kolumbus kann mit seiner Frau bei seinen Schwiegereltern auf Porto Santo leben und somit das reiche Arsenal an Karten und Reiseberichten von Filipas Vater einsehen. Als sich die Gelegenheit bietet, verlässt er seine Frau und seinen Sohn Diego, segelt nach Ghana und versucht schließlich, Unterstützung für seinen Plan der Entdeckung einer Westroute nach Indien zu finden. Nachdem er keine Unterstützung von Johann II., König von Portugal, für sein Vorhaben erhält, wendet er sich 1486 an Isabella von Kastilien, die Königin Spaniens. Da Kolumbus' Berechnungen und Pläne von den wissenschaftlichen Beratern der Königin abgelehnt werden, bemüht er sich weiterhin über Monate hinweg, stellt aber auch Forderungen: So

will er den Rang eines Admirals und das Amt eines Vizekönigs in dem von ihm zu entdeckenden Gebieten bekleiden. Schließlich willigt das Königspaar ein und unterstützt die Expedition finanziell und materiell.

1492 bricht Kolumbus zu seiner ersten Fahrt auf, in weiteren Kapiteln wird die Rückkehr nach Spanien und die zweite Reise des Kolumbus beschrieben. In „Hohn und Spott" widmen sich die Autoren ausführlicher den Ränke- und Machtspielen, in die Kolumbus durch seinen Herrschaftsanspruch über das entdeckte Land einerseits und durch die fehlenden, aber versprochenen Goldfunde andererseits hineingerät. Auch dieses Mal findet der Seefahrer in Königin Isabella eine Gönnerin, eine dritte Reise wird finanziert. Krankheiten, kriegerische Stämme, Stürme sowie Verleumdungskampagnen in Spanien führen schließlich zur Entmachtung Kolumbus, er wird noch während der dritten Reise in Ketten gelegt. Isabella vergibt ihm abermals in einer großen Geste und Kolumbus bricht zu seiner vierten Reise auf, diesmal will er eine Durchfahrt zum Festland finden. Kolumbus kann sich auf dieser Fahrt nur mit Mühe gegen rebellische Matrosen behaupten. Wieder lassen ihn Malaria und schwierige Wetterlagen nicht die erhofften „Schiffsladungen voller Gold"[179] finden. Kolumbus stirbt schließlich 1506 in Valladolid ohne das Wissen, einen neuen Kontinent entdeckt zu haben.

ZUSÄTZLICHE INFORMATIONEN:
Der Comic bietet, teilweise eingebettet in die Biografie des Kolumbus, die folgenden Zusatzinformationen an: das Leben der Seeleute, die Reisen des Marco Polo, die politische Lage in Europa um 1500, die Erfindung des Buchdrucks durch Johann Gutenberg, der Alltag der finanzkräftigen Oberschicht und der weniger Begüterten. Ebenfalls werden verschiedene Stämme der Ureinwohner Nord- und Südamerikas etwas ausführlicher vorgestellt. Darüber hinaus beinhaltet das Comicalbum eine rein textuale nach Jahren geordnete Zusammenfassung der politischen Ereignisse und Taten des Kolumbus über den Zeitraum von 1451 bis 1506 und über eben diesen Zeitraum eine Zeitleiste, auf der wichtige Ereignisse aus Europa, Asien, Afrika, Amerika sowie Entwicklungen aus Wissenschaft, Technik und Kunst vermerkt sind.

BESONDERHEITEN DES ZEICHENSTILS UND DER ERZÄHLSTRATEGIE
Der Comic wurde von zwei Zeichnern illustriert: Giacinto Gaudenzi hat fünf Kapitel gestaltet, Milo Manara die anderen sechs. Ihr jeweiliger Zeichenstil unterscheidet sich dabei in der Farbgestaltung und Liniengebung. Milo Manara verwendet klare und starke Linien bei der Darstellung von Personen und Gegenständen im Vordergrund, ergänzt durch

Schattierungen, die Plastizität simulieren. Seine filigrane Farbgebung erinnert teilweise an Aquarell- und Buntstiftzeichnungen. Er arbeitet überwiegend mit einer realistischen Darstellungsweise, Gesichter und Körper der Figuren entsprechen dabei fast ausschließlich dem westeuropäischen Schönheitsideal.[180] Giacinto Gaudenzi verwendet weniger starke Linien, auch verzichtet er bei der Farbgebung auf Buntstifteffekte. Er zeichnet in einem eher naturalistischen Stil und entfernt sich etwas weiter von heutigen Schönheitsidealen als sein Kollege. In allen Kapiteln des Comics herrschen Blocktexte zu den jeweiligen Panels vor. Da ein historiografischer Anspruch besteht, verfügen gerade die Seiten mit Zusatzinformationen oftmals über einen Bilderbuchcharakter – auf Sprechblasen und Panels wird dann zugunsten großflächiger Illustrationen auch verzichtet.

Die Biografie des Kolumbus, ebenso die Darstellung der Entdeckung bzw. Eroberung der Neuen Welt fällt insgesamt wenig kritisch aus. Als Biografie konzentriert sich die Erzählung natürlich überwiegend auf Kolumbus selbst, der damit einhergehende Effekt der Personalisierung sollte dem Comic nicht als didaktisches Manko ausgelegt werden, denn Multiperspektivität war nicht eine der Absichtserklärungen der Autoren. Die Position der bis auf die Königin Isabella nur schemenhaft ausgeführten Protagonistinnen oder „der Eingeborenen" wird in den Blocktexten oftmals nur aus der Perspektive der Eroberer, bzw. des männlichen Führers beschrieben. So schreibt man über Filipa, die Frau des Kolumbus: „Als Tochter eines Seefahrers versteht Filipa die Berufung ihres Gatten und steht ihr nicht im Wege".[181] Vergewaltigungen von eingeborenen Frauen werden als „hemmungslose Hingabe an Laster"[182] der europäischen Matrosen eher verschönt. Ein Vorteil dieser Darstellungsweise für den Einsatz im Geschichtsunterricht ist jedoch, dass im ganzen Comic Grausamkeiten meist nur angedeutet sind und nicht detailliert illustriert werden – dadurch eignet er sich für die Arbeit mit jüngeren Schülerinnen und Schülern.

DER COMIC IM GESCHICHTSUNTERRICHT

Da der Comic hauptsächlich eine Biografie des Kolumbus beinhaltet, sollte er in diesem inhaltlichen Zusammenhang eingesetzt werden. Informationen über globale Dimensionen der Entdeckungen wie z.B. ökologische Neuerungen und Probleme, Sklavenarbeit und von den Europäern eingeschleppte Krankheiten, die Millionen von Ureinwohnern allein in den ersten 80 Jahren nach Kolumbus' erster Fahrt dahin rafften, werden dagegen zwar angedeutet, aber bei weitem nicht ausreichend thematisiert. Wählt man Szenen aus dem Leben des Kolumbus, sind diese für die Schülerinnen und Schüler meist selbständig zu erschließen, da Fach- und Fremdwörter in Anmerkungen auf der jeweiligen Seite geklärt werden und notwendige zusätzliche Informationen durch die Blocktexte zugänglich sind.

Der Comic verfügt über zwei Authentizitätstypen: zum einen über Faktenauthentizität, da der größte Teil der geschilderten Personen (alle benannten Könige, Admirale, nahe Verwandte und Bekannte des Kolumbus) tatsächlich gelebt haben. Außerdem lehnt sich der Comic zu großen Teilen an die Schiffstagebücher des Kolumbus an, die nur als Abschrift von Don Luis Colón, dem Enkel des Entdeckers, über eine Kompilation von Las Casas für die Nachwelt erhalten blieben. Durch den Vergleich mit dem Tagebuch können relativ gut Teile des Comics als typenauthentisch identifiziert werden. Da, wie bereits erwähnt, im Comic ein Perspektivwechsel nur indirekt geboten wird, empfiehlt es sich, für ein multiperspektivisches Arbeiten den Comic tatsächlich für die Darstellung der Perspektive der Spanier zu verwenden und dies auch zu thematisieren. Um sich der Perspektive der Ureinwohner zu nähern, bietet sich ein vergleichender Rückgriff auf zeitgenössische Malerei und überlieferte Quellen von den Ureinwohnern an.

DER COMIC ALS HISTORIOGRAFISCHES MATERIAL: „KOLUMBUS, DER KÜHNE"

Die gewählte Szene (siehe Abb. 48-51) beschreibt Kolumbus' Bemühen im Zeitraum von 1486 bis 1492 für seine Expedition finanzielle und materielle Förderung vom spanischen Königspaar zu erhalten. Dass Kolumbus sich in diesem Zeitrahmen ebenso an den König von Portugal wandte, wird nur aus den Zusatzinformationen im Anhang ersichtlich, die Szene konzentriert sich exemplarisch auf die Bemühungen des Seefahrers am spanischen Hof. Risiken der Fahrt, aber auch die Motivation von Kolumbus wie vom spanischen Königshaus, die Expedition zu wagen, können hier gut erarbeitet werden.

Folgende Arbeitsaufträge bieten sich an:

◆ *Kolumbus will den westlichen Seeweg nach Indien finden. Mit welchen Argumenten versucht er, Unterstützung von seinen Geldgebern zu erhalten?*

◆ *Mit welchen Begründungen wurden seine Bitten mehrmals abgelehnt?*

◆ *Kolumbus ging in seinen Berechnungen von einem kleineren Erdumfang aus. Welche Probleme birgt der Größenunterschied für Seefahrer?*

◆ *Überlege, warum das spanische Königspaar Kolumbus doch noch unterstützte.*

Abb. 48: Enzo Biagi, Milo Manara, Giacinto Gaudenzi: Kolumbus 1/4

Zur Unterscheidung von Faktizität und Fiktionalität
Schritt 1: Bildnisse des Kolumbus

Die Unterscheidung von Faktizität und Fiktionalität im Comic sollte auch in der 7. und 8. Klassenstufe bei der Arbeit mit dem Medium thematisiert werden. Dieses Problem ist gerade in Bezug auf die Person des Kolumbus sehr wichtig, denn alle heute bekannten Darstellungen entstanden aus Sekundärquellen oder erst nach seinem Tod.[183] Mit einer zeitnahen Darstellung des Kolumbus kann eine Diskussion um Faktizität und Fiktionalität eingeleitet werden, bspw. mit dem Gemälde von

Abb. 49: Kolumbus 2/4

Sebastiano del Piombo, welches in Abb. 53 zu sehen ist und von dem Künstler 1519 angefertigt wurde.

◆ *Gemeinsamkeiten und Unterschiede von Bildnis und Comicfigur können besprochen werden.*

So wird klar, dass der Comic eben nicht berichtet, wie es tatsächlich gewesen ist, sondern eine Interpretation der Entdeckungsfahrten des Kolumbus ist. In einem zweiten Schritt kann der Unterschied zwischen Wahrheit und Authentizität thematisiert werden.

Abb. 50: Kolumbus 3/4

Schritt 2: Ein Vergleich zwischen Comic und Schiffstagebuch

Die Unterschiede zwischen Tagebuch und Comic treten bei der jeweiligen Beschreibung der Meuterei auf der ersten Fahrt deutlich hervor. Las Casas, der hier in der dritten Person von Kolumbus schreibt, schönt die überaus heikle Situation sehr, in der sich Kolumbus befand, wenn er schreibt, „sie beklagten sich …" Im Comic wird die Situation viel bedrohlicher dargestellt, ebenso die Reaktion der kommandierenden Offiziere (einige Meuterer sollten über Bord geworfen werden), die

Abb. 51: Kolumbus 4/4

zweifellos typenauthentisch ist.[184] Bei der Analyse des Comics (s. Abb. 52) sollte auch auf die künstlerische Gestaltung eingegangen werden – z.B. ist der Hintergrund in einem „giftigen" Grünton gehalten – ein Filmklischee, das uns aus Horrorfilmen nur zu gut vertraut ist und hier Gefahr signalisiert.

Der Wahrheitsgehalt dieser Quelle sollte ebenso wie der des Comics thematisiert werden. So kann den Schülerinnen und Schülern zum einen der Unterschied zwischen den Kategorien Authentizität und Wahrheit verdeutlicht werden und zum anderen über die Beweggründe

Abb. 52: Kolumbus

diskutiert werden, die sowohl Las Casas als auch die Comicautoren dazu gebracht haben, dieses Ereignis auf jeweils eigene Art und Weise festzuhalten.

Eine denkbare Aufgabenstellung ist die folgende:

◆ *Vergleiche die Darstellung der Meuterei im Comic mit der Darstellung im Schiffstagebuch des Kolumbus. Welche Übereinstimmungen und welche Unterschiede stellst du fest? Fallen dir mögliche Gründe für diese Unterschiede ein?*

Quelle: Schiffstagebucheintrag vom 10. Oktober 1492

„Er segelte nach Westsüdwest, sie legten etwa zehn Seemeilen pro Stunde zurück, manchmal auch zwölf und eine Weile sieben; in den ganzen vierundzwanzig Stunden brachten sie neunundfünfzig Meilen hinter sich: Er sagte den Leuten allerdings nur vierundvierzig. An diesem Punkt konnten es die Leute nicht länger aushalten. Sie beklagten sich über die lange Reise; aber der Admiral ermutigte sie, sosehr er konnte, und weckte bei ihnen Hoffnung auf die Vorteile, die ihnen zufallen könnten. Und er fügte hinzu, es sei zwecklos, sich zu beklagen, denn er habe den Weg nach Indien einmal eingeschlagen und müsse ihn nun fortsetzen, bis er das Land mit Hilfe unseres Herrn gefunden habe."

Abb. 53: Sebastiano del Piombo, Christoph Kolumbus, 1519

(Christoph Columbus: Schiffstagebuch, Leipzig 1992 [6. Aufl.], S. 21)

1.2.3 Klassenstufe 9/10:
„Grabenkrieg" – Fronterfahrungen im Ersten Weltkrieg

EINLEITUNG

Der im Edition Moderne Verlag erschienene Comic „Grabenkrieg" von Jacques Tardi versucht in erster Linie die seelischen Zustände der Soldaten des Ersten Weltkrieges nachzuzeichnen. Hierbei greift der Künstler nicht auf bekannte und historisch verbürgte Persönlichkeiten zurück, sondern beschreibt die Gedanken, Gefühle, Erfahrungen und Ängste von einfachen Frontsoldaten. Geschichtsdidaktisch bietet er Comicfiguren an, die über eine Typenauthentizität verfügen. Tardi hat versucht, diese wissenschaftlich abzusichern, indem er sich mit Feldpostbriefen und ähnlichen Egodokumenten intensiv beschäftigt hat. Seine Intention geht aber über die Darstellung von authentischen Typen hinaus: Zwar nimmt im französischen Geschichtsbewusstsein der Erste Weltkrieg eine weitaus bedeutendere Rolle als im deutschen ein, dennoch scheinen im Comic selbst die Nationalitäten der Soldaten oftmals austauschbar, da nach Tardis Meinung die Soldaten aller Länder ähnliche Erfahrungen gemacht haben müssen. An die Perspektive des einfachen Soldaten und dessen Desillusionierung durch die Grauen des Krieges knüpft der Vorschlag für die Arbeit mit diesem Comic im Geschichtsunterricht an. Dieser Vorschlag basiert auf einem Unterrichtsentwurf von Torsten Schmidt.

DER INHALT DES COMICS

Der Comic besitzt mit Ausnahme der Rahmenhandlung – der Beschreibung der Schicksale französischer Soldaten im Ersten Weltkrieg – keine durchgehenden, komplexen Handlungsstränge. Vielmehr werden in Episoden unterschiedliche Soldatenschicksale verschiedener Kriegsjahre beleuchtet. Hierbei entsteht ein Bild von allgemeinen Situationen, in denen sich die Soldaten befanden. In den Geschichten steht in den meisten Fällen ein konkretes – fast ausnahmslos negatives – Schicksal im Mittelpunkt, die Katastrophe des Krieges wird bei Tardi nicht durch romantisierende Heldentaten geschönt. Die Protagonisten verkörpern Typen, deren beschriebene Situation als Beispiel für unzählige Andere steht. Einzelne Episoden lassen sich so bestimmten Thematiken zuordnen, die von Selbstverstümmelung, Selbstmord durch den Feind, Racheakten an verhassten Truppenteilen (Feldgendarmerie), über die Stellung der Juden in den französischen Reihen, bis hin zu Exekutionen wegen „Feigheit vor dem Feind" oder Schießen auf die eigenen Linien reichen.

Mit dieser Aufzählung der schrecklichsten Seiten des Ersten Weltkrieges verdeutlicht Tardi die Hässlichkeit des Krieges und verzichtet auf die rekapitulierenden Bilanzen oder Fakten von historischer Bedeutung. Er lässt die sicherlich kritisch zu hinterfragenden Erlebnisberichte, Geschichten und Augenzeugenerfahrungen – die er während seiner Recherchen zusammentrug – weitgehend unkommentiert.[185]

KÜNSTLERISCHE BESONDERHEITEN

Jacques Tardi ist einer der virtuosesten Comiczeichner in frankobelgischer Tradition. Nachdem er 1971/72 Wehrdienst geleistet hatte, wurde er – nicht zuletzt durch seinen traumatisierten Großvater – zum Pazifisten und wählte in den kommenden Jahren „Krieg" als thematischen Schwerpunkt seiner Arbeiten. Aus seinem anfänglich sehr kontrastreichen schwarz-weiß-Stil („Die Geschichte vom unbekannten Soldaten") wurde ein differenziertes Instrumentarium an grafischen Gestaltungsmöglichkeiten, in dem er das Prinzip der Grauschattierung von

Hergé weiterentwickelte.[186] „Grabenkrieg" ist eines der besten Beispiele für die jahrelangen Bemühungen des Künstlers, „Krieg" grafisch auszudrücken.

Formal sind seine Albenseiten meist in drei große Panels in horizontaler Ausrichtung aufgeteilt. Diese Darstellungsform lässt dem Zeichner den nötigen Raum, um oft in totalen Bildeinstellungen dem Betrachter einen intensiven Eindruck von den Geschehnissen auf den Schlachtfeldern Europas zu geben. Wenn Tardi Großaufnahmen seiner Protagonisten wählt, wird der Leser mit den Gedanken, Gefühlen und vor allem den Ängsten von Soldaten, von Menschen konfrontiert. Tardi hält seine Protagonisten dabei bewusst schemenhaft – hoffnungs- und trostlose, bleiche und erschöpfte Gesichter erwarten den Leser. Die Hintergründe werden von Tardi oftmals detailreich (auch bei den nächtlichen Szenerien) ausgestattet, um dem Leser ein möglichst realistisches Umfeld zu bieten, das ebenso wie die Figuren stark emotionalisiert. Andererseits verzichtet er manchmal ganz gezielt auf genaue Konturen; dann steht nur noch das menschliche leidende Geschöpf im Vordergrund. So in der Episode über einen französischen Sturmangriff (im Comic S. 39-50).

Auf Grund des von Tardi gewählten graphischen Stils ist zu vermuten, dass er sein Publikum dazu animieren will, sich mit Hilfe des Comics ein eigenes, facettenreiches, kritisches, wenn auch in jedem Falle negatives Bild vom Ersten Weltkrieg zu machen, in dem nicht Ideale wie Nationalismus, Heroismus oder vaterländische Aufopferung, sondern einzig und allein der einfache Mensch und sein Bestreben nach Überleben oder sein Tod im Mittelpunkt stehen. An diese Gedanken knüpfen die folgenden Möglichkeiten für den Geschichtsunterricht an.

„GRABENKRIEG" ALS BEISPIEL FÜR FRONTERFAHRUNGEN
IM ERSTEN WELTKRIEG

Durch den Aufbau des Comics eignet es sich hervorragend für einen problemorientierten und multiperspektivischen Geschichtsunterricht. Wichtig ist aber, dass man bei der Auswahl der Szenen unbedingt das Alter und den Entwicklungsstand der Rezipienten beachten sollte, da sich die Darstellungsformen Tardis gerade durch ihre Schonungslosigkeit auszeichnen. Ein bedingungsloser Einsatz in kleineren Klassenstufen (der 1. Weltkrieg kann je nach Bundesland auch in Klassenstufe 8 behandelt werden) ist deswegen nicht zu empfehlen.

Die hier näher vorgestellte Szene aus „Grabenkrieg" thematisiert die Fronterfahrung einfacher Soldaten. Sie kann den abstrakten Begriff des Krieges konkretisieren. In Kontrast zu Feldpostbriefen als Quellen können die tatsächlichen Lebensbedingungen der kämpfenden Soldaten, aber auch ihre Motivationen nachvollzogen werden. Da in den Feldpostbriefen durchaus der von Tardi angeprangerte Heroismus und die Vaterlandsliebe zu finden sein wird, bietet der Comic gleichzeitig die Möglichkeit, mit den Schülerinnen und Schülern über sich verändernde Deutungsmöglichkeiten der Ereignisse zu diskutieren. Unsere Sicht auf Geschichte verändert sich, das beweist dieser Comic in Kombination mit den genannten Quellen eindrucksvoll.

Die gewählte Episode (im Comic S. 84-97) beschreibt eine Nacht auf einem nicht näher erwähnten Frontabschnitt im Jahre 1916, die aus der Sicht (Ich-Erzähler) eines französischen Soldaten geschildert werden. Drei Soldaten sind zum Essenholen für die Kameraden abkommandiert worden, geraten aber in feindliches Maschinengewehrfeuer. Nur der Hauptprotagonist überlebt und wird in den kommenden Stunden mit seiner eigenen Angst vor Wundbrand, mit rebellierenden Frontsoldaten in einer geisterhaften Ruinenstadt und sterbenden Soldaten auf dem Rückweg in die Schützengräben konfrontiert.

Nach einem erstmaligen Lesen des Comics sollte eine Begriffsklärung erfolgen: Was z.B. ist ein „Boche"? Mögliche Arbeitsaufträge bei einem ersten Kontakt mit diesem Comic können folgende Punkte thematisieren:

◆ *Welche Eindrücke und Empfindungen haben die Schülerinnen und Schüler beim Lesen?*
◆ *Welche Intention verfolgt der Autor? Die Antworten sollten durch den Bezug zu inhaltlichen und stilistischen Elementen begründet werden.*

An dieser Stelle sollte klar werden, dass Tardi nicht einfach irgendetwas illustrieren will, sondern ganz gezielt nach einer Möglichkeit sucht, ein abgrundtiefes Grauen grafisch zu verarbeiten. Die Schülerinnen und Schüler sollten sich daher intensiver mit dieser engen Verknüpfung von Stil und Inhalt auseinandersetzen.

◆ *Dies kann geschehen, indem die angedeuteten Schicksale der Protagonisten weiter gedacht werden – z.B. in Briefen.*

Jede Schülerin kann so selbst die Ästhetik des Comics nach seinen Bedürfnissen in Sprache transformieren und gleichzeitig die angebotene Narration des Comics fortführen.

So ergibt sich die Möglichkeit, noch einmal über die Befriedigung von Grundbedürfnissen der Frontsoldaten wie Essen, Ruhe oder Schlafen nachzudenken, ebenfalls sollte bei der Auswertung der schriftlichen Arbeiten auf die formulierten Emotionen der Schülerinnen und Schüler eingegangen werden. Diese Emotionen sind ein Produkt der Emotionalisierung der Leserinnen und Leser durch den Comic selbst und benötigen daher in jedem Fall einen gewissen Raum im Unterricht in Form einer Reflexion.

Abb. 54: Jacques Tardi: Grabenkrieg (1/3)

Eine zweite Perspektive: Feldpostbriefe

In einem zweiten Schritt kann die hier erarbeitete Sichtweise auf den Krieg im Schützengraben durch eine Quelle – in diesem Fall ein Feldpostbrief eines deutschen Offiziers – erweitert werden. Diese Quelle kann den Comic in folgenden Punkten ergänzen, aber auch kontrastieren: Sie beschreibt ebenso den Krieg, zwar nicht direkt in den Tardi'schen Schützengräben, aber dennoch „auf dem Feld". Kann man

Abb. 55: Jacques Tardi: Grabenkrieg (2/3)

sich nach dem Lesen des Briefes immer noch Tardis Meinung anschließen, dass der Schrecken des Krieges überall ähnlich gewesen sei? Eduard
Hollweg schreibt aus einer anderen, relativ sicheren Position heraus. Er
spricht sogar von Langeweile.

Folgende Arbeitsaufträge bieten sich daher an:

◆ *Welche Unterschiede in der Darstellung des Kriegsalltages lassen sich*
  zwischen Comic und Feldpostbrief finden?

Abb. 56: Jacques Tardi: Grabenkrieg (3/3)

◆ *Sind diese Unterschiede auf unterschiedliche Nationalitäten oder even-*
   tuell militärische und soziale Stellungen zurückzuführen?

Die Quelle eignet sich über diese Fragen hinaus sehr gut, um über die
großen Motive der Vaterlandsliebe und des Heroismus ernsthaft zu diskutieren.

◆ *Können wir heute ein solches Motiv verstehen, vielleicht sogar nach-*
   vollziehen?

Da die Schülerinnen und Schüler mit zwei vollkommen unterschiedlichen Medien konfrontiert worden sind, um etwas über den Frontalltag eines Soldaten im Ersten Weltkrieg zu erfahren, ist es sinnvoll, ihnen abschließend selbst noch einmal die Möglichkeit zu geben, eigene Überlegungen z.B. in Form einer kleinen Historiografie zu formulieren.

◆ *So können sie aufgefordert werden, sechs bis zehn Zeilen eines Lehrbuchtextes zu entwerfen, in dem sie kurz die Lebensbedingungen der Frontsoldaten beschreiben.*

Schon zu Beginn dieses Unterrichtsvorschlags wurde zur Arbeit mit „Grabenkrieg" eine emotionale Reflexionsphase vorgeschlagen. Es liegt im Ermessen der Lehrerin bzw. des Lehrers, abschließend eine zweite Phase der Reflexion zu gestalten, in der eventuell auch ein Feedback zu der gesamten Unterrichtseinheit von den Schülerinnen und Schülern gegeben werden kann.

Quelle: Ein Feldpostbrief

Uffz. d. R. Eduard Hollweg, RIR 73, 5. Komp. V. 15.11.1916, Schützengraben, an einen ehemaligen Lehrer:

Sehr geehrter Oberstudienrat!
O quae mutatio rerum! [Oh, wie sich die Dinge verändern!] Noch vor drei Wochen in dem freundl[ichen]. Old[enburg]. Mit seinen Gäßchen und sauberen Straßen und nun —! Ich schreibe Ihnen aus einem ganz elenden Rattenloch, das 7m. unter d. Erde liegt. Auf einer zwanzigstufigen, steilen Treppe steigt man hinunter in den 4 qm großen Raum, der mit 3 Mann belegt ist. Kriecht man aus dem Stollen hinaus, blickt man auch nur gegen Erdwände. Die Sohle der Laufgräben ist dick verschlammt. Gegen diesen Schmutz kämpfen wir in der Nachtzeit fleißig mit Picke, Beil und Spaten. Blickt man aber bei Tage einmal vorsichtig über den Graben hinweg, dann sieht man ein Bild trauriger Verwüstung. Unsere Stell[un]g. liegt im Walde auf steiler Bergeshöhe; aber – u. das ist wörtlich zu nehmen – kein Baum ist unversehrt. Man sieht nur Baumstümpfe zerquellt und zerschroten. Und das einzige Dorf, das man im Tale liegen sehen kann, ist ein Trümmerhaufen. [...]
Aber wir lassen den Mut nicht sinken. Mit zwei Vizefeldwebeln hause ich zusammen, einen jug[endlichen]. Studenten d[er]. Musik und einem Hochschullehrer. Tapfer kämpfen wir gegen die Langeweile an und – hier wird man erfinderisch. Wir lesen und schreiben viel, mit den einfachsten Mitteln machen wir uns Spiele. Draußen suche ich für einen meiner früheren Lehrer, einen Naturwissenschaftler, in festem Gestein die schönsten Versteinerungen.

Viel habe ich in den kurzen Tagen erlebt. Meine Frau wird wohl einmal von mir erzählt haben. Das schönste Kriegserlebnis aber, das wir hier draußen machen, ist dies: für uns gibt es auf dieser Erde nichts Schöneres als die liebe, traute, deutsche Heimat. Danach steht unser aller Sehnen Stunde um Stunde. Und dieser Gedanke gibt dem Leben im Schützengraben seinen Sinn. Denn diese Heimat sollen wir schützen. Kommt aber einmal der Friede, „dann werden wir sein wie die Träumenden". Grüßen Sie, bitte, die Schüler von mir, auch die Herren Kollegen u. Ihre verehrte Familie.

Mit den besten Grüßen bin ich

Ihn[en]. dankb[ar]. ergeb[en] Hollweg

Wiechmann, Gerhard (Hrsg.): „Man kann sagen, dass Krieg ein gefährlicher Sport ist." Oldenburgische Lehrer und Seminaristen erleben den Weltkrieg 1914-1918, Oldenburg 2002, S. 111 f.

1.2.4 Klassenstufe 11/12/13:
„Maus. Die Geschichte eines Überlebenden"
– der Holocaust im Comic

WARUM GERADE „MAUS"?

Art Spiegelmans zweibändiger Comic „Maus. Die Geschichte eines Überlebenden" gilt seit mehreren Jahren als Klassiker der grafischen Literatur. Dieser für einen Autorencomic beachtliche Bekanntheitsgrad in Deutschland erklärt sich auch daraus, dass bei dem Erscheinen der deutschen Übersetzung heftige Debatten über den Comic geführt wurden.

„Maus" vereint mehrere Merkmale in sich, die eine Arbeit mit dem Comic im Geschichtsunterricht sehr fruchtbar machen können: Der Comic ist eine Biografie von Vladek Spiegelman, Art Spiegelmans Vater, der unter der Verfolgung durch die Nationalsozialisten litt und schließlich den Holocaust im Vernichtungslager Auschwitz überlebte. „Maus" ist auch eine Autobiographie, denn Art Spiegelman zeichnet sich selbst immer wieder im Comic in Gesprächen mit seinem Vater, mit seiner Frau Françoise Mouly, sogar mit seinem Psychiater. Der Autor thematisiert in diesem Zusammenhang ebenso den Entstehungsprozess des Comics wie auch seinen Umgang mit Reportern. Gerade für den deutschen Raum ist entscheidend, dass es auf das Erscheinen des Comics eine so große Reaktion in verschiedenen Medien gab, dass diese wiederum als Teil einer deutschen Erinnerungskultur befragt werden können.

An dieser Stelle zeigt sich bereits, dass der Comic ein so großes Potenzial besitzt, dass man es schwerlich in einer einfachen oder doppelten Unterrichtsstunde ausschöpfen kann. Im Folgenden werden deswegen keine konkreten Unterrichtssequenzen angeboten, sondern für die o.g. drei großen Perspektiven zusammenfassende Hinweise gegeben, durch die der Comic – je nach gewünschter Fragestellung und nach Zeitlimit – eingesetzt werden kann.

DER INHALT DES COMICS
Vladeks Geschichte:
Im ersten Band des Comics: „Mein Vater kotzt Geschichte aus" lernt der Leser Vladek Spiegelman kennen, einen Textilverkäufer aus Tschenstochau (Polen), in den zwar Luscha verliebt war, der aber trotz seiner Armut und aus Liebe die intelligente, einfühlsame und reiche Anja heiratete und eine Textilfabrik eröffnete – im Jahr 1937. Das junge Eheglück stand schnell unter dem drohenden Schatten der näher rückenden SS-Standarten, schließlich zog Vladek in den Krieg gegen die Deutschen, wurde gefangen genommen und verpflichtete sich als Kriegsgefangener zum Arbeitseinsatz, um seine Überlebenschancen zu erhöhen. Vladek gelang es, nach Sosnowitz (Polen) zu seiner Familie zurückzukehren, doch die Repressionen nahmen immer mehr zu. Das Dorf Srodula (Polen) wurde ein jüdisches Ghetto, mehrere Monate versteckten sich er und seine Frau Anja, teils mit polnischer Hilfe. Bei dem

Abb. 57: Art Spiegelman: Maus, Bd. I. Art thematisiert sein Anliegen im Comic selbst.

Versuch, nach Ungarn zu fliehen, wurden sie verraten und im Frühjahr 1944 nach Auschwitz deportiert. Im zweiten Band „Und hier begann mein Unglück" wird Vladeks und Anjas Überlebenskampf in Auschwitz geschildert und die Verlagerung der Gefangenen ins „Reichsgebiet" bei dem Herannahen der Roten Armee. Das Ehepaar überlebt, wird getrennt und findet sich schließlich wieder. Beide emigrieren nach Schweden und wandern von dort in die USA aus.

Arts Geschichte:

Art Spiegelman als Zeichner und Texter des Comics erzählt den Lesern nicht nur die Geschichte seines Vaters, er erzählt ebenso die Entstehungsgeschichte des Comics und damit auch seine eigene. In beiden Bänden geschieht dies, indem er den Leser teilhaben lässt am Entstehungsprozess. Er zeigt den Beginn seiner Arbeit, seine langen Gespräche mit dem Vater, die er anfänglich aufschrieb, später auf Tonband aufnahm, seine Diskussionen mit seiner Frau Françoise und Gespräche mit der Presse und seinem Psychiater.

Die Gegenwart ist von Vladeks Geschichte grafisch unterschieden: Die Panels sind etwas heller und weisen keinen Habitus, keine Begrenzung auf. Entscheidend für diesen Teil der Geschichte ist die große Mühe und Zeit, die Art Spiegelman aufwendet, um die komplizierte und von Streitigkeiten durchzogene Beziehung zu seinem Vater zu beschreiben, der seinerseits durch weniger schmeichelhafte Wesenszüge wie seine übertriebene Sparsamkeit und seine teilweise durchaus rassistischen Aussagen oftmals selbst dem Zerrbild ähnelt, das die Nationalsozialisten von Juden gezeichnet haben. Art und Vladek Spiegelman werden so beide nicht zu Helden oder „den" Überlebenden stilisiert, sondern bleiben Individuen. „Maus" ist keine objektivierte Gesamtdarstellung des Holocaust, sondern beschreibt die Erlebnisse eines Mannes aus dessen Perspektive.

EINE BESONDERHEIT DES COMICS

„Maus" hat nicht nur in Deutschland für Verwirrung gesorgt. Das lag vor allem an der Darstellungsweise, die der Autor gewählt hat. Juden werden als Mäuse gezeichnet, Deutsche als Katzen, Polen als Schweine, Amerikaner als Hunde etc. Katzen treten als „natürliche" Feinde der Mäuse auf, Schweine sind dagegen nicht zwangsläufig aggressiv, sie sind im Comic teilweise hilfsbereit. Schließlich verraten sie aber auch als Polen im Comic Juden, denunzieren sie und verhalten sich dadurch „wie Schweine". Dabei ist es gerade kein Fabelcharakter, der diese Darstellungen ausmacht, nicht die Tiere bekommen menschliche Ei-

Abb. 58: Art Spiegelman: Maus, Bd. I. Die Ankunft in Auschwitz.

genschaften zugeschrieben, sondern die Menschen erhalten tierische Attribute in Form von Masken, sie nehmen tierische Verhaltensweisen an. „Maus" zeigt eine Bestialisierung der Menschenwelt,[187] jedoch ohne in absoluten Fatalismus abzugleiten. Verwirrend ist nun, dass Art Spiegelman keine „kätzischen" oder „schweinischen" Mäuse zeichnet und damit die Juden durch das Tiermotiv tatsächlich im Comic zur Rasse

Abb. 59: Art Spiegelman: Maus, Bd. II. Art im Gespräch mit Journalisten.

werden lässt, wie es von den Nationalsozialisten propagiert worden ist. Da aber der Autor dieses grundlegende Problem im Comic selbst thematisiert, bleibt er auch hier diskutierbar, ohne sich vor dem Publikum zu rechtfertigen.

ZUM DIDAKTISCHEN POTENZIAL VON „MAUS"

„Maus" kann von Jugendlichen eigenständig erschlossen werden, da Art Spiegelman gleichermaßen die Handlung, wie auch den historischen Hintergrund entwickelt. Langsam kommt der Leser ebenso wie Vladek in der Geschichte dem Nationalismus und der damit verbundenen Gefahr für die jüdische Bevölkerung immer näher. Es ist nicht notwendig für das Verständnis des Comics selbst eine inhaltliche Einführung zu geben.

Der Comic eignet sich, den Sachverhalt der Judenverfolgung zu konkretisieren und am Beispiel Vladeks und seiner Familie zu verdeutlichen. Dies geschieht nicht nur durch die bildliche Darstellung, sondern auch durch die verwendete Sprache, die sich ebenfalls nicht in Verallgemeinerungen flüchtet (etwa „Die Juden wurden verbrannt"), sondern durch Vladeks Bericht konkret bleibt.

Vladeks Figur bietet sich im Rahmen einer Konkretion eines abstrakten oder emotional schwer fassbaren Sachverhalts als so genannte „Filterfigur"[188] an. Das Konzept der „Filterfigur" stellt eine Alternative zu der Identifikation mit Opfern und Tätern dar (die in diesem Zu-

Abb. 60: Art Spiegelman: Maus, Bd. II. Das Problem der Tiermethapher

sammenhang intellektuell wie psychisch wohl nicht möglich ist), hebt die reduzierte Sicht von „gut und böse" in der Geschichte auf. Filterfiguren sind Menschen, die mit ihren realen Möglichkeiten, Stärken und Schwächen dargestellt werden.

Darüber hinaus bündeln sich in dem Comic mehrere Authentizitätstypen: Die in „Maus" dargestellten Erfahrungen von Vladek wie auch Art Spiegelman sind subjektiv authentisch, der Comic verfügt über Erlebnisauthentizität. Über Faktenauthentizität verfügt der Comic insofern, als die geschilderten Personen tatsächlich gelebt haben und die Ereignisse so vorgefallen sind. Wo Spiegelmans Kenntnisse aus wissenschaftlichen Quellen von Vladeks Bericht abweichen, thematisiert er das.

Quellenauthentizität kann „Maus" nur für die Entstehungszeit[189] beanspruchen. Der Comic selbst ist keine Quelle für die Zeit des Nationalsozialismus, sondern – sofern man sich auf eine solche Fragestellung

Abb. 61: Art Spiegelman, Maus, Bd. II. Konkretionen des Grauens

einlässt – eine Quelle für die Erinnerungsformen an den Holocaust in
den 80er Jahren. Zu Beginn dieses Kapitels wurden mehrere Fragen für
die Arbeit mit Comics als Quelle formuliert. Diese Fragen lassen sich
teilweise durch die jeweilige Ausgabe des Comics beantworten (Auflagenzahlen etc.), teilweise gibt Art Spiegelman selbst Antworten: „Im
September 1986, nach 8 Jahren Arbeit, kam der erste Teil von MAUS
heraus. Es war ein Erfolg, sowohl bei den Kritikern als auch bei den
Käufern. Mindestens 15 ausländische Ausgaben erscheinen...“[190] Darüber hinaus sind wichtige Informationen über die gleichnamige CD-
ROM zugänglich. Auf der CD-ROM befinden sich beide Bände von
„Maus" vollständig in deutscher Übersetzung. Ebenso kann sich der
Leser nicht nur über die Entstehung von „Maus" informieren, die CD-
ROM enthält auch Skizzen und erste Entwürfe des Comics, Art Spiegelmans Biografie, eine Rede von ihm vor dem Erlanger Comicsalon
anlässlich seiner Entgegennahme des Sonderpreises und einen Comic
über seine Eindrücke, die er während seines Deutschlandaufenthaltes
gesammelt hat.

Durch den vorangegangenen Abschnitt ist klar geworden, dass sich eine Arbeit mit „Maus" für mehrere Fragestellungen im Geschichtsunterricht anbietet. Es ist einmal möglich, mit dem Comic über einen längeren Zeitraum, bspw. in einer Projektwoche, zu arbeiten, oder gezielt Ausschnitte zu wählen und in einzelnen Unterrichtsstunden zu bearbeiten. Diese Ausschnitte können dann bspw. Formen der Diskriminierung, Deportation oder Vernichtung der Juden Europas thematisieren. Da der Comic in Form von Kapiteln aufgebaut ist, bietet sich die Begrenzung auf solche an, es können aber durchaus auch kleinere Abschnitte gewählt werden. Ein solches Vorgehen ist sinnvoll, wenn z.B. der Vater-Sohn-Konflikt (hier besonders die Anfänge beider Comicbände) oder Art Spiegelmans Kontakt zur Presse (z.B.: Bd. II, S. 41 ff) thematisiert werden sollen. Ebenso können einzelne Comicseiten (bspw. Bd. II, S. 35, S. 54) herangezogen werden, um über die Faktenauthentizität des Comics zu diskutieren. Für eine Arbeit im Klassenforum bietet sich die Verwendung der gleichnamigen CD-ROM des Comics an, da mit Hilfe eines Beamers einzelne Merkmale benannt, gleichzeitig allen gezeigt und so diskutiert werden können.[191] Auf die Formulierung konkreter Fragestellungen wird an dieser Stelle verzichtet, da diese vom gewählten Stundenschwerpunkt abhängen.

Wenn man den Comic „Maus" als sinnlich-emotionale Konkretion der NS-Verbrechen im Geschichtsunterricht verwenden möchte, ist in die entsprechende Unterrichtssequenz eine Reflexionsphase einzuplanen. Diese sollte dazu genutzt werden, den Emotionen der Schülerinnen und Schüler Raum zu geben, die zweifellos durch die teilweise drastischen Darstellungen und tragischen Schicksale beim Lesen entstehen. Auch auf die Antipathien, die der alte Vladek Spiegelman im Umgang mit seinem Sohn und seiner zweiten Frau Mala auslöst, kann dabei eingegangen werden. Je nach Vertrautheit der Schülerinnen und Schüler untereinander und dem Verhältnis zur Lehrerin kann dies bspw. mündlich in Kleingruppen, im Plenum oder schriftlich in Form eines Briefes oder Tagebucheintrages geschehen. Wichtig ist hierbei eine Atmosphäre ohne Leistungsgedanken zu erzeugen – es gibt keine richtigen und falschen Gefühle, diese entstehen einfach mit dem Lesen, und sollten artikuliert werden. Die persönliche Reflexion kann ebenso über einen künstlerischen Zugang erfolgen – so können die Schülerinnen und Schüler eine Kollage mit von ihnen als sehr bedeutsam empfundenen Panels anfertigen, sie können dazu auch comicfremde Materialien verwenden oder versuchen, ihre Gefühlslandschaft in eigenen Fotografien oder Zeichnungen festzuhalten.

Abb. 62: Art Spiegelman, Maus, Band II. Zur Transparenz historischer Authentizität im Comic.

DIE REZEPTION VON „MAUS" ALS FRAGE NACH DER DEUTSCHEN ERINNERUNGSKULTUR

Die Erinnerungskultur der Deutschen an den Nationalsozialismus und an nationalsozialistische Verbrechen ist nicht nur seit mehreren Jahren ein bedeutendes Forschungsproblem in der Geschichtswissenschaft, sie ist ebenso eine moralisch und emotional aufgeladene und äußerst komplexe Kultur. Jugendliche Schülerinnen und Schüler können anhand exemplarischer Studien über die Rezeption von „Maus" in der deutschen Presse einen Zugang zu diesen Problemen erlangen. Anstatt einem gängigen Klischee entsprechend – „zum 100sten Mal über Hitler zu reden" – können die Schülerinnen und Schüler in einen wissenschaftlichen Diskurs über Erinnerungsformen und die damit verbundenen Probleme eingeführt werden.

Diese Probleme konkretisieren sich bei „Maus" vor allem in der Form des Comics und damit einhergehend in dem geschichtswissenschaftlichen und pädagogischen Verdacht auf Trivialisierung und Fiktionalisierung.

Der Comic „Maus" ist im Laufe der Jahre in mehreren Fachbüchern, in Magazinen und Zeitungen besprochen worden. Hier wird eine Arbeit mit Zeitungsartikeln vorgeschlagen, da diese zum einen relativ kurz gehalten sind und sich im Unterricht gut bearbeiten lassen und zum anderen durch Benutzung von öffentlichen Bibliotheken ohne größere

Mühe zugänglich sind. Da es an dieser Stelle nicht möglich ist, entsprechende Artikel und Stellungnahmen als Quellenbeispiele abzudrucken, ist im folgenden eine kleine Literaturliste aufgeführt, die als Materialgrundlage z.B. für ein Gruppenpuzzle dienen kann.

Darüber hinaus ist in dieser Literaturliste der Titel „Comics zensiert" aufgeführt, da „Maus" durch das Hakenkreuz auf den Covern beider Bände (und damit auf entsprechenden Werbeplakaten für den Erlanger Comicsalon) im Jahr 1995 (kurzzeitig) vom Thüringer Oberstaatsanwalt Reinhard Hönninger als verfassungsfeindlich eingestuft worden ist.[192] Der daraus entstandene Briefverkehr zwischen dem betroffenen Verlagshaus Sonneberg und dem Landesgericht bzw. Justizministerium Thüringens ist zum Teil im Anhang abgedruckt und kann ebenfalls als Quelle genutzt werden. Als Frageschwerpunkte bei einer Arbeit mit den aufgeführten Materialien bieten sich die folgenden an:

◆ *Auf welche Art und Weise wird der Comic „Maus" beschrieben?*
◆ *Wie bewerten die Autoren die Darstellungsweise von Juden und Deutschen (als Mäuse und Katzen)?*
◆ *Spielt die Tatsache, dass Art Spiegelman jüdischen Glaubens ist, eine Rolle bei der Bewertung des Comics?*
◆ *Beziehen die Autoren ihre eigene Person auf den Comic oder auf die nationalsozialistische Vergangenheit Deutschlands?*

LITERATUREMPFEHLUNGEN ZUR REZEPTION VON „MAUS"
FÜR SCHÜLERINNEN UND SCHÜLER

Bittel, Karl-Heinz, Geschichte eines Überlebenden, in: Süddeutsche Zeitung, Nr. 211 vom 12. und 13.9.1992, S. 11

Broder, Henryk M., Mauschwitz, in: Die Zeit, Nr. 28 vom 7.7.1989, S. 47

Frahm, Ole, Hein, Michael, Art Spiegelman, in: Reddition. Zeitschrift für grafische Literatur, Nr. 21 (1991), S. 4-13

Howald, Stefan, Fröschin oder Mäusin? Art Spiegelman und seine Comics gegen den Rassismus, in: Die Zeit, Nr. 17 vom 17.4. 1989, S. 90

Kimmel, Reinhold, KZ im Comic. In: Die Zeit, Nr. 16 vom 10.4.1981, S. 49

o.A., Von Mäusen und Menschen, in: Der Spiegel, Nr. 16 vom 17.4.1989, S. 248-250

Pauli, Wilhelm, Die Grenzen der Strips. Art Spiegelmans Comic „Maus – Die Geschichte eines Überlebenden", in: Frankfurter Rundschau vom 3.6.1989

Platthaus, Andreas, Von Mäusen und Katzen. Art Spiegelmans grandioser Comic über den Nazi-Terror, in: Frankfurter Allgemeine Zeitung, Nr. 301 vom 29.12.1992, S. 22

Schnurrer, Achim; Spiegel, Josef; Seim, Roland; Hiebing, Dieter, Comic Zensiert, Sonneberg 1996

2. *Mit Kopf, Herz und Hand:*
Möglichkeiten der eigenen Gestaltung von Comics

Im vorangegangen Kapitel wurden Möglichkeiten vorgestellt, wie man Comics sinnvoll im Geschichtsunterricht einsetzen kann. Darüber hinaus gibt es eine zweite grundsätzliche Möglichkeit, mit Comics im Bildungsraum Schule zu arbeiten: man kann sie selbst herstellen. Diese Alternative bietet sich vor allem dann an, wenn der Geschichts- oder fachübergreifenden Unterricht handlungsorientiert gestaltet werden soll. Gerade für den Geschichtsunterricht bietet sich das Zeichnen von Comics an, denn so wird die narrative Kompetenz der Schülerinnen und Schüler gefördert. Ein Comic kann nämlich nur dann erfolgreich gezeichnet werden, wenn die Geschichte, die erzählt werden soll, bereits durchdacht ist, wenn die Schülerinnen und Schüler einen narrativen Sinn bereits produziert haben und dann zeichnerisch umsetzen.

Die Möglichkeiten, Comics im Geschichtsunterricht bzw. im Bildungsraum Schule selbst herzustellen, sind vielfältig. Man kann sich unterschiedlicher Techniken bedienen. Comics selbst zu zeichnen bzw. im Unterricht zeichnen zu lassen, setzt oft Zeit und Mut der Lehrenden zum eigenen kreativen Ausprobieren voraus. Einfachere Möglichkeiten bietet z.B. der Einsatz von Kopierer und Schere – dann natürlich unter Rückgriff auf bereits vorhandene Comics und Bildgeschichten.

Um hier konkrete Angebote für die Herstellung von Comics zu unterbreiten, ist dieses Kapitel als eine Sammlung von Werkstattberichten angelegt. Die drei Berichte wurden dabei von Pädagogen mit ganz unterschiedlichen Erfahrungen und Unterrichtszielen erstellt und reflektieren auf eine Unterrichtssequenz, ein Projekt und langjährige Erfahrungen beim Zeichnen von Comics.

Kristin Land, beim Erscheinen dieses Bandes Examenskandidatin an der Martin-Luther-Universität Halle-Wittenberg, stellt eine Unterrichtssequenz für den Geschichtsunterricht vor, die die Herstellung einer Comicsequenz mit einfachsten Mitteln beschreibt. Da diese Sequenz im Rahmen eines Schulpraktikums entstanden ist, können hier Studentinnen und Studenten durch die Reflexion auf die einzelnen Unterrichtsstunden sehr gut nachvollziehen, welche Potenziale, aber auch Probleme (Stolpersteine) in einem ersten Kontakt mit Comics zu erwarten sind.

Ein inhaltlich und zeitlich anspruchsvolleres Projekt stellt Torsten Schmidt (bei Erscheinen dieses Bandes Referendar in Weimar) vor, unter dessen Leitung vier Schülerinnen und Schüler des Elisabethgymnasiums in Halle/Saale über einen Zeitraum von mehreren Monaten einen biografischen Comic erstellt haben. Er setzt sich vor allem mit dem didaktischen Potenzials des Projektes auseinander und stellt einzelne Arbeitsphasen näher vor.

Ein dritter Werkstattbericht stammt von Christian Badel, freischaffender Graphiker und Lehrer an der Jugendkunstschule Pankow in Berlin, der seine langjährigen Erfahrungen beim Comiczeichnen im Unterricht beschreibt. Dieser Bericht stellt insofern eine Ausnahme dar, als hier ganz klar der Kunstunterricht im Vordergrund steht. Die Anleitungen für das Comiczeichnen sind hier aufgeführt, da das eigene Gestalten von Comics im Geschichtsunterricht oftmals als Variante der Erfolgssicherung genutzt wird, ohne dass eigentlich klar ist, wie man einen Comic zeichnet. Durch dieses Kapitel wird gezeigt, dass es beim Gestalten eines Comics nicht auf genaues Kopieren des Aussehens einer (in unserem Fall historischen) Figur ankommt, sondern um die den eigenen Möglichkeiten entsprechende grafische Gestaltung einer historischen Erzählung. Die Ausbildung einer narrativen Kompetenz steht auch bei der Erstellung eines eigenen Comics im Geschichtsunterricht im Vordergrund. Diese kann beim Zeichnen am besten durch professionelle künstlerische Unterstützung gefördert werden.

Die Erörterungen von Christian Badel zeigen, dass es für Geschichtslehrerinnen und -lehrer nicht notwendig ist, das tatsächliche Zeichnen von Comics im Unterricht ohne eine fachübergreifende Kooperation zu realisieren und das Comiczeichnen ein wertvolles Lernziel im Kunstunterricht sein kann.

2.1 Werkstattbericht I:
Kristin Land: Merutis erste Jagd –
Ein Steinzeitcomic für und von Fünftklässlern

Einleitung

Das Thema „Steinzeit" fasziniert Kinder bereits im Vorschulalter. Das Interesse ist zumeist auch dann ungebrochen, wenn Schülerinnen und Schüler der fünften Klasse das Fach Geschichte ihrem Stundenplan hinzufügen. Bis dahin haben sie sich bereits eine Menge Wissen über die Steinzeit angeeignet. Sie haben mit ihren Eltern oder mit der Grundschulklasse Besuche von Vor- und Frühgeschichtsmuseen unternommen, Kinder- und Jugendbücher gelesen und Fernsehreportagen gesehen. Womöglich haben sie eine Arthur-Conan-Doyle-Verfilmung der „Vergessenen Welt" oder Trickfilme wie z.B. die „Familie Feuerstein" gesehen. Eventuell haben sie die lustigen Comics der „Pichelsteiner" oder die Comic-Hefte über den Steinzeithelden Fred und seinen Freund

Barney Geröllheimer gelesen. Das Bild, das sich Schülerinnen und Schüler von der Steinzeit machen, setzt sich aus den bis dato gesammelten Informationen zusammen. Nicht immer gelingt es Schülerinnen und Schülern dabei, Wahrheit und Fiktion zu unterscheiden. So erklärten die Fünfklässler im Rahmen der Unterrichtseinheit „Einführung in das Fach Geschichte", dass Fred Feuerstein, hätte es ihn tatsächlich gegeben, deshalb nicht auf Dinosauriern hätte reiten können, weil diese ja Fleischfresser waren. Comics gehören auch bei den Schülerinnen und Schülern der unteren Klassenstufen zum Alltag. Sie entnehmen ihnen historische Informationen, die sie in ihr Geschichtsbewusstsein integrieren. Das obige Beispiel zeigt, dass diese nicht immer richtig sein müssen.

Die Unterrichtsstunden, die ich während meines Praktikums im Fach Geschichte in einer 5. Klasse eines Halleschen Gymnasiums halten konnte, boten eine gute Gelegenheit das Interesse der Schülerinnen und Schüler an dem historischen Thema „Steinzeit" und ihre Vorliebe für das Medium Comic zu verbinden. Die Idee war schnell geboren: Die Schülerinnen und Schüler sollten einen eigenen Comic zum Leben in der Steinzeit gestalten.

Der Aufbau der Unterrichtssequenz:

Zunächst wurde in einer konventionellen Unterrichtsstunde ein Überblick über die Entwicklungsstufen des Menschen durch Lehrbuchtexte erarbeitet. Über das Leben der Menschen in der Steinzeit erfahren Schülerinnen und Schüler aus solchen Lehrbuchaufgaben recht wenig, dabei haben sie auf diesem Gebiet ein breites Vorwissen, an das anzuknüpfen sich lohnt. Nach dieser Einführung folgte eine vierstündige Unterrichtssequenz mit einem von mir selbst gestalteten dreiseitigen Comic für jeden Schüler und jede Schülerin (Lehrer-Comic). Dessen Geschichte sollte von den Schülerinnen und Schülern weiter gestaltet werden.

In der ersten Stunde wurde vor allem mit diesem Comic gearbeitet, in den folgenden Stunden wurden jeweils in Kleingruppen eigene Fortsetzungen dieser Geschichte in Comicform von den Schülerinnen und Schülern gestaltet. Diese wurden in der vierten Stunde in einem Plenum vorgestellt und ausgewertet und durch zusätzlichen Informationen über das Leben in der Steinzeit ergänzt.

Die Herstellung des Comics

Den Ausgangspunkt für diese Unterrichtssequenz bildete kein normales Comic über die Steinzeit, sondern eine Bildgeschichte, die ich aus zwei Gründen wählte: Erstens stand mir kein geeigneter Comic zur Verfügung, der die Steinzeit thematisierte, zweitens verfüge ich weder über ausreichendes künstlerisches Geschick noch über die notwendige Zeit, einen solchen Comic selbst zu zeichnen. Also bot es sich an, die Bilder aus einem Kinderbuch zu verwenden. Ich wählte einen Abschnitt aus dem Buch „Zur Zeit der Höhlenmenschen" von Ginette Hoffmann und Françoise Lebrun.[193] Die großformatigen Illustrationen wurden eingescannt und am Computer weiter bearbeitet. Einige Figuren wurden aus ihrer „Bildumgebung" herausgelöst und freigestellt, Bilder wurden beschnitten, einzelne Motive verkleinert oder vergrößert. Anschließend wurden die Bilder in ein Textverarbeitungsprogramm (Word) eingefügt, in Panelform angeordnet und mit Sprech- und Denkblasen, die sich als „Autoformen" problemlos in das Dokument integrieren lassen, sowie mit Blocktexten versehen. Der Ablauf der Geschichte ergab sich weitgehend aus dem Buchtext und den zur Verfügung stehenden Bildern. Die Herstellung dieses dreiseitigen Comics und die Zusammenstellung der Ausschneidebögen nahmen etwa vier Stunden in Anspruch.

Zum Inhalt der Geschichte

Die Hauptfigur des Comics ist Meruti, ein zwölfjähriger Junge, der mit seiner Sippe vor ungefähr 15 000 Jahren im Südwesten des heutigen Frankreichs lebt. Die Geschichte begleitet Meruti an einem besonderen Tag seines Lebens. Er nimmt zum ersten Mal an einer großen Jagd teil. Hier eine kurze inhaltliche Wiedergabe der Erzählung:

Meruti hat bisher nur kleinere Tiere wie Hasen und Vögel erlegt; nun darf er das erste Mal mit auf Rentierjagd gehen. Zunächst braucht Meruti einen Speer mit Feuersteinspitze, den stellt er zusammen mit seinem Vater her. Meruti konnte vor Aufregung in der Nacht vor seiner ersten Jagd kaum schlafen. Endlich geht es los. Bald erblicken die Jäger ein Rentier, das sich ein Stück von der Herde entfernt hat. Tinok, einer der Jäger, schleicht sich von hinten an das Ren heran. Er will es erschrecken und so auf die Gruppe der Jäger zutreiben. Tinok ist noch nicht nahe genug, da knackt ein Ast unter seinen Füßen, das Ren erschrickt und macht einen Satz. Nachdem es aber weiter nichts hört, fährt es mit der Futtersuche fort. Tinok schleicht sich weiter an das Tier heran, stößt einen lauten Schrei aus, woraufhin das erschrockene Rentier mit mächtigen Sätzen auf die Jägergruppe zuläuft.

Ein erster Fragehorizont

An dieser Stelle bricht die Comicgeschichte ab. Nun war es an den Schülerinnen und Schülern sich einen Fortgang der Geschichte auszudenken. Leitende Fragen waren:

◆ *Was meint ihr, wie die Jagd ausgehen wird? Werden Meruti und die Jäger es schaffen, das Rentier zu erlegen, oder kann es entkommen? Was werden Meruti und seine Sippe an diesem Tag wohl essen?*

Den Schülerinnen und Schülern wurde als Hausaufgabe gestellt, sich Gedanken über eine mögliche Fortsetzung des Comics zu machen. Die Aussicht, dass sie in den folgenden zwei Unterrichtsstunden selbst diesen Comic vervollständigen würden, animierte viele dazu, sich zu Hause mit dem Thema Steinzeit auseinanderzusetzen: In der folgenden Woche berichteten etliche Schülerinnen und Schülern, dass sie sich in Sachbüchern und Schülerlexika über die Steinzeit informiert hätten.

Die Comicvorlage hatten alle Schülerinnen und Schülern zu Hause noch einmal gelesen. Sie enthielt einige Sachinformationen, z.B. über die Verwendung und Bearbeitung von Feuerstein und die Technik der Jagd. Im Ansatz wurden diese zum Stundenbeginn besprochen und Fragen geklärt.[194] Mit Meruti schienen sich die Schülerinnen und Schüler offensichtlich gut zu identifizieren. Sehr bald war von „unserem Meruti" die Rede. Die Sippe wurde kurzerhand zu „den Merutis" erklärt.

Die erste Phase der Kleingruppenarbeit

Für die nun folgenden zwei Geschichtsstunden wurden die Schülerinnen und Schüler in Gruppen zu je vier Personen eingeteilt. Scheren und Klebstoff hatten sie von zu Hause mitgebracht. Jede Gruppe erhielt einen großen Bogen weißes Papier und zwei Ausschneidebögen in DIN A3-Format, die von mir vorbereitet wurden. Aus den insgesamt zehn Bildern, die auf den Bögen abgebildet sind, sollten die Comicfortsetzungen der Schülerinnen und Schüler entstehen. Nicht alle Bilder mussten unbedingt verwendet werden. Natürlich konnten die einzelnen Figuren auch aus ihrer „Bildumgebung" herausgelöst und in eine neue, z.B. in eine Höhle, eingefügt werden. Den Schülerinnen und Schülern stand es selbstverständlich frei, selbst Bilder oder einzelne Bildelemente für den Comic zu zeichnen. Die Comicfiguren sollten in Denk- und Sprechblasen ihre Gedanken „sichtbar" machen und miteinander reden. In Blocktexten konnten weitere Informationen untergebracht wurden. Wichtig war, dass die Bilder überlegt aneinandergereiht und logisch miteinander verbunden werden. Die entstehenden Geschichten sollten plausibel und sinnvoll sein.

„Stolpersteine" während der Kleingruppenarbeit

Eifrig begannen alle Gruppen mit ihrer Arbeit: es wurde geschnippelt, geklebt und gemalt. Erst mit der Zeit erkannte ich, dass zwar alle irgendetwas taten, aber vielen gar nicht richtig klar war, woran genau sie arbeiten sollten. Ich bin davon ausgegangen, dass die Schülerinnen und Schüler, die fast täglich Comics lesen, auch problemlos einen Comic selbst erstellen und dabei kompetent mit comictypischen Elementen wie Denk- und Sprechblasen sowie Blocktexten umgehen können. Eine kurze Einführung zum Medium Comic vor Beginn der Gruppenarbeit ist daher sinnvoll, ja notwendig. Dabei sollte auf den narrativen Charakter von Comics eingegangen werden. Da die Arbeit nun einmal in vollem Gange war, blieb mir nichts anderes übrig, als den einzelnen Gruppen nachträglich eine Kurzeinweisung zu geben. Mit einer klareren Vorstellung davon, was eigentlich zu tun sei, verlief die weitere Arbeit in den Gruppen sehr gut. Zum Ende der Stunde zeigte sich, dass die Gruppen unterschiedlich weit in der Erstellung ihrer Comics gekommen waren. Einige waren bereits fertig, andere hatten sich nach langen Diskussionen innerhalb der Gruppe gerade für eine Bildreihenfolge entschieden, waren aber noch nicht dazu gekommen, die Bilder aufzukleben. Daher bat ich je eine Schülerin oder einen Schüler aus jeder Gruppe zu Beginn der nachfolgenden Unterrichtsstunde, die zur Fertigstellung der Comicarbeit vorgesehen war, eine Zusammenfassung über die bereits erledigten und die noch verbleibenden Arbeitsschritte zu geben.

Die zweite Phase der Kleingruppenarbeit

Da zwischen den beiden Unterrichtsstunden fast eine Woche lag, diente diese Zusammenfassung den Gruppenmitgliedern einerseits dazu selbst einen Überblick über ihre Arbeiten zu bekommen und andererseits ihre Arbeitssituation im Vergleich zu den anderen Gruppen einzuschätzen. Die Gruppenarbeit wurde fortgesetzt. Was aber sollten jene Schülerinnen und Schüler tun, die ihre Arbeit bereits abgeschlossen hatten? Sie wurden zu „Expertengruppen" und erhielten weitergehende Informationen zu einzelnen, auf den Panels abgebildeten Tätigkeiten: Das Gerben und Verarbeiten von Leder, Feuermachen, Kochen, Schmuckherstellung – die Möglichkeiten, die die Panels hier bieten, sind vielfältig. Die Expertengruppen hatten die Aufgabe, Informationen, die sie den zusätzlichen kurzen Texten entnahmen, in ihr Comic einfließen zu lassen. Die Gruppe, die sich auf diese Weise genauer mit dem Kochen in der Steinzeit auseinandersetzte, malte die Kochstelle aus einem der Bilder ab und schrieb ihre neu gewonnenen Erkenntnisse daneben.

Tatsächlich reichten die zwei Unterrichtsstunden zum Erstellen der Schülercomics aus. Einige fanden sogar Zeit, ihren Comic farbig zu gestalten.

Abb. 63: Der Lehrercomic (hier die zweite Seite) erzählt den Anfang der Geschichte. Meruti begleitet die Jäger zum ersten Mal auf der Jagd. Wie wird die Jagd ausgehen?

Die Präsentation der Schülercomics

In der nachfolgenden, also vierten und letzten zu diesem Projekt vorgesehenen Stunde sollten die Gruppen ihre Produkte vorstellen. Dazu sollten die Bänke zu einer großen Tafel, an der alle Platz haben und einander sehen können, angeordnet werden. Den Gruppen wurden einige Minuten Zeit eingeräumt, um sich noch einmal mit ihren Comics zu beschäftigen und um einen Gruppensprecher zu bestimmen, der anschließend die Fortsetzung von Merutis Tag der Klasse vortragen sollte. Das „Fachwissen" der Expertengruppen konnte auf diese Weise der gesamten Klasse zugänglich gemacht werden. Auf Probleme und

Abb. 64: Meruti erlegt das Rentier. Die Schülerinnen und Schüler haben die vorgegebenen Bilder mit eigenen Zeichnungen ergänzt.

Schwierigkeiten, die während der Gruppenarbeit auftraten, aber auch auf Stellen, die den Gruppen besonders gut gelungen sind, sollte in diesem Rahmen hingewiesen werden. Nach der jeweiligen Präsentation des Comics durch die Vortragenden hatte die Gruppe die Möglichkeit, Ergänzungen anzubringen. Während der Erstellung der Comics ergaben sich darüber hinaus einige Fragen, die nun im Plenum gestellt werden konnten.

Schnell waren die Tische von den Schülerinnen und Schüler in eine O-Form umgestellt. Diese Art der Raumanordnung erwies sich jedoch als ungünstig für die Präsentationsphase. Die von den Gruppen gewählten Sprecher standen, recht verloren das unhandliche Comic vor ihren Körper haltend, in der Mitte des Tischkreises und versuchten, sich so zu drehen, dass alle einen Blick auf die entstanden Werke werfen konnten. Daher stieg die Unruhe in der Klasse ebenso wie die Nervosität der Gruppensprecher beträchtlich an, wobei letztere sich nicht nur der möglichen Kritik der Klasse ausgesetzt sahen, sondern sich teilweise vor den eigenen Gruppenmitgliedern rechtfertigen mussten, warum sie dieses oder jenes nicht erwähnt hätten. Eine Ausstellung im Schulhaus oder im Klassenzimmer hätte mit Sicherheit eine optimalere Präsentationsphase erlaubt. Nichtsdestotrotz entwickelte sich eine anregende Diskussion, in der viele Fragen gestellt und geklärt wurden. Besonders ergiebige Fragen und solche, auf die sich im Moment keine zufrieden stellenden Antworten finden ließen, wurden für die weitere Behandlung in den nachfolgenden Unterrichtsstunden festgehalten.

Abb. 65: Eine Expertengruppe erklärt durch den Comic, wie in Kesseln aus Leder gekocht wurde.

Zu den Inhalten der selbst erstellten Comics

Die inhaltliche Gestaltung der Abenteuers Merutis lässt sich wie folgt zusammenfassen. Das Ren läuft in die Falle der Jäger, und Meruti kann dem Tier einen tödlichen Stoß versetzen. Der Fang wird in seine Einzelteile zerlegt und das Fell, aus dem später Kleidung entstehen wird, mit Steinschabern bearbeitet. Um Feuer zu machen, muss Meruti zunächst noch Holz suchen gehen. Für das Entfachen des Feuers ist der Vater zuständig. Im windgeschützten Höhleneingang wird das Essen zubereitet. Gekocht wird in einem Kessel aus Leder, der mit heißen Steinen erhitzt wird. Einige Stücke Fleisch werden an Spießen gegrillt. Für Meruti war es ein aufregender und anstrengender Tag, und er ist sehr stolz darauf, bei der Jagd einen entscheidenden Betrag geleistet zu haben. So oder so ähnlich verlief Merutis Tag in den Geschichten der Schülerinnen und Schüler.

Neue Fragehorizonte

In der folgenden Unterrichtsstunde stand vor allem die Reflexion auf den Comic und die davon ausgehenden Fragen zum Leben der Steinzeitmenschen im Mittelpunkt. Dabei war das Nahrungsangebot der Steinzeitmenschen besonders interessant:

◆ *Wie viel und wie oft stand Fleisch auf dem Speiseplan? Welche pflanzliche Nahrung nahmen die Menschen zu sich und wie bereiteten sie diese zu? Wurde das Essen gewürzt? Wie lange dauerten die einzelnen Tätigkeiten?*

◆ *Im Comic sprechen die Menschen miteinander. Schülerinnen und Schüler wollten wissen, ob die Steinzeitmenschen eine Sprache kannten? Wenn ja, wie war diese aufgebaut, gab es komplexe grammatikalische Strukturen oder ähnelte sie der Trickfilm-Steinzeit-Sprache der Form „Ich haben Hunger!"?*

◆ *Ein weiteres angesprochenes Thema war die allgemeine Vorstellung vom Höhlenmenschen. Die meisten archäologischen Funde werden in Höhlen gemacht, aber lebten tatsächlich alle Menschen immer in Höhlen?*

◆ *Besonders wichtig war in der Reflexion auf den Comic die Frage nach der Authentizität: Kann uns die Archäologie auch etwas über das Denken und Fühlen der Menschen sagen, oder sind die Denkblasen im Comic rein fiktiv?*

Dies ist nur eine kleine Auswahl, der Themen, die in die Auswertungsdiskussion einfließen können.

Die Unterrichtseinheit in der Reflexion

Die Erstellung eigener Comics zu Aspekten des Lebens in der Steinzeit aktiviert das Vorwissen ebenso wie Vorurteile der Schülerinnen und Schüler, z.B. vom „primitiven, keulenschwingenden Höhlenmenschen". Beide fließen in die Gestaltung ein, können jedoch hinterfragt und gegebenenfalls revidiert werden. Das handlungsorientierte Arbeiten an einem den Schülerinnen und Schülern so nahem Medium motiviert zur eigenständigen Beschäftigung mit dem Thema. Die Personifizierung der Menschen der Steinzeit in einer etwa gleichaltrigen Figur erleichtert den Zugang und ermöglicht Empathie. „So wie Meruti in unserem Comic ..." oder „Wir heute machen das anders als Meruti und seine Sippe damals ...", hieß es in so mancher Schüleraussage der nachfolgenden Stunden, was zeigt, wie hoch der Grad der Identifizierung mit dem Steinzeitjungen war. Dennoch ist es wichtig, dass die Schülerinnen und Schüler aus der Comicarbeit lernen, dass es Meruti selbst nicht gegeben hat, dass es aber Menschen wie Meruti gab. In der Folge entwickeln die Schülerinnen und Schüler die Fähigkeit zwischen imaginären und

historischen Personen zu unterscheiden und beziehen ihr Wirklich-
keitsbewusstsein z.B. auf ihre nächste Comiclektüre: Asterix hat es nicht
gegeben, aber es gab Römer und Gallier...

Das Unterrichtsmaterial in der Reflexion

In dieser Unterrichtseinheit wurden den Schülerinnen und Schülern
Materialien zur Verfügung gestellt, die eine ganz bestimmte Möglichkeit zur Fortsetzung der Geschichte nahelegte. Welche Lösungsvor-
schläge hätten sie wohl angeboten, wenn die Jäger das Rentier nicht
erlegt hätten? Wie wäre Merutis Tag verlaufen, wenn durch die Bilder
weitere Möglichkeiten zur Gestaltung des Tagesablaufes eröffnet worden wären? Dann hätten die Schülerinnen und Schüler bestimmt nicht
alle Bilder im Comic unterbringen können, sondern sie hätten eine
anspruchsvollere Auswahl treffen müssen.

Hier bleiben der Lehrperson zwei Möglichkeiten: Entweder man
ergänzt fehlende Bilder aus eigener Feder oder man sucht nach besser
geeigneten Comics, Bildgeschichten oder Kindersachbüchern. Wenn
die Schülerinnen und Schüler sehen, dass auch die Zeichnungen der
Lehrperson nicht perfekt sind, sind sie selbst eher bereit, den Comic
durch eigene Bilder zu ergänzen. In diesem Fall ergeben sich vielleicht
ganz neue Handlungsspielräume für Meruti, ohne dass diese alle auf
einem Ausschneidebogen vorgegeben sind.[195]

Forciert man eine solche Herangehensweise, wird dies nicht ohne die
Investition in mehrere Schulstunden geschehen können. Dann sollten
die Schülerinnen und Schüler bereits über so viel Wissen über die
Steinzeit verfügen, dass ihnen auch bei freier Gestaltung eine Konstruktion einer typenauthentischen Erzählstruktur gelingt.

2.2 Werkstattbericht II:
Torsten Schmidt: Die Geschichte einer Ausreise – der Fall Lutz H. Eine Projektarbeit mit Schülern der Klassenstufe 12

Das hier vorgestellte Projekt entstand im Rahmen des „Geschichtswettbewerbs des Bundespräsidenten" im Jahr 2002/2003 und nahm ca. 6
Monate in Anspruch. Die Mitarbeit am Projekt – Erstellung eines Comics mit geschichtlichen Inhalten – war für die Teilnehmer nicht ver-
pflichtend, sondern eine freiwillige Tätigkeit außerhalb des Unterrichts.

Die Schülergruppe

Die Gruppe bestand aus drei Schülerinnen und einem Schüler der
gymnasialen Oberstufe, die mit unterschiedlichen Vorstellungen die

Projektarbeit begannen. Ich stellte der Gruppe die Absicht vor, mit ihnen einen Comic im Rahmen des Geschichtswettbewerbs zu entwerfen. Zwei Schülerinnen, die sich sofort für die Teilnahme entschieden haben, waren in erster Linie an der künstlerischen Umsetzung des Comics interessiert, wogegen sich die dritte Schülerin und der Schüler sehr mit der Thematik identifizierten und stärker forschen wollten. Eine Gewichtung der Aufgabenverteilung war somit relativ früh möglich.

Wichtige Zielstellungen

Hat man die Absicht, einen Geschichtscomic zu erstellen, muss man sich bei aller Fiktionalität und bei allen künstlerischen/gestalterischen Freiräumen der Notwendigkeit bewusst sein, ein gewisses Maß an historischer Authentizität und Wissenschaftlichkeit zu realisieren. Dieser Anspruch war eines der primären Ziele des Projektes. Die Gruppe sollte sich eingehend mit einem geschichtlichen Thema beschäftigen, forschen, in Ansätzen wissenschaftlich arbeiten, sich mit Quellen und Zeitzeugenaussagen auseinandersetzen und diese Ergebnisse dann in einer nicht alltäglichen Form präsentieren. Ziel des Projektes war es nicht, ein Comic zu erstellen, das allen stilistischen Ansprüchen von professionellen Autorencomics genügt. Meine Absicht war vielmehr, die Schülerinnen und Schüler durch eine Form des kreativen Problemlösens historische und medientheoretische Informationen zu strukturieren und verarbeiten zu lassen und dann in einem neuen Produkt zu interpretieren und zu gestalten.

Themenfindung und Beginn des Projektes

Das Rahmenthema für den durch die Körberstiftung ausgetragenen Geschichtswettbewerb lautete „Weggehen – Ankommen" und behandelte somit die Geschichte der Migration. Zeitlich wurde diese Thematik wenig eingegrenzt, sodass regionale Bevölkerungsbewegungen vom Mittelalter bis zur Zeitgeschichte erforscht werden konnten. Dieses breite Forschungsfeld ist insofern günstig, als die Teilnehmenden ihr individuelles Thema frei wählen können. Allerdings fiel es der Gruppe zunächst schwer, sich für eine bestimmte Epoche oder ein Oberthema zu entscheiden, um ausgehend davon ihr eigentliches Rahmenthema zu finden und dann auf ein Spezialgebiet einzugrenzen. Das Thema wurde erst nach ausführlicher Beratung und einem intensiven Prozess der Ideenfindung – in einem Brainstorming mit anschließender Bewertung – gemeinschaftlich festgelegt. Auf dieser Grundlage entschied sich die Gruppe für einen zeitgeschichtlichen Themenkomplex – die deutschdeutsche Migration nach dem Zweiten Weltkrieg; insbesondere Flucht und Ausreise aus der DDR. Nach Festlegung des zeitlichen und thematischen Rahmens musste nun noch eine Fragestellung an das Thema formuliert werden. Dies führte zu zahlreichen Diskussionen innerhalb der Gruppe, bei denen u.a. bereits die Quellen- und Materiallage einbezogen wurde. Vor allem musste das Thema so gewählt sein, dass sowohl die comicverfassenden als auch die recherchierende Mitglieder ihre Vorstellungen umsetzen konnten. Die Entscheidung für ein historisches Ereignis der Zeitgeschichte (Flucht und Ausreise aus der DDR) legte den Schluss nahe, neben der Analyse von klassischen Quellen auch Zeitzeugen zu befragen, die die recherchierte Geschichte durch ihr Schicksal konkretisieren und emotional greifbarer werden lassen konnten. Dieser Zugang war letztendlich grundlegend für die Gestaltung des Comics. Ziel des Projekts war es somit, die deutsch-deutsche Migration anhand einer Biografie exemplarisch in Comic-Form darzustellen.

Im Projekt erwies es sich als sinnvoll, nach der Themenfindung mit einer Heranführung an das strukturierte Arbeiten zu beginnen, und nicht die Arbeitsgruppe schon am Anfang mit der Funktionsweise und den theoretischen Hintergründen des Mediums zu konfrontieren, dessen Erstellung das Endprodukt des Projektes war, weil nicht alle Mitglieder der Gruppe an der aktiven Gestaltung des Comics teilnehmen wollten. Eine gemeinsame Absprache beim Thema und die Aufschlüsselung der Aufgabenfelder bestimmten somit den Beginn der Arbeit. Diese kollegiale Abstimmung ist vor allem aus organisatorischen Gründen notwendig. Durch die Bildung der o.g. „Expertenbereiche" entwickelten die Schülerinnen und der Schüler ein verbindliches Verhalten gegenüber den anderen Projektteilnehmern, was sich gerade in der Kommunikation untereinander zeigte.

Die Zeitzeugenbefragung

Der Schauspieler Lutz H. ist ein Bekannter einer Schülerin und war ohne Umstände bereit, ausführlich über seine Person und über die Gründe seiner Ausreise zu berichten. Erleichtert wurde die Befragung durch die Arbeitsgruppe sicherlich durch die Profession Lutz H.s – er ist als Schauspieler ein routinierter Redner und die Schüler konnten ihm leicht folgen. Darüber hinaus wurde „der Fall Lutz H." für die Schülerinnen und den Schüler besonders brisant, da Teile seines Schicksals – auf die er im Interview hinwies – in Archiven der Bundesbeauftragten für Stasi-Unterlagen erhalten blieben und auf-gearbeitet wurden. Das zuständige Personal war so freundlich, uns das entsprechende Material zur Verfügung zu stellen. So war es der Gruppe möglich, den Sachverhalt nicht nur aus der Sicht des Zeitzeugen, sondern multiperspektivisch darzustellen. Eine Zeitzeugenaussage ist immer eine subjektive Sichtweise und bietet damit den Schülerinnen und Schülern eine wichtige didaktische Erkenntnis: Jede Quelle hat ihre eigene Perspektive und ist interpretationsbedürftig.[196] Historische Zeugenaussagen bieten didaktische Potenziale, da sie subjektive Betrachtungen und Bilder enthalten, die in allgemeinen Darstellungen der Vergangenheit häufig vernachlässigt werden. Reflektiert und kritisch bewertet bieten sie Einblicke in eine Facette der Geschichte – vor allem der Alltagsgeschichte – und ermöglichen einen authentischen und persönlichen Rahmen für die Erstellung des Comics.

In der Vorbereitung auf das Gespräch eignete sich die Arbeitsgruppe durch intensive Literaturrecherchen, Archivarbeit und die damit verbundene Quellenanalyse ein Grundwissen über die zeitlichen Umstände an. Hierzu gehörten neben historischen Daten über Fluchtzahlen auch die Motive und Gründe, die einen Menschen bewegten, die DDR zu verlassen. Gerade dieser Aspekt war für die Schüler im späteren Interview von großem Interesse, sie wollten wissen, ob der Schauspieler H. zu einem bestimmten „Typ" von Flüchtling oder Ausreisewilligem gezählt werden konnte. Da die Arbeitsgruppe zunächst dazu neigte, alle Fakten zu exzerpieren und ihre Fragestellung aus den Augen zu verlieren, begleitete ich dieses Lesen durch einige Übungen zu Literaturrecherche und Lesetechniken.

Letztlich ergaben sich für das Interview folgende Leitthemen, die zur Basis der Geschichte des Comics werden sollten:
◆ Gründe und Motive für die Flucht/Ausreise;
◆ daraus abgeleitet möglicherweise das persönliche soziale Umfeld;
◆ Organisation der Flucht/Ausreise;
◆ frühere Versuche und Gedanken, die DDR zu verlassen;
◆ das Leben in der Bundesrepublik Deutschland.

Das Team der Interviewer setzte sich aus zwei Personen zusammen, die aus beiden Schülergruppen stammten – zum einen, damit beide Paare (die Comiczeichnerinnen und die forschende Gruppe) sich ein Bild machen konnten, zum anderen wegen der Bedienung der Technik.

Die Ergebnisse des Interviews auszuwerten, verlangte von dem Interview-Team ein hohes Maß an quellenkritischem Arbeiten. Unschärfen und Übertreibungen mussten mit den schriftlichen und nicht minder einseitigen Darstellungen des Ministeriums für Staatssicherheit verglichen werden. Vor allem die Reduktion und Einbindung des gesammelten Materials in den Plot des Comics war eine bedeutende Herausforderung für die Schülerinnen, die Geschichte des Lutz H. objektiv darzustellen. Für die Schülerinnen ergab sich somit eine gewisse Verantwortung gegenüber ihrem Produkt, die sie sehr ernst nahmen. Ein Umstand, der sich sehr motivierend auf die Gruppe auswirkte.

Die (Comic-)Geschichte von Lutz H.

Halle an der Saale: Lutz H., Ende der 50er Jahre geboren, war ein ganz normaler Junge in der DDR. Wie viele Kinder wurde er Jungpionier und – ebenso wie viele andere Kinder – konnte er seine Klassenlehrerin nicht leiden. Das lag wohl auch an seinen in der Schule ungern gesehenen langen Haaren, die er sich im Laufe der Jahre nie kurz schneiden ließ. Lutz wurde in der vierten Klasse Thälmannpionier, erhielt aber in der achten Klasse keinen FDJ-Ausweis – als Bestrafung für „opportunistisches Verhalten". In der neunten Klasse wechselte Lutz die Schule, fand hier einen evangelischen Freund und ließ sich im Alter von 17 Jahren taufen. Nach der Schule begann Lutz eine Lehre als Maschinist, brach diese nach einem halben Jahr ab und wurde schließlich nach einer ersten totalen Verweigerung Bausoldat für zwei Jahre. Obwohl er nicht politisch aktiv war, verschwieg er seine politische Meinung nicht und wurde von der Staatsicherheit überwacht. Auf Grund seiner negativen Kaderakte hatte er große Schwierigkeiten, einen Arbeitsplatz zu finden. Nur mit kurzfristigen Anstellungen bspw. als Postbote oder Aktmodell konnte er sich finanzieren. Glücklich war er nie wirklich, vielmehr litt er mehr und mehr unter der fehlenden Freiheit. Schließlich reifte der Wunsch in Lutz auszureisen, und über einen Freund wurde eine Heirat mit einer Bürgerin der Bundesrepublik arrangiert. Mit der Genehmigung des Zusammenführungsantrages wurde Lutz schließlich die DDR-Staatsbürgerschaft aberkannt, und er verließ Halle. Hamburg wurde Anfang der 80er Jahre sein neues Zuhause.

Die Entstehung des biografischen Comics

Die beiden zeichnenden Schülerinnen wollten den Comic in zwei ungefähr gleich große Hälften aufteilen, und diese mit den Informationen des nicht zeichnenden Schülerduos abgleichend bearbeiten. An dieser Stelle zeigt sich der unterschiedliche Ansatz der beiden künstlerisch veranlagten Projektteilnehmer. Das erste Kapitel erzählt die Geschehnisse aus der Ich-Perspektive, während ein allwissender Erzähler durch das zweite Kapitel führt. Welche der beiden Varianten die bessere ist, ist schwer zu entscheiden, da sowohl aus der einen als auch aus der anderen Perspektive Comics mit historischen Inhalten produziert werden. Es gibt jeweils gute Argumente, die für den Ich-Erzähler oder für den auktorialen Erzähler sprechen: Da die gesamte Story auf den Aussagen einer realen Person basiert, kann sie aus deren Sicht formuliert werden. Andererseits bietet natürlich der außenstehende Erzähler eine gewisse Distanz für den Rezipienten. Die gewählte Form der Erzählung beeinflusst natürlich das Storybord des Comics:

◆ *Ich-Perspektive:* Es gibt kaum eine Sequenz, in der der Protagonist nicht vorkommt. Die Panels sind auf seine Anwesenheit zugeschnitten.

◆ *Allwissender Erzähltyp:* Die Perspektive erlaubt ein Betrachten von außen. Die Sequenzen enthalten Momente der Handlung, die dem Protagonisten zu diesem Zeitpunkt nicht bekannt sind. Sie gehören zwar zur inneren Story, können aber ohne den visuellen Bezug auf Lutz H. erzählt werden.

Bevor die Schülerinnen mit dem eigentlichen Zeichnen begannen, erstellten sie zunächst eine Grundversion der Geschichte. Diese Grundversion folgte sehr eng den Ausführungen des Zeitzeugen. Bereits hier wurden die einzelnen Sequenzen im Groben geplant und im daran anschließenden Arbeitsschritt – dem Erstellen des Storyboards – in Skizzen ausgearbeitet. Die Story ergab sich nach der Auswertung des Materials nach langer Diskussion durch eine inhaltliche Beschränkung auf die von der Gruppe als wichtigste Teile empfundenen Ereignisse. Die Gruppe konzentrierte sich hierbei auf Episoden aus der Berichterstattung, welche vor allem die Gründe und Motivationen der Ausreise des Protagonisten thematisierten.

Auf der Basis dieser Überlegungen wurde das Storyboard erstellt. Auf einem solchen werden die Panels kurz skizziert und in die richtige Reihenfolge gebracht. Sinn dieses Arbeitsschrittes ist es, die Narration mit Hilfe der Bilder zu steuern, diese grafisch zu inszenieren und voran zu bringen. Der Text, nun in Harmonie mit den Bildern, wurde danach in Sprechblasen oder Blocktexte eingefügt, aus den Bildern wurden Comicpanels (s. Abb. 42).

Gerade im zweiten Teil des Comics wurden diese Arbeitsschritte besonders gut umgesetzt. Allerdings verhinderte der Termindruck im Rahmen des Wettbewerbs eine vollständige Umsetzung der geplanten Kapitel der Geschichte. Ebenfalls konnten einige Panels des Storyboards zum Teil nicht mehr im Comic realisiert werden, die Sequenzen wurden dann sehr gerafft oder durch lange Fließtextpassagen gestützt. Die Schülerinnen sind konstruktiv mit dem beschränkten Zeitfenster umgegangen, weil sie sich auf Grund dieser Knappheit auf die Darstellung von typischen Verhaltensweisen beschränkten und noch einmal bewusst Ereignisse aus der Geschichte des Lutz H. auswählten.

Bei der ästhetischen Gestaltung des Comics hatten es sich die Schülerinnen nicht leicht gemacht, im Gegenteil stellten sie von Anfang

Abb. 66: Juliane Hein: Der Fall Lutz H. Teil I/1

an einen hohen Anspruch an ihre Arbeit. Jedes einzelne Panel sollte nach dem skizzenhaften Vorbild des Storyboards anspruchsvoll ausgestaltet werden. Sie lehnten vereinfachende Methoden wie das Kopieren anderer Comic-Figuren oder Fotografien ab, und stellten sich der Herausforderung des Comiczeichnens. Zusätzlich suchten die Schülerinnen bei ihren Eltern nach Fotos, um eine Vorstellung von Kleidung, Frisuren,

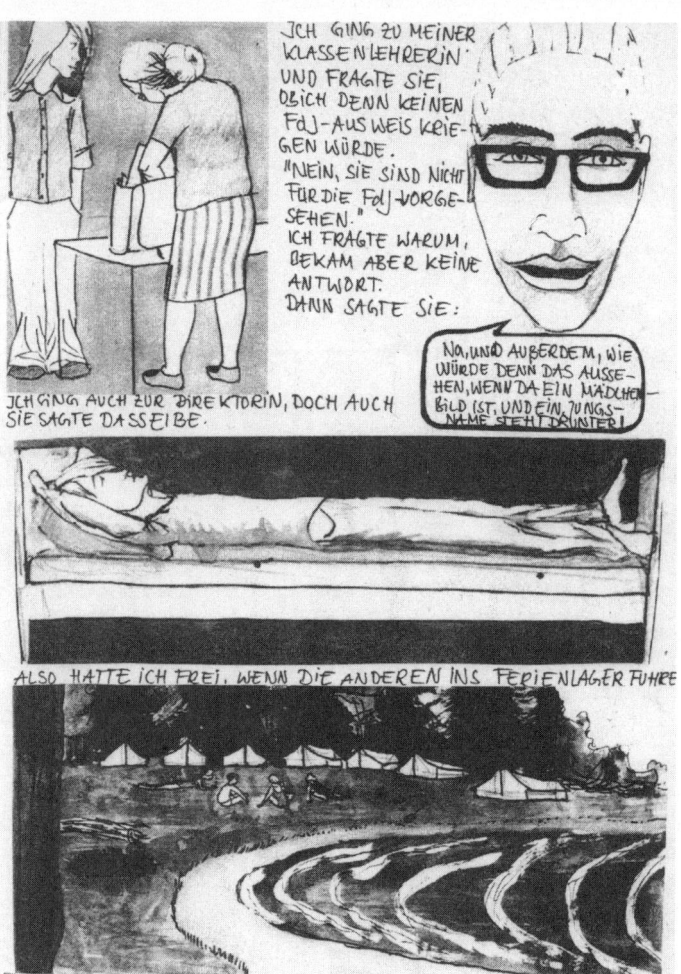

Abb. 67: Juliane Hein: Der Fall Lutz H. Teil I/2

Aussehen in den 70er und 80er Jahren der DDR zu erlangen. Auf dieser Grundlage entstanden dann die Einzelbilder. Das Comiczeichnen haben die Schülerinnen auf knapp 80 Panels in nahezu gleich bleibender Qualität äußerst geschickt gemeistert. Die Schülerinnen achteten hier nicht nur auf perspektivische Möglichkeiten oder Einstellwinkel (von Detail- bis hin zu großformatigen Totaleinstellungen), sondern mach-

Abb. 68: Henrike Böhm: Der Fall Lutz H. Teil II/1

ten sich auch die Wirkungsweisen der räumlichen Darstellung und vor allem die Ausdrucksmöglichkeiten von Mimik und Gestik zunutze. Natürlich nimmt diese Form der Umsetzung einen großen Zeitaufwand in Anspruch, der im Laufe der Wochen immer wieder an den Kräften und der Motivation der Schülerinnen zehrte. Es wäre sicherlich möglich gewesen, mit einfacheren Techniken eine Art Comic zu erstellen, doch

Abb. 69: Henrike Böhm: Der Fall Lutz H. Teil II/2

inwieweit dann die Schülerinnen mit dem Ergebnis selbst zufrieden
gewesen wären, ist fraglich.

Zu Motivations- und Lenkungsaufgaben innerhalb des Projektes
Da es sich um ein freiwilliges Geschichtsprojekt neben dem regulären
Unterricht handelte, waren zeitliche Abstimmungsschwierigkeiten,

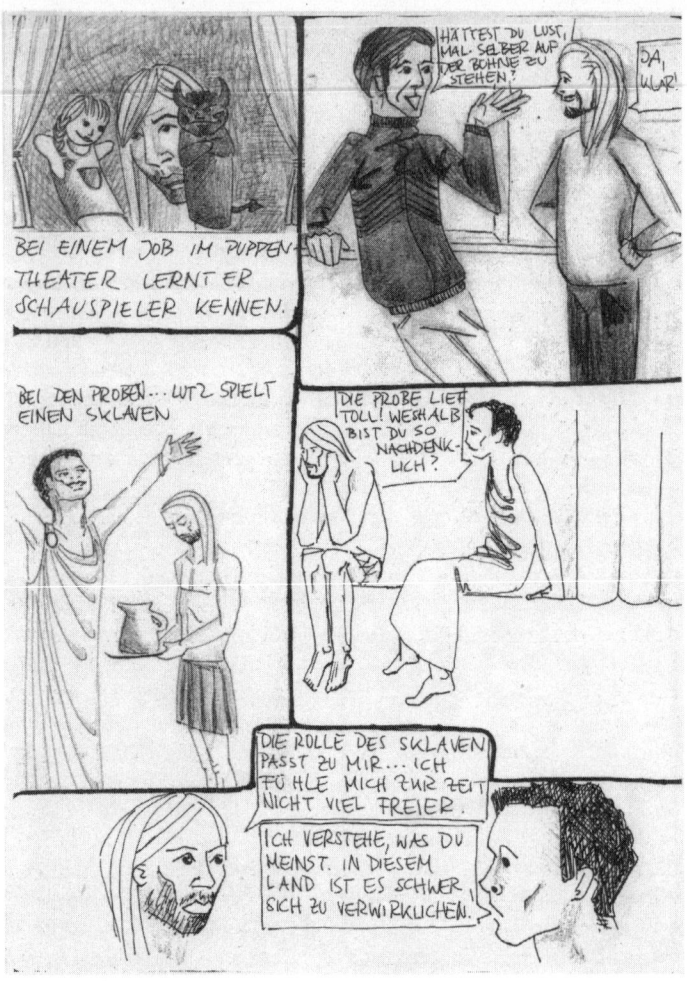

Abb. 70: Henrike Böhm: Der Fall Lutz H. Teil II/3

Motivationslöcher und Koordinationsprobleme zu erwarten. Der zeitliche Aufwand der Schülergruppe war beträchtlich. Dies betraf nicht nur die Nettoarbeitszeit am Comic selbst, sondern auch die Vorbereitung, Forschung und Begleitung.

Die Gruppe in ihrem alltäglichen schulischen Betrieb brachte über die Monate der Entwicklung der Projektarbeit ein außerordentliches

Maß an Mitarbeitsbereitschaft und Zeit auf, um in der Freizeit, den Ferien und teilweise abendlichen Arbeitsphasen den Comic fertigzustellen. Dass sich hierbei aber das eine oder andere Motivationsloch auftun würde, war in Anbetracht des zeitlichen Gesamtrahmens, der etwa sechs Monaten betrug, zu erwarten.

Zu Beginn des Projektes war es kaum möglich, den Enthusiasmus für die Gestaltung des Comics zu bremsen. Eine vorausgehende Strukturierung der Arbeitsabläufe in einer Grobplanung war notwendig, um das gesamte Projekt und damit die Arbeit der Gruppe ausreichend zu koordinieren. Die anfänglich starke Begeisterung wurde allein durch den schulischen Alltag immer wieder gehemmt. So hatte ich teilweise den Eindruck, die Gruppe befände sich auf einer Art „Achterbahnfahrt der Motivation". Traten interessante Aspekte oder eindeutige Fortschritte im Arbeitsablauf auf, war sie kaum zu zügeln. Standen aber Klausurenblöcke in der Oberstufe bevor, musste besondere Rücksicht auf die Bedürfnisse und Prioritäten der Schülerinnen und des Schülers genommen werden.

Sicher bietet der Rahmen eines Wettbewerbs eine interessante Basis, um die Schülerinnen und Schüler von vornherein zu motivieren, doch wie kann man im gesamten Projektverlauf und in bestimmten Situationen zum Durchhalten, zum Arbeiten, zu neuen Ideen anspornen? Bei der Erarbeitung der Verlaufsplanung sollte in einem freiwilligen und zeitlich weit reichenden sowie arbeitsaufwendigen Projekt unbedingt auf den Schuljahresplan (vor allem bei Schülerinnen und Schülern der Oberstufe) geachtet werden. So können für die Hauptarbeitsphasen mögliche Freiräume zwischen Klausurenblöcken usw. besser genutzt werden, und es entsteht für die Schülerinnen und Schüler in schulischen Stoßzeiten kein demotivierender Stress, in denen sie im schlimmsten Fall von dem Projekt zurückgetreten wären. Entscheidend ist, Freiräume zu gewähren. In einem so künstlerisch orientierten Arbeitsprojekt wäre ein übermäßiger Druck von außen eindeutig kontraproduktiv gewesen. Den Gedanken, dass es sich um eine Schülerarbeit handelte, in der vor allem die Arbeitsgruppe handeln sollten, musste ich mir immer wieder vergegenwärtigen. Nur bei einer eingeschränkten Steuerung durch den Betreuer würde die Gruppe mit dem Ergebnis zufrieden sein und dieses als ihre eigene Leistung ansehen.

Ein Anbieten bestimmter Anregungen als Initialzündung erwies sich aber als sinnvoll, da sich daraus interessante eigene Ideen der Gruppe entwickelten. Für die Anfangsphase des Projektes hat sich eine stärkere Leitung als erfolgreiche Strategie erwiesen, da es auch für Schülerinnen und Schüler der gymnasialen Oberstufe förderlich war, in grundlegende

Arbeitsmethoden und in die Besonderheiten des Mediums Comic eingewiesen zu werden.

Eine Möglichkeit der Motivation der Gruppe während eines so großen Projektes, die sich bei diesem Projekt als erfolgreich erwiesen hat, ist die folgende: Durch Besuche von Ausstellungen zu ähnlichen Thematiken konnte sich die Gruppe mit anderen Aussagen von Zeitzeugen auseinandersetzen und so einen Perspektivenwechsel und neue ästhetische Impulse erfahren.

Eine abschließende didaktische Reflexion

Es bleibt letztlich die Frage: Inwieweit lohnt sich dieses Projekt? In Anbetracht des erheblichen Zeitaufwandes wäre eine ausschließliche Bejahung der Frage sicherlich nicht in jedem Fall glaubwürdig; ich persönlich beantworte sie nach der Erfahrung in diesem Projekt mit einem „Ja". Diese Form der Auseinandersetzung mit Geschichte außerhalb des regulären Unterrichts hat sich sehr gelohnt und ist im Rahmen von Projekten oder mit Hilfe vorgefertigter Materialien auch im alltäglichen Geschichtsunterricht praktizierbar. Keinesfalls sind hierbei aber die Rahmenbedingungen zu vergessen, welche diesem Projekt einen positiven Ausgang bescherten. Eine zahlenmäßig möglichst kleine Schülergruppe wie die beschriebene war dem Projekt sicherlich ebenso zuträglich wie die künstlerischen Fähigkeiten der Schülerinnen und die Ausgangsmotivation. Ein spannendes, lebendiges und vor allem die Schülerinnen und Schüler berührendes Thema ist eine wichtige Voraussetzung für die Verarbeitung eines historischen Themas in einem Comic.

Berücksichtigt man diese Gegebenheiten schon bei der Planung und bezieht den Aspekt der Freiwilligkeit mit ein, sollte ein solches Vorhaben mit ansprechenden ästhetischen Ergebnissen realisierbar sein. Eine intensive Betreuung und Vorbereitung der einzelnen Arbeitsphasen (Einführung, Recherche, Schreiben der Geschichte, Visualisierung am Storybord, Ausgestaltung des Comics) und der Umsetzung ist ebenfalls ein nicht zu vernachlässigendes Moment.

Einige Möglichkeiten, welche Schülerinnen und Schüler haben, um ein Comic zu erstellen, wurden angeführt. Die Gruppe entschied sich mit der Wahl des Freihandzeichnens für die wohl schwierigste – trotz allem mit beachtlichem Erfolg. Neben dem Erlernen von Methoden zum Umgang mit unterschiedlichsten Ausgangsmaterialien und Informationsquellen, welche kritisch befragt und bewertet wurden, ist das wichtigste Ziel des Projektes der Gruppe – das Ausprobieren durch eigenes Handeln – realisiert worden. Mit dieser aktiven Aneignung von Kompetenzen durch Forschen, Beobachten und Nachdenken sowie

Interaktion und Kommunikation zwischen Projektteilnehmern und Begleitern, der eigenen Organisation der Arbeit, dem Aufstellen eigener Methoden und Regeln hatte die Gruppe Erfolg im handlungsorientierten entdeckenden Lernen. Der Comic selbst ist ein narratives Produkt, und somit ist die Förderung der narrativen Kompetenz als eine Grundforderung des Geschichtsunterrichts erfüllt worden.

Eine Umsetzung im regulären Unterricht ist meiner Meinung nach ebenfalls möglich. Hierzu müssen allerdings die Arbeitsaufträge klar eingegrenzt werden. Es empfiehlt sich, eine solche Unterrichtssequenz in Gruppenarbeitsphasen einzubauen, damit nicht alle Schülerinnen und Schüler der Klasse in den Arbeitsprozess eingebunden werden und damit die Themen arbeitsteilig kompakt und in angemessenem Umfang bearbeitet werden können.

Mit ihrem Handeln erweitern die Schülerinnen und Schüler ihre historische Kompetenz über eine geistig-kognitive Ebene hinaus, ohne diese Ebene zu vernachlässigen. Die entdeckende Projektmethode in- oder außerhalb des 45-Minuten-Unterrichts ist eine enorme Bereicherung des Unterrichtsalltages.

2.3 Werkstattbericht III:
Christian Badel: Pünktchen, Pünktchen, Komma, Strich – Handreichungen zum Comiczeichnen im Unterricht

Wovon man ausgehen muss oder „Mangazeichnen in drei Tagen?"
Das Comiczeichnen zu vermitteln ist ebenso komplex wie das Medium selbst. Es gibt eine Fülle von Materialien und Kursbüchern. Aber welche sind sinnvoll? Manche dieser Anleitungsbücher versprechen, das Comiczeichnen in kurzer Zeit zu vermitteln. Die meisten dieser Schnellanleitungen helfen allerdings nicht weiter, weil sie nur einen Teilaspekt beim Comiczeichnen behandeln, wie das Zeichnen von möglichst komplexen Phantasiefiguren, oder die Gestaltung der Handlung und deren Umsetzung in einzelne Bilder nicht erklären. Außerdem hinterlassen solche Bücher und Anleitungen bei den Schülerinnen und Schülern oft Frust, weil sie nicht, wie versprochen, schnell genug dem angestrebten Ideal nahe kommen. Als Lehrender in diesem Metier sollte man am besten selbst über Erfahrungen im Zeichnen verfügen. Weiterhin sollte man sich bewusst machen, dass es beim Comiczeichnen nicht um das beiläufige Kritzeln von Bildergeschichten geht, sondern dass sich Comics gerade in den letzten zwei Jahrzehnten als eigenständiges Medium mit großer Innovation weiter entwickelt haben. Die meisten der Schülerinnen und Schüler bewegen sich in diesem Kosmos der

Figuren und Stilmittel ziemlich sicher. Sie haben vor den Lehrenden oftmals einen kaum aufzuholenden Vorsprung an Begegnungen mit Comics, deshalb bietet es sich an, sie auch dort „abzuholen".

Nach meiner Erfahrung lieben es die Schülerinnen und Schüler, ihre Vorbilder zu kopieren. Sie zeichnen sie, nutzen jede Kopiermöglichkeit und bringen beeindruckend viel Energie auf, um sich aktuelle Bilder aus dem Internet herunterzuladen. Die meisten Comicfans haben ihre Lieblingscharaktere bei bestimmten Serienhelden und kopieren deren stereotype Darstellungen mit Frisuren, Augenformen und Phantasiewaffen oder extravaganten Bekleidungen und Schmuck mit zum Teil großer Perfektion und hohen Ansprüchen. Gerade Manga erhöhen bei älteren Jugendlichen, die dem „Mickymausalter" entwachsen sind, durch raffiniert ausgekleidete Beziehungsgeschichten, unverblümt erotische Darstellungen und die stilistische Nähe zum Medium (Action) Film die Attraktivität der Comics. Die Stereotype der meist pseudoreligiösen Inhalte und die spezifischen Stilmittel des asiatischen Comics tauchen in den meisten eigenen Comicversuchen der Schülerinnen und Schüler als Elemente ganz selbstverständlich immer wieder auf. Ich beschreibe dieses Phänomen deshalb so ausführlich, weil es mich selbst am Anfang überraschte. Ich halte eine Auseinandersetzung mit dieser neuen Begeisterung der Schülerinnen und Schüler für Comics und insbesondere der Manga deshalb für wichtig. Denn dort kann man die Schülerinnen und Schüler abholen, dort liegen auch ihre Erwartungshaltungen an das Thema. Jede und jeder möchte ihr bzw. sein Comic natürlich so perfekt zeichnen wie das die oder der Lieblingszeichner(in) kann. Und das ist ein langer Weg, der nur durch viel Übung und perfekte Beherrschung der grafischen Grundlagen zu erreichen ist.

Doch zum Comiczeichnen gehört natürlich viel mehr, als die Schülerinnen und Schüler überschauen können: Eine originelle Geschichte, die dramaturgisch durchdacht ist, Haupt- und Nebenhandlungen, umfangreiche Recherchen von Personen und Orten, ein nachvollziehbarer Handlungsfaden mit spannenden rätselhaften Dialogen, eine überschaubare Anzahl an gegensätzlichen Darstellern, die grafische Gesamtgestaltung der Geschichte und jeder einzelnen Seite und natürlich der Einsatz von Schrift und „Ton". Comiczeichner sind also nicht nur Zeichner, sondern auch Drehbuchautor, Regisseur, Leiter des Castings, Texter und Toningenieur in einer Person. Es zeigt sich, dass für die Herstellung eines Comics entweder ein ganzes Team oder aber viel Zeit und Geduld notwendig ist. Um die Schülerinnen und Schüler und sich selbst nicht zu überfordern, sollte man daher ganz einfach beginnen. Weniger ist hier mehr. Dieses theoretisch zu vermitteln ist müßig, in der Praxis wird es aber ganz schnell deutlich! Meine konkreten Erfahrungen im Unterricht, Tipps bei der Vermittlung komplizierter Techniken und einige bewährte Übungen werden im nachfolgenden Text beschrieben.

Grundsätzliche Herangehensweisen und Schwerpunkte des Unterrichts

Für das Comiczeichnen im Unterricht haben sich zwei wichtige Arbeitsphasen als sehr Erfolg versprechend herausgestellt: Zum einen müssen zeichnerische Grundlagen trainiert werden. Zum anderen sollten comicspezifische Probleme wie Figurentwicklung, Darstellung von Bewegung, Bildaufteilung und Perspektiven, Verknüpfung von Bild und Text usw. auch nicht zu kurz kommen. Am Ende entsteht der eigene Comic. Meiner Erfahrung nach ist die Reihenfolge dabei variabel. Grundlagen und comicspezifische Aspekte können parallel zur Arbeit an einem Comic erfolgen. Da im Schulunterricht sowieso bei weitem nicht alle Grundlagen vermittelt werden können, kann man bei Bedarf die Zeichenpraxis mit einer „Theorieeinheit" kombinieren. Diese Herangehensweise hat außerdem den Vorteil, dass die Schülerinnen und Schüler viel motivierter sind, comictheoretisches Wissen aufzunehmen. Sie haben den Mangel an handwerklicher Qualität ja selbst vor Augen. Nicht selten habe ich es erlebt, dass vor allem ältere Schülerinnen und Schüler nach solchen speziellen Aufgaben wie z.B. Händezeichnen fragen.

Ich versuche dabei zu vermeiden, zuviel zu erläutern und kläre die Probleme durch praktische Übungen. Wichtig ist eine möglichst abwechslungsreiche Auswahl von Übungen, die vor allem den Spaß am Zeichnen und die Kreativität fördert und den Schülerinnen und Schülern nicht permanent einen Nachholbedarf und Schwachpunkte in den Darstellungstechniken vor Augen hält. Solche anregenden Zeichenübungen findet man in einschlägigen Zeichenschulen, von denen ich einige am Ende des Berichtes vorstelle. Natürlich wird man dabei keine Comiczeichnerinnen und -zeichner ausbilden, aber mit einigen zeichnerischen Grundlagen sollte sich ruhig jeder einmal auseinandergesetzt haben. Außerdem besitzen die meisten Schülerinnen und Schüler selbst keine Vorstellung davon, welche zeichnerischen Probleme auf sie zukommen und auf welchem Stand sie sich selbst befinden. Einige Zeichenübungen helfen auch gegen Selbstüberschätzung bei der Konzeption des Comics.

Die Förderung der handwerklichen Kompetenzen

Die Förderung der handwerklichen Kompetenzen der Schülerinnen und Schüler ist, profan ausgedrückt: Zeichenunterricht. Wenn jemand ein Comic zeichnen will, muss er das Handwerkzeug, also die wesentlichen Grundlagen des Zeichnens einigermaßen beherrschen. Die Fähigkeiten der einzelnen Schülerinnen und Schüler sind natürlich sehr verschieden. Durch Zeichenübungen, kann man sich einerseits ein Bild über den Stand des Darstellungsvermögens des einzelnen Schülers verschaffen und andererseits Schwachstellen entdecken, die dann gezielt gefördert werden können. Das betrifft z.b. den Umgang mit den Zeichenmaterialien, figürliche Darstellungen, Mimik und die Verwendung von Strukturen, Hell und Dunkel usw.

Ansätze und Übungsbeispiele

Für diese Übungen verwende ich nicht ausschließlich Comicelemente. So beschäftigen sich die Schülerinnen und Schüler wie im klassischen Zeichenunterricht z.B. mit Figuren, Händen, Stillleben und Porträts. Neben der Vermittlung von Basiswissen und dem Umgang mit dem Bleistift sollte auch auf das Tuschezeichnen mit Pinsel und Feder und das Zeichnen und Kolorieren am Computer sowie auf verschiedene Techniken der Vergrößerung und des Kopierens eingegangen werden. Außerdem lasse ich die Schülerinnen und Schüler immer wieder bekannte Figuren oder ganze Panels aus ihren Lieblingscomics kopieren – allerdings skizzenhaft und ausschließlich mit Bleistift auf Schmierpapier, sodass am Ende mehrere Skizzenblätter entstehen, die jede und jeder als Fundus in ihrem bzw. seinem eigenen Archiv sammelt.

Als Auflockerungsübung eignen sich so genannte Schmierblätter. In kurzer Zeit sollen die Schülerinnen und Schüler ein größeres Blatt (A3) mit 10-15 verschiedenen Köpfen, Fratzen, Händen oder auch nur Kritzeleien voll zeichnen. Bewährt hat sich dabei ein Kurzzeitwecker, den ich dann z.B. auf 10 Min. einstelle. Bei einer anderen Übung gebe ich verschiedene geometrische Figuren vor (z.B. Dreieck, Kreis, Oval, Viereck). Die Schülerinnen und Schüler sollen dann daraus Köpfe zeichnen. Eine gute Übung zum figürlichen Zeichnen sind Strichmännchen (siehe Arbeitsblatt). Sie haben Arm- und Bein- Gelenke und sollen bestimmte Bewegungen ausführen. Dadurch werden Funktionen der einzelnen Gelenke und Proportionen verinnerlicht, und das ist wiederum eine gute Grundlage zum späteren Figurenzeichnen. Eine mögliche Übung ist das Zeichnen eines ganzen Comics mit einem selbst konstruierten Strichmännchen. Hilfreich ist dazu die Anschaffung einer Künstler-Gliederpuppe, die es manchmal relativ preiswert in Baumärkten gibt. Die Sicherheit im Umgang mit der Figur übe ich mit den Schülerinnen und Schülern auch in Minutenskizzen (2-4 Min.). Jeweils ein Schüler ist abwechselnd das Modell. Er denkt sich eine Haltung aus und in der begrenzten Zeit müssen alle anderen das Wesentliche der Haltung mit einigen kurzen Strichen auf Papier festhalten. Für jede Figur wird ein gesondertes Skizzenblatt verwendet. Diese Figur hat das Blatt möglichst auszufüllen. Hier hat sich häufig nach kurzen Übungsphasen ein erstaunlicher Erfolg gezeigt, der die Schülerinnen und Schüler auch motivieren kann. Außerdem hat jede Schülerin und jeder Schüler nach einer solchen Übung viele Haltungsskizzen für den eigenen Fundus. Für diese Übung können anstelle eines weichen Bleistiftes (mindestens B) auch Zeichenkohle oder sogar Tusche und Pinsel verwendet werden.

Eine andere Zeichenübung zur Schulung des Vorstellungsvermögens, die ich sehr gerne verwende, ist die „Betriebsspionage". Ein einfacher Gegenstand wird kurz gezeigt (1-2 Min.) und dann wieder mit einem Tuch abgedeckt. Die Schülerinnen und Schüler zeichnen den Gegenstand dann aus dem Gedächtnis. Der Erfolg ist schon nach einigen Übungen sichtbar und die zu zeichnenden Objekte können nach Wunsch und Bedarf immer komplizierter werden.

Comicspezifische Aspekte

Zentrales Anliegen eines Comics ist es, eine Geschichte zu erzählen und grafisch umzusetzen. Die Bildsprache der Comics folgt dabei bestimmten Gesetzmäßigkeiten und arbeitet mit allgemeinverständlichen spezifischen Symbolen. Bildverknüpfungen und Sequenzen haben eine unmittelbare Nähe zum Film, Ton in Rede wird durch Sprechblasen und Zeichen dargestellt usw. Alle diese Aspekte und Elemente im Voraus theoretisch abzuhandeln und damit vom eigentlichen Zeichenprozess abzukoppeln ist wenig sinnvoll. Stattdessen sollten solche „Theorieeinheiten" eher während des Zeichnens und immer in kleinen praktischen Übungen erfolgen. Man kann außerdem davon ausgehen, dass für die Schülerinnen und Schüler die wesentlichen Elemente der Comicsprache und des Filmschnitts durch den täglichen Konsum keine gänzlich Unbekannten sind.

Meiner Erfahrung nach genügt ein kleiner Vorlauf im Gebiet der Figurentwicklung und der Bildabfolge mit den wesentlichen Verknüpfungs- und Perspektivmöglichkeiten völlig, die Arbeitsblätter 1 und 2 stellen dazu jeweils eine praktische Übung vor. Viel mehr ist zum Beginn nicht nötig. Wichtig ist es für die Schülerinnen und Schüler, selbst Erfahrungen zu machen und das vorhandene Wissen ganz bewusst und sinnvoll einzusetzen. Gerade, wenn wegen der begrenzten Stundenzahl nur wenig Zeit zur Verfügung steht, sollten sich die Schüler hauptsächlich auf die Geschichte konzentrieren.

Ansätze und Übungsbeispiele

Niemand sollte erwarten, dass der erste Comic perfekt gezeichnet ist. Einfache Figuren oder Strichmännchen mit einem ausdrucksfähigen Gesicht sowie Arm- und Kniegelenken sind völlig ausreichend. So bekommen die Schülerinnen und Schüler schnell ein Gefühl dafür, wie viel Platz für Figuren und Text sowie für den Umfang der Arbeit bei einer längeren Geschichte benötigt werden. Sinnvoll ist zu Beginn die Vorgabe einer bestimmten Anzahl von Panels. Am Anfang sollte der gesamte Comic nur eine A-4-Seite umfassen! Wer denkt, dass das langweilig ist, braucht sich nur einmal die genialen Comics von Lewis Trondheim zu Gemüte zu führen. Reduktion ist vor allem am Anfang wichtig, ansonsten verlieren sich die Schülerinnen und Schüler im Zeichnen von Details und kommen über den Faltenwurf der Kleidung ihres detailgetreu gezeichneten Comic-Helden im ersten Panel nicht hinaus.

Eine unterhaltsame Startübung für das Comiczeichnen ist der Gemeinschaftscomic. Das heißt, jeweils 8-12 Schülerinnen und Schüler zeichnen gemeinsam an einem Comic. Klassen werden dazu in zwei bis drei Gruppen geteilt. Jeder Schüler bekommt ein A-3-Zeichenblatt und beginnt mit dem ersten Panel. Dann wird das Blatt an den Nachbarn weitergegeben. Der betrachtet das Werk seines Vorgängers und denkt sich eine Fortsetzung der Geschichte aus, zeichnet das zweite Panel und gibt es weiter usw. Gleichzeitig sind also 8-12 Comics in Arbeit. Das Ziel ist es, gemeinsam eine funktionierende Geschichte zeichnerisch zu realisieren. Der letzte Zeichner hat dann die schwierigste Aufgabe, nämlich die Handlung mit einer überzeugenden Pointe abzuschließen. Das macht großen Spaß. Wenn der erste Zeichner seine Geschichte wieder bekommt, muss er sich einen Titel ausdenken. Alle Elemente des Comics mit Sprechblasen, Text usw. können zum Einsatz kommen. Gezeichnet wird mit einem weichen Bleistift.

Eine weitere Übung zum Geschichtenerfinden ist der Ergänzungscomic. Dazu verwende ich vorgefertigte Arbeitsblätter. Ich kopiere ein Panel aus einem bekannten Comic, z. B. „Peanuts", setze es an die erste Stelle und zeichne danach noch vier weitere Panels. Die Schülerinnen und Schüler sollen die Geschichte dann weiter zeichnen, sodass sich eine witzige Handlung ergibt. Dazu müssen sie die Figur, z.B. Snoopy, ziemlich genau kopieren und natürlich variieren und mit entsprechenden Elementen wie Denkblasen, Speedlines etc. versehen. Das ist schon relativ anspruchsvoll, macht Spaß und ist in einer Stunde gut zu bewältigen. Diese Arbeit kann dann auch einmal probeweise bis zur Reinzeichnung durchgeführt werden, d.h. die Bleistiftzeichnung wird mit Fineliner nachgezogen und sauber ausradiert. Eine weniger komplexe Übung, bei der das gleiche Übungsblatt verwendet werden kann, ist die Gestaltung einer langsamen Sequenz. Als Aufgabenstellung lässt sich bspw. formulieren: „Zeichne wie Snoopy springt!" oder „Zeichne wie Snoopy einen Knochen verspeist!" (über vier Panels in Zeitlupe).

Für die Arbeit am ersten eigenständigen Comic ist es gut, entweder eine einfache Handlung mit nur zwei bis drei Darstellern vorzugeben oder sie von den Schülerinnen und Schülern festlegen zu lassen. Empfehlenswert ist die Einigung auf ein gemeinsames Thema, um ein ausschließliches Abgleiten in mangaspezifische oftmals komplexe Themen zu vermeiden. Verzichtet man auf diese Einschränkungen, scheitern erfahrungsgemäß die meisten Schülerinnen und Schüler an ihren selbst gesteckten, sehr anspruchsvollen Zielen und geben die Arbeit bereits nach wenigen Panels auf. Ob der Schüler beim Erstellen des ersten Comics mit dem Zeichnen oder mit dem Schreiben anfängt, ist eigentlich egal. Ideen kommen manchmal auf die eine, manchmal auf die andere Weise. Wichtig ist nur, dass vor der Arbeit am Storyboard die Handlung und die Darsteller klar herausgearbeitet sind.

Bewährte Materialien

Beim Comiczeichnen kommt man in der Regel mit wenigen Mitteln aus. Das macht die Sache für den Lehrenden zusätzlich attraktiv. Genau wie bei der Auswahl der Geschichte, gilt hier: Weniger ist mehr! Eigentlich sind die wichtigsten Materialien Bleistift und Unmengen von Papier. Am besten kauft man gleich eine Großpackung des billigsten Druckerpapiers (Format A4). Auch kann man die fast schon mürben, etwas vergilbten Bestände, die sich manchmal in Schullagern oder im Keller finden, hervorragend nutzen. Bei den Bleistiften sollte man auf die verschiedenen Härtegrade achten. Geeignet sind etwas weichere Bleistifte (HB, B, 2B). Ansonsten natürlich Anspitzer, Radiergummi, wasserfeste schwarze Fineliner und etwas dickere Filzstifte. Beim Verwenden der Faserschreiber ist darauf zu achten, dass nicht auf dem dünnsten Papier, sondern auf Zeichenkarton gezeichnet wird, da sich die Farben sonst auf die Tische und unteren Zeichnungen durchdrücken.

Ferner hat sich die Verwendung von Schnellheftern oder Heftstreifen zum Ordnen von losen Blättersammlungen bewährt. So lässt sich ganz einfach ein eigener Fundus herstellen und verwalten. Wenn das Comicprojekt einen größeren Umfang hat, empfiehlt sich das Anlegen einer Zeichenmappe, um die Zeichnungen, die über einen längeren Zeitraum bearbeitet werden, sorgfältig aufbewahren zu können. Kleine Lineale sind für das Aufteilen des Blattes oder das Zeichnen der Linien von Panels nötig. Ebenso sind Scheren und Klebestifte für eventuelle

Montagen und Deckweiß oder am Besten TippEx für letzte Korrekturen in der Reinzeichnung notwendig. Eines meiner wichtigsten Arbeitsgeräte ist der Kopierer. Sollte eine solche Möglichkeit bestehen, lassen sich viele Arbeiten erleichtern.

Von komplizierten Techniken wie Airbrush oder Zeichenfeder und Tusche rate ich gerade für erste Unterrichtsstunden ab. Zum Arbeiten genügen Bleistift, Kohle und stärkere Filzstifte bzw. Fineliner. Auch Farbe (Tusche, Filzstifte oder Copic-Stifte) ist überflüssig. Sie lenkt unnötig ab, kostet viel Zeit und erfordert zusätzlich einen kompetenten Umgang. Außerdem schränkt sie die kostengünstige Reproduzierbarkeit ein. Ein Comic lässt sich nämlich mit relativ geringem Aufwand sogar in Auflage am Kopierer an der Schule vervielfältigen.

Für spezielle Fälle, wie das starke Vergrößern, sind Folien und ein Overhead-Projektor sinnvoll. Für das Lettering (den Einsatz der Schrift ins Bild) oder für das Zeichnen der Panellinien kann der Einsatz von Computer und Drucker sehr hilfreich sein.

Als Ansichtsexemplare, zum Herstellen von Arbeitsblättern und zur Verdeutlichung bestimmter Phänomene und Techniken sollte der Lehrende immer einen Stapel Comics bereithalten. Entweder man legt einen kleinen Stehsatz aus eigenen Beständen an oder leiht sich Exemplare in der Bibliothek aus. Fast jede größere Bibliothek besitzt mittlerweile eine stattliche Sammlung der Neunten Kunst.

Neun Tipps und Kniffe für Anfänger (Lehrende wie Schülerinnen und Schüler)

① Deinen ersten Comic gehst du ganz einfach an. Suche dir zunächst eine ganz kurze Geschichte – vielleicht einen Witz – aus. Du solltest dir außerdem vornehmen, mit 5-6 Panels auszukommen.

② Überlege dir schon vor dem Zeichnen die ganze Geschichte mit Anfang und Schluss. Schreibe die Haupthandlung zumindest in Stichpunkten auf.

③ Fertige erst Vorzeichnungen oder Skizzen (scribbles) an, bevor du richtig anfängst. Im so genannten Storyboard wird es dann genauer. Lege dabei schon die Kästchen und Schriftblasen an.

④ Entwerfe die einzelnen Charaktere wiederum auf einem gesonderten Blatt möglichst in verschiedenen Ansichten und versuche sie zusätzlich mit einigen Worten zu beschreiben.

⑤ Zeichne erst alle Panels mit Bleistift per Hand, damit du gut mit dem Platz auskommst und sie am Ende nicht immer enger und kleiner werden. Die Panels können natürlich auch rund oder gezackt sein, wenn es die Handlung unterstützt. Lass zwischen den Kastenlinien immer etwas Luft (3-7mm). Erst zum Schluss bei der Reinzeichnung werden die Kästchen mit Lineal und Filzstift bzw. Tusche nachgezogen.

⑥ Erst wenn das Storyboard, auf dem natürlich viel geschmiert, radiert und korrigiert wird, perfekt ist, beginnt der Comiczeichner mit der Reinzeichnung auf einem gesonderten Blatt. Du musst es aber nicht zwangsläufig so machen, sondern kannst das Storyboard auch als Vorzeichnung verwenden und die endgültigen Linien einfach nachzeichnen. Das genügt am Anfang.

⑦ Lass immer genug Platz für die Sprechblasen. Schreibe mit Bleistift die Texte vor, damit du weißt, wie viel Platz du hast. Verwende am besten Druckbuchstaben und möglichst Schrift in der gleichen Größe. Du kannst die Schrift auch auf dem Computer schreiben und sie dann später in das Bild einkleben. Es gibt nichts Furchtbareres als kleiner werdende schwer lesbare Texte, die sich in viel zu kleine Sprechblasen quetschen. Das liest kein Mensch! Schreibe immer der Reihe nach z.B. von links nach rechts und von oben nach unten, je nach Leserichtung der Bilder im Comic. (Manga fangen natürlich von rechts an.)

⑧ Nimm eine Hauptfigur, die du leicht und auf verschiedene Arten zeichnen kannst. Eine zweite und dritte Figur sollte sich wesentlich von der Hauptfigur unterscheiden. Die einzelnen Figuren sollten von hinten oder in einem kleinen Ausschnitt immer sehr gut voneinander zu unterscheiden sein. Gib ihnen unterschiedliche Frisuren, helle und dunkle Kleidung, große und kleine Statur usw. Je unterschiedlicher die Figuren sind, desto weniger musst du durch Texte beschreiben und desto weniger Irritationen gibt es für den Leser deines Comics.

⑨ Lass deinen Comic immer mal wieder von anderen ansehen und lesen. So kannst du erkennen, ob ihn andere genau so verstehen, wie du ihn gemeint hast. Nimm jede Kritik ernst, denn es ist eine gute Chance zu überprüfen, ob das, was du ausdrücken wolltest auch gut funktioniert.

Literaturhinweise

Bernd Natke, Comic-Zeichnen für Einsteiger. Es wird unterhaltsam und mit vielen Bildern gezeigt, wie aus Einzelbildern eine Story gemacht wird. Schritt für Schritt, von der ersten Skizze bis zur Vervielfältigung und Veröffentlichung des eigenen Comics, zeigt dieses sehr praxisorientierte Buch, wie man vorgehen muss, ohne zu belehren. Aus den Abbildungen lassen sich übrigens gute Arbeitsblätter erstellen.

Scott McCloud, Comics richtig lesen. Ein Comic über Comics. Scott McCloud besitzt die Fähigkeit, komplizierte Dinge mit seinem entwaffnenden Humor übergreifend und übersichtlich zu erklären. Das Buch führt auf einfache und angenehme Weise in das Medium Comic ein. „Comics richtig lesen" ist *die* Sekundärliteratur schlechthin zum Thema.

Lewis Trondheim, Mister O. Ein sehr reduziert gezeichneter und trotzdem aufregender Comic. Ein Strichmännchen-Kopffüßler versucht auf 32 Seiten über eine Schlucht zu gelangen. Dabei zeigt der Autor und Zeichner dieses genialen Comics immer wieder eine andere, überraschende Variante der gleichen Geschichte. Es ist vor allem zum zeichnerischen Nachahmen und für Menschen ohne zeichnerische Erfahrung nützlich. Empfehlenswert sind auch die Trondheim-Alben „Nein, nein, nein" „Die Fliege" und „Diablotus".

Kassandra Nakas, Funny cuts, Cartoos und Comics in der Zeitgenössischen Kunst. Das Buch erschien anlässlich der gleichnamigen Ausstellung in der Staatsgalerie Stuttgart 2004. Von Pop-Art bis zu den aktuellsten Tendenzen junger Kunst, die die Auseinandersetzung mit den Bildwelten von Comics und Cartoons vielfältig widerspiegelt, wird ein breites Spektrum von Wechselwirkungen zwischen Comics und Kunst gezeigt.

Bernsteins Buch der Zeichnerei. Ein Lehr-, Lust-, Sach- und Fach-Buch sondergleichen. Ein geniales Buch über das Zeichnen von den Anfängen über die großen Meister bis hin zur Neuzeit. Viele Anregungen für den Unterricht kann man aus diesem umfangreichen Bildband erfahren. Augenzwinkernd wird man in die Materie eingeführt und die zahlreichen Abbildungen und Cartoons lassen einen dieses schwergewichtige Buch nicht mehr aus der Hand legen. Der Autor ist Zeichner und Lehrender zugleich. Hinter dem Pseudonym „Bernstein" verbirgt sich nämlich Prof. Weigle. Er lehrt an der Universität der Künste in Berlin und gehört zu den Großen der „Frankfurter Schule".

Hans Daucher: Die große Zeichenschule. Grundlagen. Landschaften. Figur. Porträt. Gegenstände. Eine umfassende Zeichenschule, in der alle wesentlichen Gebiete des Zeichnens behandelt werden. Besonders interessant sind die vielen Arbeitsblätter zum Weiterzeichnen. Sie lassen sich problemlos als Arbeitsblätter für den Unterricht verwenden.

Für Anfänger ist dagegen die folgende Literatur weniger zu empfehlen.

Christopher Hart, Mangazeichnen leicht gemacht. Das Buch verspricht in seinem Klappentext eine Schritt-für-Schritt-Anleitung, wie man ein guter Comiczeichner wird. Tatsächlich ist dieses Versprechen mit Vorsicht zu genießen. Die in Aussicht gestellte Ausbildung zum Mangastyle-Zeichner konzentriert sich auf einige Details, bspw. auf die Gestaltung von den typischen „Rehaugen". Ein Comic kann man dadurch lange nicht zeichnen. Die Abbildungen sind oftmals zu speziell für Anfänger.

Burne Hogarth, Händezeichnen leichtgemacht. Die Bücher von Hogarth versprechen die Ausbildung der künstlerischen Grundlagen. Sie sind aber sehr speziell und beschäftigen sich mit Details, die den Anfänger noch nicht interessieren sollten, wie zum Beispiel die Radien bei der Fingerbewegung des kleinsten Fingergliedes am Ringfinger u.ä. Selbst unter Fachleuten sind die Abbildungen umstritten. Empfehlenswert sind zum Erlernen der Anatomie für Künstler nach wie vor die zahlreichen Lehrbücher von Gottfried Bammes.

Fünf meiner bewährtesten Arbeitsblätter finden sich auf den folgenden Seiten.

Comic-Held

Name des Autors/Comiczeichners:.............................. ....

5 typische Eigenschaften des
Helden:..

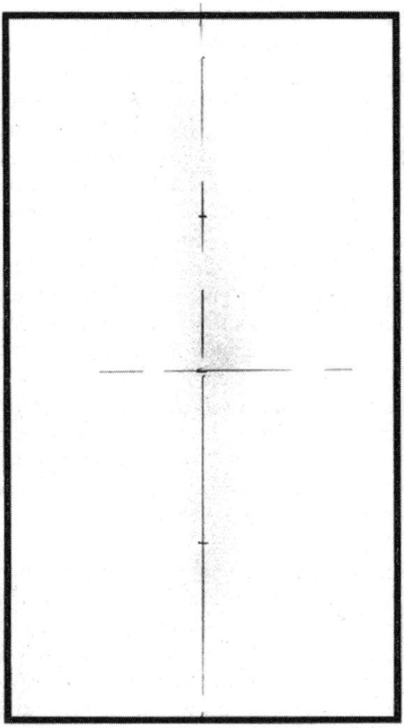

....

....

gesamte Figur, frontal, ohne Anschnitt!

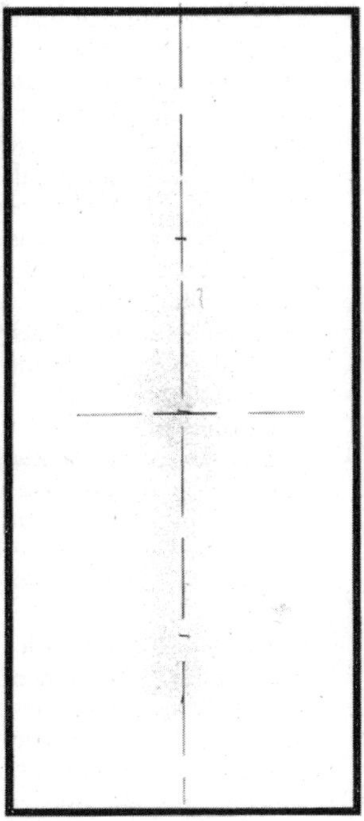

Drehung der Figur um die eigene Achse 90° (Profil), ohne Anschnitte, gleiche Größe!

Name des Helden:

© Christian Badel

Abb. 71: Arbeitsblatt 1/5

FUNNY FACES 1

1. Zeichne aus jedem der Kreise ein anderes Gesicht. Jeder der Köpfe sollte völlig anders aussehet. Achte darauf, daß die Köpfe sich in allen Ansichten, also auch von der Seite und von hinten unterscheiden lassen! Gib den Gesichtern passende Comicnamen.

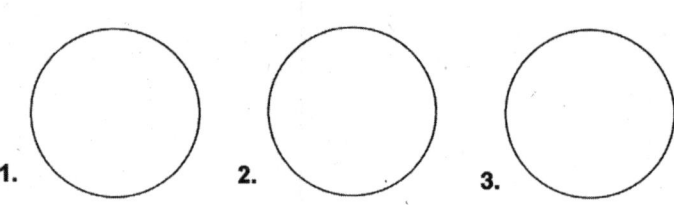

2. Zeichne nun einen dieser drei Köpfe in den angegebenen Ansichten.

Profil   **Rückansicht**   **Halbprofil**

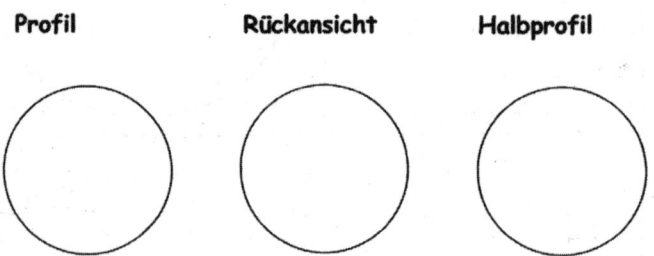

Abb. 72: Arbeitsblatt 2/5

Einstellungen/Perspektiven

Zeichne deine eigene Comicfigur in verschiedenen Ansichten und Perspektiven:

1. frontal/Brustbild
2. Totale/Profil (in Froschperspektive)
3. Nahaufnahme
4. extreme Nahaufnahme (ganz nahe heranzoomen!)
5. Aufmachertotale (in Vogelperspektive)

Wähle die jeweils geeigneten Panels aus. Numeriere sie und beginne mit einer Vorzeichnung. (Die Aufgaben in Klammern für Fortgeschrittene!)

© Christian Badel

Abb. 73: Arbeitsblatt 3/5

"the best of"

die allerbesten Comicseiten

1.Sieh dir die Comicseite genau an und versuche die folgenden Fragen zu beantworten:

1. Name des Comics und Hauptpersonen der Handlung:

2. Ort und Zeit des Geschehens:

3. Genre des Comics (funny, phantasy, history, sience fiction...)

Skizziere in ca. 5 Minuten das interessanteste Detail der Seite in dieses Panel!	Skizziere in ca. 5 Minuten eine ausgedachte Fortsetzung zum ersten Panel!

3.Entscheide anhand der Comic-Check-Liste, ob diese Comicseite zu den Favoriten gehört. Vergebe jeweils 1 - 5 Punkte.

1. Erster Eindruck

2. Umsetzung der dargestellten Figuren (Unterscheidbarkeit, interessante Gesichter und überzeugende Bewegungen, coole gut recherchierte Details)

3. Aufteilung der Seite (Panelaufteilung)

4. Gestaltung der einzelnen Panels (Hell-Dunkel-Kontrast, interessante Anschnitte, Bewegungsanbläufe)

5. Zeichnerische Qualität, Originalität (Strichführung, Schatten, Vordergrund/Hintergrund-Kontrast)

1-5 Punkte-hat keinen Zweck
5-10 Punkte-entwicklungsfähig
10-18 Punkte-gutes Mittelfeld , aber eher Durchschnit
18-23 Punkte-gar nicht so übel
23-25 Punkte-absolute Spitzenqualität

Gesamtpunktzahl:

4.Zeichne auf einem leeren Blatt grob die Struktur der angegebenen Seite des Comic nach. Entscheidend sind folgende Punkte:

1. Form und Anordnung der Panels auf der Seite
2. zeitliche Reihenfolge der Panels(durch Pfeile kennzeichnen)
3. Aus welcher Perpektive und Ansicht ist die Hauptperson (o.a. Personen) in jedem Panel gezeichnet.
4. Welcher Bildausschnitt wurde gewählt? (genaueBezeichnung oder Beschreibung)

Zusatzfrage für Fortgeschrittene:
5. Welche Art der Bild-Verknüpfung liegt zwischen dem Panel und dem jeweils folgenden vor?

Abb. 74: Arbeitsblatt 4/5

174

FUNNY FACES 2

3. Zeichne das Gesicht deiner ausgedachten Figur mit den angegebenen Ausdrücken und Gefühlen. Am besten geht es, wenn du dir das Gefühl vorstellst und selbst das entsprechende Gesicht dazu machst. Dann brauchst du es nur noch zu zeichnen!

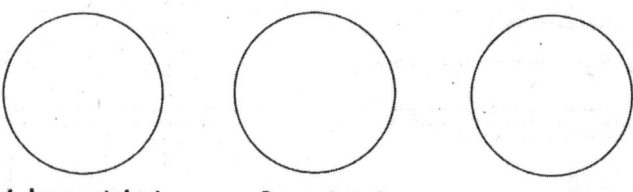

1. konzentriert

2. erstaunt

3. wütend

Anmerkungen

1 Schnurrer, Achim, Zum Geleit, in: Handloik, Volker (Hrsg.), Leichtmetall. Comics in der DDR, Berlin 1990, S. 5.

2 Fossati, Franco, Das grosse illustrierte Ehapa Comic Lexikon, Stuttgart 1993, S. 262.

3 Time, 1. November 1993, S. 68, zitiert aus: Bongco, Mila, Reading Comics. Language, Culture, and the Concept of the Superhero in Comic Books, New York 2000, S. 51.

4 Eisner, Will, Mit Bildern erzählen: Comics & Sequential Art, Wimmelbach 1995.

5 McCloud, Scott, Comics richtig lesen, Hamburg 1995 (3. Aufl.) , S. 17.

6 Vgl. Bongco, S. 51.

7 Die aufmerksame Leserin mag hier zu Recht einwenden, dass die Begriffsbezeichnung „Comic" nicht vom verwendeten Material des Comics abhängig ist. Hier ist jedoch nur gemeint, dass entsprechende Kunstwerke trotz ihrer narrativen und sequentiellen Eigenschaften von ihren Produzenten nicht als Comics geschaffen worden sind.

8 Die deutsche wie auch die internationale Undergroundszene werden dabei nicht berücksichtigt. Durch den Fokus auf Deutschland wird ebenso die Comic-Kultur der südamerikanischen Länder und anderen europäischen Staaten vernachlässigt.

9 Die Bildgeschichte als solche ist natürlich vor, während und nach der Entstehung des Comics ein eigenständiges Medium, sie wird lediglich in Bezug auf die Geschichte des Comics als Vorform betrachtet.

10 Vgl. Leroi-Gourhan, André, Prähistorische Kunst. Ursprünge der Kunst in Europa, Freiburg 1971, S. 27.

11 Vgl. Vandenberg, Phillip, Nofretete, Echnaton und ihre Zeit. Die glanzvollste Epoche Ägyptens in Bildern, Berichten und Dokumenten, Bergisch Gladbach 1990, S. 78.

12 Vgl. Vandenberg, S. 59.

13 Vgl. Clausberg, Karl, Metamorphosen am laufenden Band: ein kurzgefaßter Problemaufriß der Sprechblasenentwicklung, in: Hein, Michael; Hüners, Michael; Michaelsen, Torsten (Hrsg.), Ästhetik des Comic, Berlin 2002, S. 17 f. Ein Beispiel für weitaus häufiger vorkommende Darstellungen von Sprache im Bild ist entnommen aus Simon, Erika, Die griechischen Vasen, München 1976, Abb. 74 XXV, Kommentar S. 86 f. Auf einer Bauchamphora des Töpfers und Malers Exekias sind Achilleus und Aias beim Brettspiel abgebildet. Die Würfel sind gefallen und das Ergebnis 4 bzw. 3 Punkte wird mit einer Inschrift, die den Personen zugeordnet ist, abgebildet.

14 Vgl. Grape, Wolfgang, Der Teppich von Bayeux. Triumphdenkmal der Normannen, München 1994, S. 23.

15 Vgl. Birjukowa, Nina; Forman, Werner, Bildteppiche in der Eremitage. Prachtstücke des 15. und 16. Jh., Prag 1965, Abb. 119, der vermutliche Kartonnier war Bernhard von Orley in Flandern.

16 Vgl. Clausberg, S. 20.

17 Vgl. Gravett, Paul, Manga. Sixty Years of Japanese Comics, London 2004, S. 18 ff.

18 Siehe dazu: Köhler, Hans-Joachim (Hrsg.), Flugschriften als Massenmedium der Reformationszeit, Stuttgart 1981, hier besonders die Beiträge von Robert W. Scribner und Peter Ukena.

19 Vgl. Grünewald, Dietrich, Comics, Tübingen 2000, S. 1.

20 Vgl. Cuccolini, Giulio C., Ein Bastard auf Papier, in: Hein; Hüners; Michaelsen (Hrsg.), Berlin 2002, S. 66.

21 Nach Grünewald, wurde die Bezeichnung „Comic" für die Bildstreifen in amerikanischen Zeitungen tatsächlich erst Anfang des 20. Jahrhunderts gebräuchlich, alle anderen lustigen Bildgeschichten bezeichnete man vorher eher als „new humor" oder „funny". Jenseits der Zeitungen wurde der Begriff des Comics aber schon verwendet. Vgl. Grünewald, S. 3.

22 Nach der o. vorgestellten Definition fehlt „Hogan's Alley" natürlich die für Comics charakteristische Sequentialität. Da die Serie jedoch die Grundlage für „Yellow Kid" ist, wird sie hier als eines der ersten Comics vorgestellt.

23 Als „One-Pager" bezeichnet man Comics, die nur aus einem Bild bestehen.

24 Vgl. Blackbeard, Bill, 100 Jahre Comicstrips, Bd. 1, Hamburg 1995, S. 20.

25 Vgl. Grünewald 2000, S. 1.

26 Vgl. Brinkmann, Frank Thomas, Comics und Religion. Das Medium der „Neunten Kunst" in der gegenwärtigen Deutungskultur, Hamburg 1999, S. 39.

27 Superman erschien von 1938-1939 in dem Comic-Book „Actioncomics", wurde schnell dessen Leitfigur und bekam 1939 ein eigenes Heft.

28 Vgl. Sieck, Thomas, Der Zeitgeist der Superhelden. Das Gesellschaftsbild amerikanischer Superheldencomics 1938-1998, Meitingen 1999 , S. 12ff.

29 Vgl. Brinkmann, S. 47.

30 Es ist teilweise möglich, bestimmte Phasen von Stilrichtungen innerhalb der Comiclandschaft und -geschichte auszumachen. „ligne claire" z.B. gehört zu den populärsten in Europa, in Japan nimmt der Stil von Osamu Tezuka einen vergleichbaren Platz ein. In den USA hat vor allem Jack Kirby von den 60-80er Jahren einen solchen Einfluss auf die populäre Comicszene gehabt, während Robert Crumb für die „underground comix" einen ähnliche Stellung einnimmt.

31 Vgl. Munier 2000, S. 34 ff.

32 Vgl. Maase, Kaspar, Grenzenloses Vergnügen. Der Aufstieg der Massenkultur 1850-1970, Frankfurt/M. 1997 , S. 122 ff.

33 „Perry" aus der Serie „Winni Winkle, the Bread Winner" wurde ohne jeden Hinweis auf seinen Autor Martin Branner abgedruckt.

34 Erich Ohser wurde 1944 denunziert und verhaftet und wählte wegen eines zu erwartenden Todesurteils in der Nacht vor seiner Verhandlung den Freitod. Vgl. Nachbemerkung, in: E.O. Plauen, Vater und Sohn, Stuttgart 1994.

35 Vgl. Dolle-Weinkauff, Bernd, Comics. Geschichte einer populären Literaturform in Deutschland seit 1945, Weinheim 1990, S. 50.

36 Maase, S. 147.

37 Vgl. Kagelmann, Hans-Jürgen, Einige Bemerkungen zum Stand der Comic-Forschung im deutschsprachigen Raum, in: ders., Franzmann, Bodo u.a.

(Hrsg.), Comics Anno 2. Comics zwischen Lese- und Bildkultur, München 1991), S. 56.

38 Vgl. Dolle-Weinkauff, S. 25.

39 Vgl. Dolle-Weinkauff, S. 52.

40 Vgl. ebd., S. 47.

41 Piccolos sind extrem kleinformatige Hefte mit Maßen von ca. 8 x 18 cm, die meist nicht mehr als 30 Seiten umfassen und auf einer Seite für 2-3 Panels Raum bieten. Heute wird diese Form nur noch sehr selten und dann eher im semiprofessionellen Bereich verwendet.

42 Dieser Begriff wurde v.a. durch die Veröffentlichung von Wilhelm Hoppe 1955 geprägt, wobei Hoppes Hauptthese in einer verkümmerten Lesefähigkeit durch Comic-Konsum besteht, siehe: Hoppe, Wilhelm, Der „Bild-Idiotismus" triumphiert. Ergebnisse einer Schmökergrab-Aktion der Stadtbücherei Hagen, in Bücherei und Bildung, Nr. 2/3 (1955), S. 381-386.

43 Anti-Comic-Kampagnen gab es nicht nur in den USA und Deutschland. Fast jedes europäisches Land, aber auch Japan, setzte sich zu Beginn der 50er Jahre kritisch mit diesem Medium auseinander.

44 Eine kritische Stellungnahme jenseits einer Mystifizierung und Dämonisierung von Werthams Arbeit findet sich bei: Vähling, Christian, Bildidiotismus und Jugendnot. Wie deutsche Pädagogen Kinderseelen retteten, in: Ihme, Burkhard (Hrsg.), Comic! Jahrbuch 2004, Stuttgart 2003, S. 8-27.

45 Nyberg, Amy-Kiste, Seal of Approval. The History of the Comics Code, Jackson 1998), S. 105. Dieser Code beruht auf einem Entwurf von 1948, an dem sich aber nicht alle Verlage beteiligten.

46 Toll, Hans J.; Wagner, Klaus: Comic-Books. Opium der Kinderstube, in: Der Spiegel, Nr. 12 vom 21.3.1951, S. 39-41.

47 Vgl. Dolle-Weinkauff, S. 98 ff.

48 Schilling, Robert, Das Gesetz über die Verbreitung jugendgefährdender Schriften in der Praxis, o.O. 1954, S. 11.

49 Degens, Marc: Wie amerikanische Comic Books die Welt verändert haben, aus: Merkur. Deutsche Zeitschrift für europäisches Denken, Stuttgart 2002, Jg. 56, Nr. 9-10, S. 835.

50 Jugendliteratur, 1956, Nr. 7, S. 349, zitiert aus: Schwender, Clemens, Qualitative Auswertung verschiedener Stichproben aus Zeitschriftenartikeln 1945-1985, in: Knilli, Friedrich; Zielinski, Siegfried (Hrsg.), Comicforschung in der Bundesrepublik Deutschland 1945–1984, o.O. 1989 S. 75.

51 Vgl. Schwender, S. 77.

52 Vgl. Munier 2000. S. 39.

53 Vgl. Dolle-Weinkauff, S. 145.

54 Ebd., S. 164.

55 Ebd., S. 173. Die Auflagenhöhe betrug 1970 ca. 250.000 Stück.

56 In den USA gab es mehrere „Superman"- und „Superboy"-Verfilmungen seit den 40er Jahren, wirklich populär ist in Deutschland jedoch nur die Verfilmung mit Christopher Reeve in der Hauptrolle geworden, die 1978 in die Kinos kam. Les Daniels stellt die Comicverfilmungen von DC-Comic-Helden näher vor in: Daniels, Les, DC Comics. Sixty Years of the World's favorite Comic Book Heroes, Bosten 1995.

57 Aus dieser Phase der Comicnutzung stammen vor allem die Übersetzungen von „Asterix" in Latein als Arbeitsmaterial für den Lateinunterricht.

58 Ein Beispiel zu comicalen Elementen in der Werbung findet sich in: Seidensticker, Mike: Werbung mit Geschichte. Ästhetik und Rhetorik des Historischen, Köln 1995, S. 128.

59 So ist Steve Rogers alias „Captain America" blond, blauäugig und muskulös, „Thor" als nordischer Gott ist geradezu die Verkörperung eines „arischen Idealmannes".

60 Vgl. Schwender, S. 80 f.

61 Hessen nahm 1970 als erstes Bundesland die Besprechung von Comic-Heften in die Rahmenrichtlinien auf.

62 1970 gründete sich die INCOS, die „Interessengemeinschaft Comic Strip", deren Forum die „Incos-Nachrichten waren. Vgl. Dolle-Weinkauff, S. 254.

63 Comic-Fandom setzt sich aus Comic, „fanatic" und „kingdom" zusammen, der Begriff „Fandom" ist mittlerweile national wie international üblich.

64 Vgl. Dolle-Weinkauff, S. 241 ff.

65 Vgl. ebd., S. 247.

66 Schnurrer, 1990, S. 5.

67 Das betraf vor allem Zeichentrickserien wie „Heidi", „Biene Maja" und „Captain Future" oder Science-Fiction-Serien wie „Raumschiff Enterprise", deren Comic-Adaption in „Zack" erschien. Der Bastei-Verlag brachte Ende der 70er und Anfang der 80er Jahre zu fast jeder erfolgreichen Anime-Serie einen Comic heraus.

68 Carlsen verlegt heute Erstauflagen mit ca. 25.000 Stück. Die Erstauflagen der heute populären Comic-Hefte bewegen sich bei den meisten Verlagen eher zwischen 150.000 und 350.000 Stück.

69 „Die Türme von Bos-Maury" sind in der Erstauflage von 1986-1994 als 10-bändige Reihe erschienen, Ferrandez Alben gab es in deutscher Übersetzung ab 1988 und „Reisende im Wind" wurden 1995 vom Carlsen-Verlag in deutscher Sprache verlegt. Diese Beispiele zeigen, dass das neue Genre sich erst mit leichter Verzögerung in Deutschland etablierte.

70 Größere Bekanntheit erreichten vor allem kleinere Strips von „Texas Jimmy", „Goldschürfer im Frack" und „Die Spinne von San Francisco", die sich gegen die vermeintliche nordamerikanische Kultur richteten und in der „Berliner Zeitung am Abend" veröffentlicht wurden. Vgl. Lettkemann, Gerd; Scholz, Michael F., „ Schuldig ist schließlich jeder... der Comics besitzt, verbreitet oder nicht einziehen läßt. Comics in der DDR – Die Geschichte eines ungeliebten Mediums (1945/49-1990), Berlin 1994, S. 8.

71 Vgl. ebd., S. 13.

72 Pädagogisch motivierte Vorurteile bezogen sich auch hier wieder auf an-geblich verkrüppelte Sprache, den negativen Einfluss auf Leserinnen und Leser durch Gewaltdarstellungen und natürlich die Indoktrination durch kapitalistische Statements in den Comics.

73 Vgl. Lettkemann, Scholz, S. 13 f.

74 Neues Deutschland, 22. 10. 1954, S. 4.

75 Neues Deutschland, 21.5. 1955, S. 4.

76 Vgl. Lettkemann, Scholz, S. 14, 24.

77 Eine solche Eigenproduktion setzte ausgebildete Zeichner und Serienkonzepte voraus. Da beides in den 50er und 60er Jahren Mangelware war, wurden auch Strips aus den östlichen Nachbarländern, aber auch aus Schweden, Dänemark und Frankreich importiert und übersetzt.

78 Dies geschah in den 70er- und 80er Jahren bspw. mit Geschichten über Jugendbrigaden, dem Alltag in der „Nationalen Volksarmee" oder Geschichten über die Arbeiterbewegung um Ernst Thälmann, Vgl. Lettkemann, Scholz, S. 72 f.

79 Siehe dazu: Kock, Petra, Das Mosaik von Hannes Hegen. Entstehung und Charakteristika einer ostdeutschen Bildgeschichte, Berlin 1999.

80 So wurden in den 60er Jahren technische Errungenschaften und Forscher vorgestellt, die auf dem Gebiet der DDR wichtige Veränderungen bzw. Fortschritt bewirkt hatten, um so die Herausbildung einer nationalen Identität zu fördern. Vgl. Lettkemann, Scholz, S. 44.

81 Vgl. ebd., S. 50, 57 f.

82 Als Bsp. kann die Serie „Rolf und Robert" von Reiner Schwalme und Gerhard Unterstein dienen, zitiert aus: Lettkemann, Scholz, S. 63 f.

83 Vgl. ebd., S. 80 ff. Im Rahmen der Hygieneerziehung wurde vor allem die Figur des „Kundi" bei Kindern populär.

84 Vgl. ebd., S. 89 ff.

85 Vgl. Kosche, S. 13.

86 Handloik, Volker, Krieg der Bilder II: Der Comic schlägt zurück, in: ders. (Hrsg.), Leichtmetall. Comics in der DDR, Berlin 1990, S. 6-7.

87 Vgl. Kagelmann 1991, S. 47.

88 Solche Angaben sind kaum detailliert zu belegen, da gerade Verlage wie Marvel und DC nur sehr sparsam Verkaufszahlen preisgeben. Auch ist es durch die Kurzlebigkeit der Hefte durch die auch in Deutschland übliche massive Wiederverwertungspraxis und bei Verlagen wie Bibliotheken fehlende Archivierung der Hefte fast unmöglich, über Erstauflageziffern hinaus Angaben zum Vertrieb von Heften zu erhalten. Die hier skizzierte Entwicklung ist entnommen aus: Elstner, Robert, Grottentoter Zahlenbringer? Comics in Öffentlichen Bibliotheken: Ergebnisse einer Erhebung zu Beständen für Jugendliche und Erwachsene, in: BuB. Forum für Bibliothek und Information, Bad Honnef 1998, j. 50, n. 12, S. 744, Kagelmann, Hans-Jürgen; Kriz, Gila, Kindercomics in Deutschland, in: Kagelmann, Franzmann u.a. (Hrsg.), 1991, S. 101 f.

89 Siehe dazu: Fischer, Alfred M. (Hrsg.), Yeah, but is it art? R. Crumbs drawings and comics, Köln 2004.

90 Eine detaillierte Schilderung dieser Ereignisse ist nachzulesen bei: Schnurrer, Achim; Spiegel, Josef; Seim, Roland; Hiebing, Dieter, Comic Zensiert, Sonneberg 1996.

91 Vgl. Dohm, Annekatrin, Historisches Lernen an Comics – untersucht an Art Spiegelmanns Maus, Oldenburg 1999, Näpel, Oliver, Auschwitz im Comic – Die Abbildung unvorstellbarer Zeitgeschichte, Münster 1998, Frahm, Ole, Hein Michael, Art Spiegelman, in: Reddition. Zeitschrift für grafische Literatur, Nr. 21 (1991), S. 4-13, Pandel, Hans-Jürgen, „Mauschwitz". Die Kinder der Opfer und die Auseinandersetzung der „zweiten Generation", in: Geschichte Lernen, Heft 37 (1994c), S. 61-65

92 Vgl. Frenzel, Martin, Holocaust und NS-Verbrechen im Comic. Von Krig-
    steins „Master Race" bis Crocis „Auschwitz", in: Ihme, Burkhard (Hrsg.),
    Comic! Jahrbuch 2004, Stuttgart 2003, S. 31.

93 Vgl. Bergmann, Klaus, Hitler im Comic – Bedenken und ein Ratschlag, in:
    Geschichte Lernen, Heft 37 (1994), S. 9.

94 Siehe dazu: Schweizer, Reinhard, Ideologie und Propaganda in den Marvel-
    Superheldencomics: vom Kalten Krieg zur Entspannungspolitik, Frankfurt/
    Main 1992.

95 Schwerpunkte der Erforschung waren bis dahin: Comic-Geschichte als
    Kulturgeschichte, Marktanalysen, Rezeptions- und Nutzenanalysen,
    Analysen zum Einsatz von Comics im Unterricht, Inhaltsanalysen, Genre-
    Analysen aus interdisziplinärem Blickwinkel und auch die Forschung nach
    einer möglichen jugendgefährdenden Wirkung der Comics, zu der aber
    relativ wenig beigetragen werden konnte. Vgl. Kagelmann 1991, S. 51-55.

96 Vgl. Kagelmann, Kriz, S. 91.

97 Diese Kritik bezieht sich nicht auf die Publikationen aus dem Bereich der
    Japanologie, die Manga oftmals als kulturelles Phänomen betrachten, son-
    dern auf Geschichtswissenschaft und -didaktik, die sich bis heute fast gar
    nicht mit historischen japanischen Comics auseinandersetzt haben.

98 Vgl. McCloud, Scott, Comics neu erfinden, Hamburg 2001, S. 14.

99 Vgl. Munier 2000, S. 12.

100 Vgl. Elstner, S. 741 f.

101 Ein Beispiel aus den Rahmenrichtlinien Sachsen-Anhalt: Zum Thema 5:
    Römisches Weltreich, Unterthema 2: Alltag in Rom zu Beginn unserer
    Zeitrechnung, wird folgender Hinweis zum Unterricht gegeben: Rom im
    Comic: Geschichtliche Fakten und Fiktionale Bestandteile (RRL, S. 40),
    auch in Niedersachsen ist die Verwendung von Comics ähnlich: zum The-
    menbereich 6: Senat und Volk von Rom heißt es: Ein Comic lesen und im
    Hinblick auf die Darstellung des historischen Sachverhaltes betrachten.
    (Vgl. *http://www.gat-emden.de/rrl/cvgeschichte.pdf*)

102 Ein solches Beispiel ist in den curricularen Vorgaben für das Fach katholi-
    scher Religionsunterrichts in Niedersachsen zu finden. Die Schülerinnen
    sollen selbst Davids Eroberungen darstellen, ohne jedoch ein Beispiel für
    ein Geschichtscomic oder eine Einführung in die Theorie zu erhalten. Siehe
    dazu: *www.gat-emden.de/rrl/cvkathreligion.pdf.*

103 Aktuelle Beispiele sind: „Teaching Comics" hrsg. vom Seelze Verlag 2005
    oder Ofczarek, Bernhard; Altmann, Werner: Mick: das Comicbuch zum
    Lesen und Arbeiten; für einen lebhaften Deutsch-Unterricht, Köln 2000.

104 Lukesch, Helmut, Zur Comicnutzung bei 12- bis 16-jährigen Schülern in:
    Kagelmann, Hans-Jürgen (Hrsg.), Comics Anno. Jahrbuch der Forschung
    zu populär-visuellen Medien Vol. 1/1991, München 1991, S. 1-5, Franz-
    mann, Bodo, Stiefkind Comics. Über die Vernachlässigung der Comics in
    der Leseforschung und einige Ergebnisse zur Comic-Lektüre von Jugendli-
    chen, in: Kagelmann, Franzmann u.a. (Hrsg.), S. 29, Schwender, S. 77. Es
    muss hier jedoch erwähnt werden, dass eine absolute Harmlosigkeit der
    Medien ebenfalls noch nicht bewiesen werden konnte.

105 Vgl. MangasZene 18/2003, das kleine MangasZene-ABC.

106 Vgl. Gravett, S. 20 ff.

107 Diese Techniken sind Adaptionen aus der Filmkunst, vgl. Eisner, Will, Grafisches Erzählen. graphic storytelling, Wimmelbach 1998, S. 77.

108 Ein Beispiel sind die Arbeiten von Mityuo Seo, dessen Manga und Animes oftmals einen durchaus propagandistischen Militarismus als Grundtenor haben. Vgl. Krämer, Sascha, Alpenmädchen, Weltraumburschen, Riesenroboter – Die Welt der Animes, in: Comixene, Sept. 2003, Nr. 65, Berlin, S. 6.

109 Anime ist die Bezeichnung für einen japanischen Trickfilm, also ein Pendant zum amerikanischen Cartoon.

110 Knigge 2004a, S. 152.

111 Ebd., S. 157.

112 Die „take off"-Phase der Manga für Erwachsene setzte erst Ende der 60er Jahre ein, basierend auf dem politischen Radikalismus der 60er Jahre, so Sharon Kinsella, Vgl. Kinsella, Sharon, Adult Manga. Culture & Power in contempory Japanese society, Richmond 2000, S. 10.

113 Vgl. Gravett, S. 40.

114 Vgl. ebd., S. 54.

115 Vgl. Krämer, S. 10. Eine populäre Serie Anfang der 90er Jahre war z.B. „Saber Rider and the Star Sheriffs", „Candidate for Goddess" ist eine der neueren Serien, die auch im TV ausgestrahlt wurden. Zu den aktuell populärsten Manga dieses Genres gehört die Reihe „Neon Genesis Evangelion".

116 Vgl. Gravett, S. 74.

117 Das Magical-Girl-Genre baut auf einer weiblichen Heldenfigur auf, die besondere Kräfte besitzt und gegen andere übernatürliche Kräfte kämpfen muss. Meist verfügt die Heldin über eine Doppelidentität, ist einerseits bspw. ein normales Schulmädchen und kann sich bei Bedarf in eine Superheldin verwandeln. Bekanntere Serien dieser Art in Deutschland sind „Sailor Moon", „Card Captor Sakura" oder „Jean, die Kamikazediebin".

118 Vgl. Gravett, S. 98.

119 Die Abenteuer des „Captain Future" wurden zu einem großen Teil ab 1939 von Edmond Hamilton geschrieben und Ende der 70er Jahre lediglich in Japan gezeichnet.

120 Vgl. Gravett, S. 155.

121 Vgl. ebd., S. 18.

122 Vgl. Joachim Kaps in einem Interview mit Peter: Ein Besuch beim Carlsen Verlag, in: MangasZene 18/2003, S. 48.

123 Neben den o.g. gibt es eine Vielzahl an anderen Magazinen. „AnimaniA" und „MangasZene" sind bspw. zwei Magazine, die keine Manga-Serien abdrucken, sondern Mangafans mit Informationen zu Neuerscheinungen und Klassikern versorgen.

124 In Japan bilden die Dojinshis eine Art Subkultur zur Mangakultur. Vgl. Kinsella, S. 102 ff.

125 Neben diesen Mädchen- und Jungen-Manga gibt es Manga, die durchaus beide Geschlechter ansprechen, wie z.B. „Inu Yasha". Entsprechende Trends für ein älteres Publikum aufzuzeigen ist an dieser Stelle nicht möglich, zumal hier eine Vielzahl an Genres zur Auswahl steht und vergleichbare Sekundärquellen in weitaus geringerer Zahl vorliegen.

126 So Joachim Kamps vom Carlsen-Verlag in: MangasZene 18/2003, S. 46.

127 Vgl. McCloud 1995, S. 161 ff.

128 Vgl. Bongco, S. 48.

129 Vgl. McCloud 1995, S. 207.

130 Auf den Sprechblasen lastet noch heute ein Vorurteil der Sprachverstümme-
lung, denn einige Wissenschaftler gehen immer noch davon aus, dass Texte
in Sprechblasen nicht grammatikalisch korrekt sind (wie z.B. Munier 2000,
S. 70). Es gibt sicherlich Comics, auf die das zutrifft, aber die Masse der
Comics (ausgenommen die Action- und Splattercomics) hat schon vor der
Manifestation dieses Vorurteils über korrekten Satzbau und differenzierte
Wortwahl verfügt, Kindercomics eingeschlossen.

131 Munier 2000, S. 59.

132 Vgl. McCloud 1995, S. 35 f.

133 McCloud 1995, S. 44.

134 Ebd., S. 39.

135 Vgl. Brinkmann, S. 62.

136 Vgl. Pandel, Hans-Jürgen, Comicliteratur und Geschichte. Gezeichnete
Narrativität, gedeutete Geschichte und die Ästhetik des Geschichtsbewusstseins, in: Geschichte Lernen, Heft 37 (1994a), S. 18.

137 Vgl. McCloud 1995, S. 74.

138 Vgl. ebd., S. 78 ff.

139 Vgl. Breithaupt, Fritz, Das Indiz: Lessings und Goethes Laokoon-Texte und
die Narrativität der Bilder, in: Hein; Hüners; Michaelsen (Hrsg.), Berlin
2002, S. 37 ff.

140 Vgl. Pandel 1994a, S. 20 f.

141 Vgl. Munier 2000, S. 67.

142 Vgl. Hein, Michael, Zwischen Panel und Strip – auf der Suche nach der ausgelassenen Zeit, in: Hein; Hüners; Michaelsen (Hrsg.), Berlin 2002, S. 54.

143 Vgl. McCloud 1995, S. 131.

144 Vgl. ebd., S. 131.

145 Vgl. Dohm S. 35.

146 Vgl. Weidenmann, Bernd, Der exaltierte Code der Comics, in: Kagelmann,
(Hrsg.), München 1991a, S. 62 f.

147 Vgl. McCloud 1995, S. 197 ff.

148 Vgl. Eisner 1998, S. 78 f.

149 Grünewald, Dietrich, Vom Umgang mit Comics, Berlin 1991, S. 94;
Munier 2000, S. 70; McCloud 1995, S. 57 ff.

150 Vgl. Grünewald 1991, S. 108.

151 Vgl. Munier, Gerald, Historische Themen im Comic. Ein Überblick, in:
Geschichte Lernen, Heft 37 (1994), S. 4.

152 Entsprechende Einschränkungen gelten für „Asterix".

153 Vgl. Munier 2000, S. 67.

154 Vgl. McCloud 1995, S. 39 ff.

155 Vgl. Pandel 1994a, S. 22, Vgl. Dohm, S. 33 f.

156 Vgl. Munier 2000, S. 76.

157 Vgl. Dohm, S. 36 f.

158 S. dazu: Lefévre, Pascal: Die Wiederentdeckung der Sinnlichkeit in der Comictheorie, in: Hein; Hüners; Michaelsen (Hrsg.), , Berlin 2002, S. 173.

159 Vgl. Eisner 1998, S. 53.

160 Vgl. Pandel, Hans-Jürgen, Dimensionen des Geschichtsbewusstseins. Ein Versuch, seine Struktur für Empirie und Pragmatik diskutierbar zu machen, in: Geschichtsdidaktik. Probleme, Projekte, Perspektiven, H. 2 (1987), S. 130. Die überarbeitete Fassung in: Geschichtsunterricht nach PISA. Kompetenzen, Bildungsstandards und Kerncurricula, Schwalbach/Ts. 2005, S. 8 ff.

161 Rüsen, Jörn, Ästhetik und Geschichte. Geschichtstheoretische Untersuchungen zum Begründungszusammenhang von Kunst, Gesellschaft und Wissenschaft, Stuttgart 1976, S. 96.

162 Der verwendete Kompetenzbegriff basiert auf Jost Reischmanns und Annette Czerwanskis Überlegungen und rekurriert auf eine reflektierte Handlungsfähigkeit des Subjektes. Somit umschließt die historische Kompetenz im normativen Sinne nicht nur historisches Lernen im Geschichtsunterricht, sondern geht darüber hinaus. Die Einheit von Wissen, Verstehen, Können und Selbstüberzeugtheit umfasst nicht nur kompetentes Arbeiten im Geschichtsunterricht, sondern auch die kompetente Aneignung geschichtlicher Elemente in der eigenen Lebenswelt.

163 Vgl. Munier 2000, S. 75.

164 Vgl. Pandel, Hans-Jürgen, Wahrheit und Fiktion. Der Holocaust im Comic und Jugendbuch, in: Jaspert, Bernd (Hrsg.) Hofgeismarer Protokolle Nr. 298. Wahrheit und Geschichte. Vom Umgang mit deutscher Vergangenheit, Hofgeismar 1993b, S. 95-103.

165 Vgl. Pandel 1987, S. 135.

166 Vgl. Rüsen, Jörn, Historisches Lernen. Grundlagen und Paradigmen, Köln 1994b. Es hat sich erwiesen, dass die Sinnbildungstypen nicht über ausreichende analytische Klarheit verfügen (Straub 1998), zum anderen liegt ihnen eine ethische Entwicklungs- und damit Wertungstendenz zu Grunde, die nach der hier vertretenen Ansicht nicht hinreichend reflektiert wurde.

167 Vgl. Munier 2000, S. 78-80, 109-113.

168 Vgl. Degens, S. 837.

169 Vgl. Bütow, Antje, Kunst-Zitate = Comic-Kunst, in: Geschichte Lernen, Heft 37 (1994), S. 16.

170 Capricho Nr. 43, s. Feuchtwanger, Lion, Goya, Frankfurt/M. 1977, S. 587.

171 Vgl. Pandel, Hans-Jürgen, „Mauschwitz". Die Kinder der Opfer und die Auseinandersetzung der „zweiten Generation", in: Geschichte Lernen, Heft 37 (1994c), S. 65.

172 Vgl. Munier 2000; vgl. Pandel 1994a.

173 Vgl. Scholz, Michael F., Comics – eine neue historische Quelle, in: Zeitschrift für Geisteswissenschaft, Heft 38 (1990), Berlin, S. 1005f,

174 Powell, Eric; Sloboda, Paul u.a., 9-11. Artists Respond, Milwaukee 2002; Kahn, Jenette (Hrsg.), 9-11. September 11th 2001, New York 2002; Mason, Jeff (Hrsg.), 9-11. Emergency Relief, Gainesville 2002.

175 Kahn 2002, cover.

176 Vgl. Nass, Matthias, Rebellin unter dem Kopftuch, in: Die Zeit, 29.4.2004, S. 51.

177 Vgl. Pandel, Hans-Jürgen: Bildlichkeit und Geschichte, in: Geschichte Lernen Heft 3, 1988, S. 14.

178 Vgl. Pandel, Hans-Jürgen: Bildinterpretation: in Mayer; Pandel; Schneider (Hrsg.), Handbuch Methoden im Geschichtsunterricht, Schwalbach/Ts. 2004, S. 172-187

179 Vgl. Biagi, Enzo; Manara, Milo; Gaudenzi, Giacinto, Kolumbus, Hamburg 1992, S. 27.

180 Der Rückgriff auf dieses Schönheitsideal ist auch dadurch zu begründen, dass Columbus selbst immer wieder die Schönheit (keine dunkle Haut, langes glattes Haar, gerade und lange Beine und wohlproportionierte Körper) der Ureinwohner beschrieb, vgl. Christoph Columbus, Schiffstagebuch, Leipzig 1992 (6. Aufl.), S. 24.

181 Biagi, Manara, Gaudenzi, S. 19.

182 Vgl. ebd., S. 76.

183 Vgl. Lester, Paul Martin: Looks are deceiving: the Portraits of Christopher Columbus, in: Visual Anthropology, Vol. 5 1993, S. 211-227.

184 Der Comic zeigt auch in den folgenden Panels nicht, ob dieser Vorschlag realisiert oder zu anderen Mitteln der Disziplinierung gegriffen wurde.

185 Vgl. Tardi, Jacques, Grabenkrieg, Zürich 2002, S. 5.

186 Vgl. Platthaus 1998, S. 12 f.

187 Frahm, Ole: Genealogie des Holocaust. Art Spiegelmans MAUS – A Survivor's Tale, München 2006, S. 38ff.

188 Zum Konzept der Filterfigur siehe: Dehne, Brigitte; Schulz-Hageleit, Peter, Der Nationalsozialismus im Schulunterricht, in: Mütter, Bernd; Uffelmann, Uwe (Hrsg.), Emotionen und historisches Lernen, Frankfurt/Main 1994 (2. Aufl.), S. 337-351.

189 Art Spiegelman hat einzelne Kapitel des 1. Bandes in seinem Magazin „RAW" bereits vor 1986 veröffentlicht. Da er aber im 2. Band selbst auf das enorme Medienecho bei Erscheinen des 1. Bandes eingeht, wird hier von den 80er Jahren als Referenzzeitraum ausgegangen.

190 Spiegelman, Maus, Bd. II, S. 41.

191 Auf der CD-ROM werden teilweise zu den einzelnen Comicseiten bzw. Panels Skizzen angeboten, so kann man sich relativ leicht und unkompliziert dem Entstehungsprozess des Comics nähern.

192 Ebenso wurden „Schrei nach Leben" von Paul Gillon und Patrick Cothias und „Braun" von Emmanuel Guibert bei dieser Aktion beschlagnahmt.

193 Hoffmann, Ginette; Lebrun, Françoise, Zur Zeit der Höhlenmenschen, Fellbach 1993.

194 Auffallend war, wie schwer es den Fünftklässlern fiel, die Handlung nachzuerzählen, obwohl sie den Comic vor sich liegen hatten.

195 An dieser Stelle möchte ich auf die Illustrationen eines Kindersachbuches hinweisen: Baumann, Gipsy; Baumann, Franz, Mit Mammut nach Neandertal. Kinder spielen Steinzeit, Münster 1995. Dort werden viele Fragen beantwortet, die die Schüler und Schülerinnen zum Thema „Leben in der Steinzeit" gestellt haben, z.B. zum Wohnen, Kleidung, Kinder in der Steinzeit, Kunst der Cro-Magnons oder „Steinzeitfest" und „Steinzeitküche".

196 Koerber, Rolf, Wie man Zeitzeugen auswählt und mit ihnen umgeht, in: Geschichte Lernen, Heft 76 (2000), S. 27.

Comicografie

Verlag	Inhalt	Schlagworte
Reiner Feest Verlag Mannheim	Syrakus um 367-344 v.Chr. Der Macht-kampf um den Thron des verstorbenen Herrschers Dionysios fordert viele Opfer.	Kämpfe griechischer Stadtstaaten
Arboris, NL-Zelhem	Abenteuer einer Schreiberin und eines Leibwächters des Pharaos im alten Ägypten.	Frühe Hochkultur Ägypten
Mosaik Steinchen für Steinchen Verlag	Im 5. Jh. v.Chr. begeben sich die Abrafaxe in Griechenland auf die Suche nach dem ge-stohlenen heiligen Stein der Athene (1-2 Seiten ges. Informationsteil).	Kämpfe griechi-scher Stadtstaaten, Religion, Theater, Olympische Spiele
Mosaik Steinchen für Steinchen Verlag	Ca. 1500 v. Chr. durchqueren Abrax und Brabrax auf der Suche nach Califax Ägypten. Echnaton, Nofrete und Moses haben als hist. Persönlichkeiten Gastauftritte (mehrere Seiten ges. Informationen).	Ägypten, Archäologie, Pyramidenbau, Religion, Kultur, Nomadentum
Egmont Ehapa, Berlin	Lustige Abenteuer um Asterix und seinen Freund Obelix, die u.a. für die Unabhän-gigkeit ihres Dorfes gegen Cäsar kämpfen.	Römisches Reich, Europa,
Epsilon, Nordhastedt	Der 10-jährige jüdische Gamaliel muss aus Jerusalem ca. 30 n.Chr. fliehen. Römisch-jüdische Geschichte wird teilweise mit religiöser Aufklärung verbunden.	Römisches Reich, Jüdische Geschichte
Carlsen, Hamburg	Abenteuer des Jugurtha, Herrscher des Numidierreiches um 134 v. Chr., die ersten Bände entstanden auf Basis von Sallusts „Bellum Jugurthinum".	Römisches Reich, Europa,
Casterman, B-Tournai	Detailgetreu gezeichnete Abenteuer in Ägypten zur Zeit des Moses.	frühe Hochkultur Ägypten
Carlsen, Hamburg	Der junge Krieger Orion erlebt Abenteuer in Griechenland zur Zeit des Perikles.	Griechenland
Schreiber & Leser, München	Geschichte um Schlacht am Thermopylen-Pass zwischen Sparta (Leonidas) und Persien (Xerxes) im Jahre 480 v. Chr.	Griechenland, Persien, Kämpfe griech. Stadtstaaten
Dorling Kindersley Verlag, München	Die ägyptischen Kinder Methen und Madja erleben 2000 v.Chr. aufregende Abenteuer während des Baus einer Pyramide. Wichtige Daten und Fakten zum Pyramidenbau und Totenkult werden gesondert aufbereitet.	Frühe Hochkultur Ägypten
Dorling Kindersley Verlag, München	Der 10-jährige Athener Pylades will heraus-finden, wer den Start seines Bruders bei den Olympischen Spielen verhindern will. Wich-tige Daten und Fakten gesondert aufbereitet.	Antikes Griechenland, Olympische Spiele

Autor/Autorin	Jahr	Titel
Ross, Stewart	2005	Abenteuer im alten Rom
Simko, Dorothee; Roloff	1995-1996	Prisca und Silvanus, 2 Bde. (Unruhige Zeiten in Augusta Raurica, Die Zerstörung von Augusta Raurica)
MITTELALTER		
Bünzli, Frida; Brühlmeier, Markus	1999	Ritterhaus Bubikon
Cothias, Patrick; Dufossé, Bernard	1999-2000	Die Franken, 2 Bde. (Die Grausamen, Die Erben)
Mosaik Steinchen für Steinchen Verlag (Hg.)	1992-1993	Mosaik: Heft 193-213 Thema Mittelalter und Kreuzzüge
Foster, Harold	seit 1985	Prinz Eisenherz
Hermann	seit 1986	Die Türme von Bos-Maury, 12 Bde.
Lern Comic Geschichte	1996	Abenteuer, Burgen und Turniere
Wäscher, Hansrudi	seit 1953	Sigurd
NEUZEIT		
Bardet, Daniel; Arnoux, Erik	1987, 1994	Timon, 2 Bde. (Der Traum von Amerika, Die Aufständischen)
Bardet, Daniel; Dermout, Francois	1987-1993	Malefosse der Söldner, 6 Bde.
Baru	1991	Der Champion
Biagi, Enzo; Manara, Milo; Gaudenzi, Giacinto	1992	Kolumbus

Verlag	Inhalt	Schlagworte
Dorling Kindersley Verlag, München	Die nordafrikanischen Kinder Sabina und Publius wurden nach Rom verschleppt und müssen dort im Kolosseum arbeiten. Wird es ihrem Vater gelingen, sie aus der Gefangenschaft zu befreien? Im Anhang werden weitere Sachinformationen geliefert.	Römische Republik, römische Gesellschaft
Römermuseum Augst	Die Geschichte der Römerstadt Augusta Raurica (das heutige Augst) wird von ihrer Blütezeit bis zu ihrer Zerstörung erzählt.	Römisches Reich, Europa

Verlag	Inhalt	Schlagworte
Edition Moderne, CH-Zürich	Pointierte Geschichten um den Alltag der Ritter und ihrer leibeigenen Bauernschaft auf der Basis von Urkunden etc.	
Arboris, NL-Zelhem	593 n.Chr.: Unter den 5 Söhnen Chlothars entbrennen Machtkämpfe um die Herrschaft.	Entstehung des Frankenreiches
Mosaik Steinchen für Steinchen Verlag	Die Abrafaxe landen per Zeitsprung im Hl. Röm. Reich um das Jahr 1174. Die Hintergrundnarration dreht sich um den Machtkampf Friedrich Barbarossas und Heinrich des Löwen (ca.1-2 S. ges. Informationsteil).	Lebensweise im Mittelalter, Ritterstand, Klöster, Burgenbau, Adel, Heraldik
verschied. Verlage	Abenteuer des jungen Ritters Eisenherz, teilweise an die König-Arthus-Sage angebunden.	Lebensweisen im Mittelalter, Ritterstand
Carlsen, Hamburg; Kult-Editionen, Wuppertal	Ein junger Steinmetz versucht der ritterlichen Willkür zu entkommen.	Lebensweisen im Mittelalter, gesell. Entwicklungen
Schlüter, Hannover	Kinder reisen per Zeitmaschine ins Mittelalter, als päd. Material konstruiert mit Sachinformationen.	Lebensweisen im Mittelalter
verschied. Verlage	Abenteuer des Ritters Sigurd und seiner Gefährten Bodo und Casim.	Lebensweisen im Mittelalter, Ritter

Verlag	Inhalt	Schlagworte
Splitter, München	Zwei Franzosen verlassen Frankreich zu Zeiten Ludwig XVI. und wandern nach Amerika aus. Ideengeschichtlich werden Begriffe wie Revolution und Republik thematisiert.	Absolutismus, Aufklärung, USA
Reiner Feest Verlag, Mannheim; Ehapa, Stuttgart	Abenteuer des Malefosse während der Religionskriege im Frankreich des Jahres 1589.	Frankreich, Glaubenskriege
Carlsen, Hamburg	Werdegang des Boxers Said Boudiaf aus Algerien vor dem Hintergrund politischer Konflikte mit der franz. Kolonialmacht.	Kolonialismus, Algerien, Frankreich
Carlsen, Hamburg	Kolumbus-Biografie mit Fokus auf Entdeckung Amerikas	Entdecker, Biografie

Autor/Autorin	Jahr	Titel
Bourgeon, Francois	1995	Reisende im Wind, 5 Bde.
Chaillet, Gilles	seit 1987	Vasco, bisher 21 Bde.
Charles, Jean-Francois; Nouwens, Maryse	seit 1987	Die Pioniere der neuen Welt, bisher 14 Bde.
Declerq, Gilbert		Enzi – Ein Koffer voller Hoffnung
Schleiter, Klaus D. (Hrsg.)	1999-2000	Mosaik: Heft 283-299 Thema Orientexpress
Ferrandez, Jacques	1988	Algerisches Tagebuch
Ferrandez, Jacques	1994	Die Söhne des Südens
Gloor, Reto	1998	Katharina von Dornach. Ein Comic. 500 Jahre danach
Gloor, Reto; Kirchhofer, Markus	1996	meyer & meyer
Ikeda, Riyoko	2003-2004	Die Abenteuer der Lady Oscar. Die Rosen von Versailles, 7 Bde.
Lern Comic Geschichte	1996	Von Stahlbaronen und Kinderarbeit
McCrory, Martin; Moulder, Robert	1983	Die Französische Revolution für Anfänger
Nussbaumer, Erich L.; Putzker, Ronald	1992	Einsam stirbt Kolumbus

Verlag	Inhalt	Schlagworte
Carlsen, Hamburg	Abenteuer vor dem Hintergrund des Sklavenhandels gewähren Einblicke in die Sklavenverschiffung und den Sklavenalltag in Amerika im 19. Jh.	Kolonialismus, Sklavenhandel, Afrika, USA, England
Kult-Edition, Hamburg	Abenteuer eines reichen Bankiers im 14. Jh. in Italien und Deutschland.	Europa, Handel, Bürgertum
Splitter-Verl., München; Kult-Editionen, Hamburg	Nordamerika 1756: Französische Siedler bedrohen die Vorherrschaft Englands in den Kolonien. Eine Gruppe dieser Siedler strandet ausgerechnet vor Boston.	Nordamerika, Frankreich, England, Kolonialismus
Edition Greflinger, Hamburg	Die junge Enzi Berger verlässt Bayern, um in die USA auszuwandern. Comic zur Ausstellung „Erlebniswelt Auswanderung" auf dem Hamburger Museumsschiff Cap San Diego.	Deutschland, Europa, USA
Mosaik Steinchen für Steinchen Verlag	Ende des 19. Jh. reisen die Abrafaxe als Personal im Orientexpress und lernen Europas politische Probleme und technischen Fortschritt kennen (mehrere Seiten ges. Informationen).	England, Deutschland, Österreich/Ungarn, Osmanisches Reich, Balkan als Krisenregion, Eisenbahn, Erdöl
Carlsen, Hamburg	Der junge franz. Maler Constantin sucht in Algerien nach Inspiration, erfährt jedoch die Bedeutung der französischen Kolonialherrschaft für das Land.	Kolonialismus, Algerien, Frankreich
Carlsen, Hamburg	Zwei franz. Brüder erleben als Söhne eines Kolonialbeamten eine sorglose Jugend in Algerien, bis sie 1914 in den Krieg ziehen müssen. Teile der Geschichte beziehen sich auf die Biografie des Großvaters von Ferrandez.	Kolonialismus, Algerien, Frankreich
Lehrmittelverlag, CH- Kt. Solothurn	Jugendliteratur zum Baseler Frieden von 1499 am Bsp. eines Bauernmädchens.	Schweiz, Europa, 15./16. Jh.
Edition Moderne, CH-Zürich	Vater und Sohn Meyer erleben die Zeit nach der Französischen Revolution in Aarau, das kurzzeitig Hauptstadt der Schweiz wurde.	Schweiz, Französische Revolution
Carlsen, Hamburg	Abenteuer von Oscar, dem weiblichen Hauptmann der Leibwache der franz. Königin Marie Antoinette, der dieser bis zur französischen Revolution dient.	Absolutismus, Ständegesellschaft
Schlüter, Hannover	Kinder reisen per Zeitmaschine in die Zeit der Industrialisierung in Europa.	Industrialisierung
Rowohlt, Reinbek	Band aus der Sachcomicreihe.	Französische Revolution
comicplus+, Hamburg	Biografie von Kolumbus mit fiktiven Elementen, die dieser als Lebensgeschichte auf seinem Sterbebett erzählt.	Entdecker, Biografie

Autor/Autorin	Jahr	Titel
Pini, Elena; Heyne, Andreas K.; hrsg. v.d. Staatskanzlei des Kantons Basel-Stadt	2000	Beitreten oder nicht? Wie Basel zur Schweiz kam?
Steiner, Elke	2004	Die anderen Mendelssohns, 1. Bd.: Dorothea Schlegel, Arnold Mendelssohn
Steiner, Elke	2001	Rendsburg Prinzessinstrasse. Die Geschichte einer jüdischen Kleinstadtgemeinde
Sturm Karl; Tonn, Dieter	1990	Kamel und Skorpion
Tardi, Jacques; Vautri, Jean	2002-2005	Die Macht des Volkes, 4 Bde. (Die Kanonen des 18. März, Die zerstörte Hoffnung, Die Zeit des Schreckens, Das Vermächtnis der Ruinen)

ORTS- UND REGIONALGESCHICHTE		
Apitz, Michael; Kunkel, Eberhard	seit 1988	Karl, bisher 12 Bde.
Béhé, Joseph; Schwebe, Frédérique; Noel, Patrick; Peter, Roland; Mühlsteffen, Klaus-Dieter; Walz, Michael	1998	Des Volkes Freiheit
Bengen, Harm	1993	Störtebecker
Hamme, Jean van; Vallès, Francis	1994-2000	Hopfen und Malz, 7 Bde.
Higuri, You	seit 2004	Ludwig II., bisher 3 Bde. (Der Mondkönig, 2. Bd. o. Titel, Und Gott wacht über die ganze Welt)
o.A.	2002	Sauschwobe und Gelbfiaßler. 50 Jahre Baden-Württemberg
Schmidt, Kim; Wirbeleit, Patrick	seit 2004	Störtebecker, 1.Bd.: Freunde und Feinde

192

Verlag	Inhalt	Schlagworte
Schwabe, CH-Basel	Historisch intensiv recherchierter Comic über den Beitritt Basels zur Eidgenossenschaft am 9. Juni 1501.	Schweiz
Reprodukt, Berlin	Weniger bekannte Personen oder „Schwarze Schafe" aus dem Mendelssohn-Clan werden porträtiert. Jeder der Porträtierten steht für eine der vier Stammbaumlinien.	Biografien
Edition Panel, Bremen	Steiner beschreibt die Geschichte der jüdischen Gemeinde in Rendsburg vom 17. Jh. bis in die Gegenwart.	Deutschland, Jüdische Kultur, Antisemitismus
Carlsen, Hamburg	Tragische Geschichte um eine (wirtschaftlich motivierte) Expedition des englischen Geographen Reynolds und des deutschen Forschers Tuchfeld in Westafrika um 1850.	Imperialismus, Industrialisierung, Europa, Afrika
Edition Moderne, CH-Zürich	1871: Für Frankreich ist der Krieg gegen Deutschland verloren. Nun versuchen die Communards von Paris die Verwirklichung des Sozialismus. Eine drei Monate dauernde Revolution bricht aus.	Frankreich, 18. März 1871
AK Verlag, Walluf	Karl erlebt Ende des 18. Jh. vor historischem Hintergrund Abenteuer, die mit geschichtlichen Informationen zur Rheinregion angereichert sind.	Rechts- und linksrheinische Gebiete
Ehapa, Stuttgart	Humorvolle Nacherzählung der bürgerlichen Revolution von 1848/49 in Baden-Württemberg.	Baden-Württemberg, 1848/49
Lapan, Oldenburg	Geschichte um Störtebecker und seine Piraterie, in enger Anlehnung an Quellen	Norddeutschland
comicplus+, Hamburg	Die Geschichte einer Familie von Bierbrauern vom 19. Jahrhundert bis in die Gegenwart.	Belgien, 19./20. Jh., Handel, Bürgertum
Planet Manga-Panini Verl., Nettetal	Pathetisch ausgeschmückte Geschichte um Ludwig II. von Bayern (shōnen-ai).	Bayern
Egmont Ehapa, Berlin	Friedrich Eichert und seine Familie leben in Stuttgart unter ärmlichsten Bedingungen. Der Comic beruht auf den Erinnerungen des Journalisten Friedrich Treffz-Eichholz, die ergänzt werden.	Baden-Württemberg
Carlsen, Hamburg	Wie Störtebecker zur Piraterie kam. Frei erzählte Abenteuergeschichte, die jedoch vorhandene Quellen einbezieht.	Norddeutschland

Autor/Autorin	Jahr	Titel
Zeitgeschichte		
Annestay, Jean; Armand, Jacques; Mezzomo, Gilles	1992-1993	Der Weg des Königs, 2 Bde. (Vom Tod zum Leben, Neue Horizonte)
Bardet, Daniel; Stalner, Martin; Stalner, Alexandre	1991-1996	Der „Boche", 5 Bde.
Bedürftig, Friedemann; Kalenbach, Dieter	1989-1995	Hitler, 2 Bde. (Die Machtergreifung, Führer und Völkermörder)
Béhé, Joseph; Walz, Michael F. u.a.	1999	Geht doch rüber! Fünf Jahrzehnte deutscher Geschichte
Cabanes, Max	1990	Die Zeit der Halbstarken
Calvo, Edmond-Francois; Dancette, Victor	1977	Die Bestie ist tot. Der zweite Weltkrieg bei den Tieren
Cava, Felipe H.; Raul	2001	Berlin 1931
Christin, Pierre; Bilal Enki	1993	Treibjagd
Christin, Pierre, Goetzinger, Anne	1984	Die Diva
Clave, Florence; Godard, Christian	1990	Viel Blut für teures Geld. Das kurze, aber dramatische Leben des Jules Bonnot und seiner Komplizen.
Cosey	1993	Saigon – Hanoi
Croci, Pascal	2005	Auschwitz
Daeninckx, Didier; Tardi, Jacques	2001	Soldat Varlot
David, Dominique	1992-1994	Jimmy Boy, 5 Bde.
Dieck, Martin tom	2000	Flüchtige Fragmente

Verlag	Inhalt	Schlagworte
Carlsen, Hamburg	Ein jüdischer Überlebender des Holocaust wandert in die USA aus und wird zum Rächer an seinen Peinigern.	Zweiter Weltkrieg, Nachkriegszeit, USA
comicplus+, Hamburg	Ein junger deutschstämmiger Elsässer schließt sich im besetzten Frankreich 1940 dem franz. Widerstand an.	Zweiter Weltkrieg, Nationalsozialismus, Frankreich
Carlsen, Hamburg	Hitler-Biografie	Nationalsozialismus, Biografie
Ehapa, Stuttgart	Durch das Schicksal einer Familie wird die Teilung und Wiedervereinigung Deutschlands erzählt. Mit Dokumentationsanhang.	Das geteilte Deutschland
Carlsen, Hamburg	Durch das Portrait einer Halbstarken-Clique wird die Gesellschaft der 60er Jahre pointiert beschrieben.	Bundesrepublik, 60er Jahre
Melzer, Neu Isenburg	Eine Tierparabel, die während der deutschen Besatzungszeit in Frankreich erdacht und danach veröffentlicht wurde.	Zweiter Weltkrieg, Nationalsozialismus
Avant-Verl., Berlin	Avantgardecomic, der den Untergang der Weimarer Republik und den Aufstieg der Nationalsozialisten thematisiert, Handlungsort ist vor allem das Berlin der Jahre 1928-33	Weimarer Republik, Nationalsozialismus
Carlsen, Hamburg	Politische Funktionäre gehen verdeckt gegen den Stalinismus vor.	UdSSR, Stalinismus
Carlsen, Hamburg	Eine Künstlerin kollaboriert im Zweiten Weltkrieg mit den Nationalsozialisten, die ihre Karriere fördern könnten. Nach dem Krieg muss sie sich der Anklage wegen Kollaboration stellen.	Zweiter Weltkrieg, Nationalsozialismus
Karin Kramer Verlag, Berlin	Das Leben des Anarchisten Jules Bonnot um 1911.	Frankreich, bürgerl. Gesellschaft, Erster Weltkrieg
Carlsen, Hamburg	Retrospektive auf den Vietnam-Krieg.	Vietnamkrieg
Egmont Ehapa, Berlin	Ein jüdisches Ehepaar überlebt Auschwitz, verliert aber dort die Tochter. Im Anhang Interviews mit Überlebenden.	Zweiter Weltkrieg, Holocaust
Edition Moderne, CH-Zürich	Szenenhaft begleitet man Soldat Varlot einen Tag lang in den Schützengräben des Ersten Weltkriegs.	Erster Weltkrieg, Frankreich
Carlsen, Hamburg	Erlebnisse eines Jugendlichen in den USA während der Weltwirtschaftskrise.	USA, Weltwirtschaftskrise
arrache coeur, CH-Zürich	Biografisch-fiktiver Comic über den Dadaisten und Musiker Walter Mehring zur Zeit der Weimarer Republik.	Weimarer Republik, Nationalsozialismus, Biografie

Autor/Autorin	Jahr	Titel
Dupuis, Pierre	1976-1978	Der Zweite Weltkrieg in Bildern. 8 Bde.
Ennis, Garth; McCrea, John	1990	Zerrissene Herzen, 3 Bde. (Haß ist eine böse Blume, Rache macht keinen satt, Keine Rose ohne Dornen)
Giardino, Vittorio	1997-1998	Jonas Fink, 3 Bde. (Eine Jugend in Prag, Lehrjahre, Verdachtsmomente)
Gillon, Paul; Cothias, Patrick	1988	Der Schrei nach Leben, 2 Bde. (Die Ameisen, Das Ghetto)
Giroud, Frank; Dethorey, Jean-Paul	1989-1992	Louis Lerouge, 6 Bde.
Guibert, Emmanuel	1986	Braun
Henniger, Barbara	2002	Unsere Deutsche Demokratische Republik. Ein Bilderbuch aus dem Jenseits
Hergé	seit 1952	Tim und Struppi
Hermann	1996	Sarajevo Tango
Hesseldahl, Morten; Niels, Roland; Rehr, Henrik	1991-1994	Die Zeit der Abrechnung, 5 Bde.
Heuvel, Eric u.a.	2003	Die Entdeckung
Horus	2004	Wüstensöhne. Drei Erzählungen
Hulet, Daniel; Bucquoy, Jan	1988-1992	Der Weg zum Ruhm, 3 Bde.(Das Ende der Unschuld, Ein Mann mit Ambitionen, Unter Legionären)

Verlag	Inhalt	Schlagworte
Condor, Frankfurt/M.	Die eher unkritischen gehaltenen Farbbild-dokumentationen mit Comicelementen über den Zweiten Weltkrieg sind lediglich für historiografische Analysen geeignet.	Zweiter Weltkrieg, Militärgeschichte
Bastei, Bergisch Gladbach	Ein junger Mann gerät in den Teufelskreis von Terrorismus und Terrorbekämpfung im Irland der 80er Jahre.	Irland, Terrorismus
Carlsen, Hamburg	Jugendlicher erlebt den „Prager Frühling" als Sohn eines politischen Häftlings.	Diktatur u. Demo-kratie im Gegensatz
comicplus+, Hamburg	Comic basiert auf Erinnerungen von Martin Gray, der als 14-Jähriger den Einmarsch der Deutschen Armee in Warschau erlebte und von da an ums Überleben kämpfte.	Zweiter Weltkrieg, Nationalsozialis-mus, Holocaust
Ehapa/Delta, Stuttgart	Ein Anarchist, den es kreuz und quer durch das Europa der späten 20er Jahre treibt. Das Ende der Weimarer Republik und Hitlers Putsch in München werden hervorgehoben.	Europa, Weimarer Republik, Nationalsozialismus
Alpha Comic Verlag, Sonneberg	Deutschland 1933. Nina und Werner ver-suchen verzweifelt, gegen das drohende Un-heil des Nationalsozialismus anzukämpfen.	Aufstieg des Nationalsozialismus
Rowohlt, Berlin	Kleine, teilw. ironische Geschichten um All-tagsgeschichte der DDR, von Plattenbauten, 1.-Mai-Feiern, von Pionier- und Sportsgeist und Bespitzelung bis zur ersten Westreise.	Das geteilte Deutschland, Alltag
verschied. Verlage	Abenteuer des Reporters Tim und dessen Hund Struppi in verschiedenen Ländern. Der Comic eignet sich als Quellencomic.	
Carlsen, Hamburg	Hermann erzählt die Geschichte einer Menschenjagd vor dem Hintergrund des Krieges im ehemaligen Jugoslawien.	Krieg, Jugoslawien
Carlsen, Hamburg	Die Geschichte handelt von Kollaboration u. Widerstand während der deutschen Besat-zung in Dänemark und von später Rache an den Kollaborateuren.	Zweiter Weltkrieg, Nachkriegszeit, Dänemark
Anne-Frank Haus, NL-Amsterdam	Die Tagebücher der Großmutter eröffnen einem niederl. Jugendlichen die Geschichte seiner Familie während der deutschen Besat-zung im Zweiten Weltkrieg.	Zweiter Weltkrieg, Niederlande
Egmont Ehapa, Berlin	Horus zeigt in drei textorientierten Erzählun-gen die von faschistischen Strukturen ausge-hende kulturelle Zerstörung.	Nationalsozialis-mus, Faschismus, Deutschland
Carlsen, Hamburg	Raymond Lécluse kehrt aus dem Ersten Welt-krieg zurück und strebt in den 20er Jahren eine Karriere als Profiboxer an.	Frankreich, die Goldenen Zwanziger

Autor/Autorin	Jahr	Titel
Kircheis, Ivo; Sackmann, Eckart	2004	Die Tote von St. Michaelis (mit Anhang von historischen Fakten u. Fotos)
Kreitz, Isabel	1998	Waffenhändler
Kreitz, Isabel; Timm, Uwe	1996	Die Entdeckung der Currywurst
Krigstein, Bernhard	1955	Master-Race
Kubert, Joe	2003	Yossel April 19, 1943
Kubert, Joe	1997	Fax aus Sarajevo
Kühn, Thomas; Klein, Holger	1992	Kann den Liebe Sünde sein
Lutes, Jason	2003	Berlin, Steinerne Stadt
Mainka, Matz	2003	1928. Eine Hamburger Geschichte
Mainka, Matz	1991	Werwölfe
Manara, Milo; Eisner, Will u.a.	1991	Die Menschenrechte. Gegen Folter, Krieg und Unterdrückung
Marvano	1995	Die sieben Zwerge
o.a.	1997	1944- Operation Teddybär

Verlag	Inhalt	Schlagworte
comicplus+, Hamburg	1945, kurz vor einem schweren Bombenangriff der Alliierten auf Hildesheim tötet ein Hitlerjunge das Mädchen, das er liebt.	Zweiter Weltkrieg, NS, Ortsgeschichte Hildesheim
Carlsen, Hamburg	Zwei Kripo-Beamte versuchen illegalem Waffenhandel in den höchsten politischen Kreisen im Hamburg der späten 50er Jahre auf die Spur zu kommen.	Bundesrepublik, Außenpolitik
Carlsen, Hamburg	Eine starke Frau und ein Deserteur erleben die letzten Kriegstage im zerstörten Hamburg. Nach dem Roman von Uwe Timm.	Zweiter Weltkrieg, Nachkriegszeit, Hamburg
EC Comics	Krigstein wagt als einer der ersten Comiczeichner auf nur 8 Seiten eine Auseinandersetzung mit dem Holocaust. Teil der Aprilausgabe des Comicbooks „Impact" von 1955.	Holocaust, Nationalsozialismus
Egmont Ehapa, Berlin	Ein Junge kämpft im Warschau Getto ums Überleben und gegen die deutschen Besatzer. Eine was-wäre-wenn-Autobiografie von Kubert, der rechtzeitig emigrieren konnte.	Zweiter Weltkrieg, Nationalsozialismus, Holocaust, Polen
Carlsen, Hamburg	Basis für den Comic sind Faxe, die E. Rustemagic März 1992 aus dem vom Krieg gezeichneten Sarajewo an seine Freunde schickte.	Krieg, Europa, Jugoslawien
Carlsen, Hamburg	Ein sympathischer Cellist, dem nach dem Krieg wieder ein Engagement winkt, steht plötzlich seinen KZ-Musikerinnen gegenüber, denen er einst als Lagerführer der SS vorstand.	Nationalsozialismus, Holocaust, Nachkriegszeit
Carlsen, Hamburg	Eine junge Künstlerin und ein Journalist erleben in Berlin den Untergang der Weimarer Republik.	Weimarer Republik, Nationalsozialismus
Ponent Mon, SP-Rasquera	Drei Kameraden aus dem Ersten Weltkrieg treffen 1928 in Hamburg wieder aufeinander. Doch nun stehen sie auf unterschiedlichen Seiten, als sie in den Mord an einem Gewerkschafter verwickelt werden.	Weimarer Republik, Nationalsozialismus
Carlsen, Hamburg	Jugendliche kämpfen in den Ruinen Hamburgs um ihr Überleben und ihr (zerstörtes) Weltbild.	Zweiter Weltkrieg, Nachkriegszeit, Nationalismus
comicplus+, Hamburg	Mehrere Kurzgeschichten gegen Krieg, Folter und Unterdrückung, die die weltweite Verletzung der Menschenrechte thematisieren.	Welt im Spannungsfeld von Diktatur und Demokratie
Verlag Thomas Tilsner, München	Sieben Jugendliche beteiligen sich am Luftkrieg der Alliierten gegen Deutschland und werden dadurch für ihr Leben gezeichnet.	Zweiter Weltkrieg, Großbritannien, Deutschland
Systhema München	Interaktives CD-ROM-Comic um die Resistance in Frankreich 1944. Im Teddybär des 12-jährigen Paul sollen brisante Dokumente geschmuggelt werden. Mit Quellen-Material.	Zweiter Weltkrieg, Frankreich

Autor/Autorin	Jahr	Titel
Pratts, Hugo	seit 1981	Corto Maltese
Sacco, Joe	2004	Palästina
Sacco, Joe	2002	Safe Area Gorazde
Sacco, Joe	2003	The Fixer: a Story from Sarajevo
Spiegelmann, Art	1989, 1992	Maus. Die Geschichte eines Über-lebenden, 2 Bde. (Mein Vater kotzt Geschichte aus, Und hier begann mein Unglück)
Tardi, Jacques	2002	Grabenkrieg
Tardi, Jacques	1990	Die wahre Geschichte vom unbekannten Soldaten
Warnauts, Eric; Raives, Guy	1990	Congo 40
Warnauts, Eric; Raives, Guy	1992	Die zerbrochene Zeit

GESCHICHTE AUSSEREUROPÄISCHER KULTUREN		
Cothias, Patrick; Adamov, Philippe; Gioux, Thierry	seit 1987	Der Wind der Götter, bisher 15 Bde.
Cothias, Patrick; Griffo	seit 1997	Dschingis Khan, bisher 3 Bde.
Darnall, Steve; Ross, Alex	1998	U.S. Uncle Sam 1+2
Eisner, Will	1995	South Bronx, Dropsi Avenue

Verlag	Inhalt	Schlagworte
verschied. Verlage	Vom Ersten Weltkrieg bis in die Zwischen-kriegszeit trifft Abenteurer und Kapitän Corto Maltese auf berühmte Persönlichkei-ten. Schauplätze sind Asien, Afrika, die Süd-see und Irland, teilweise sind Karten, Foto-grafien und Dokumente beigefügt.	Kolonialismus, Imperialismus, Asien, Afrika, Irland, Zwischen-kriegszeit in Europa
Zweitausendeins, Frankfurt/M.	Comicjournalismus: Sacco zeichnet seine Untersuchungen in Israel und dokumentiert seine Perspektive des Lebens der Palästinenser und Israelis.	Naher Osten, Israel
Fantagraphics Books, US-Seattle	Comicjournalismus: Sacco schildert seine Erlebnisse als Journalist in Bosnien 1992-95 während des Krieges.	Krieg, Europa, Jugoslawien
Drawn & Quarterly, CDN-Montreal	Der „Fixer" ist ein Informant für internatio-nale Journalisten, der die Reporter durch das in Chaos und Gewalt versinkende Sarajewo des Jahres 1995 führt.	Krieg, Europa, Jugoslawien
Rowohlt, Reinbek	Geschichte der Familie Spiegelman. Vater Vladek überlebt den Holocaust in Auschwitz, sein Sohn Art zeichnet seine Geschichte in Comicform auf.	Nationalsozialis-mus, Holocaust, Autobiografie
Edition Moderne, CH-Zürich	Albtraumhafte Szenen aus den französischen Schützengräben des Ersten Weltkrieges.	Erster Weltkrieg, Frankreich
Boiselle und Lehmann, o.O.	Schrecken des Ersten Weltkrieges aus der Perspektive eines Soldaten.	Erster Weltkrieg, Frankreich
Carlsen, Hamburg	Verzweifelte Liebesgeschichte eines Belgiers im Kongo zu einer Einheimischen während des Bürgerkrieges.	Kolonialismus, Kongo, Belgien
Carlsen, Hamburg	Deutschland 1945. Nina wurde auf einer Ordensburg unterrichtet und schlägt sich nach dem Kriegsende als Übersetzerin für die US-Soldaten durch, gelangt nach Berlin und arbeitet auf dem Schwarzmarkt.	Zweiter Weltkrieg, Nachkriegszeit
Splitter-Verlag, München; Kult-EditionenHamburg	Kriege um die Vorherrschaft im asiatischen Raum zur Zeit Kublai-Chans.	Chinesisches Reich u.a.
Kult Editionen, Hamburg	Leben von und Legenden um Dschingis Khan.	Mongolisches Reich
Speed, Bad Tölz	Das zur Person gewordene Symbol des „Uncle Sam" muss sich den dunklen Kapiteln der US-amerikanischen Geschichte stellen.	USA, Neuzeit, Zeitgeschichte
Feest Comics (Ehapa), Stuttgart	Eisner beschreibt durch vielfältige Biografien eine Sozialgeschichte der Bronx über die letzten 120 Jahre.	USA, Sozialgeschichte

Autor/Autorin	Jahr	Titel
Eisner, Will	1992	Zum Herzen des Sturms, 2 Bde.
Giroud, Jean; Charlier, Jean-Michel	seit 1989	Lieutnant Blueberry
Inoue, Takehiko	seit 2002	Vagabond, bisher 18 Bde.
Kahn Jenette (Hrsg.)	2002	9-11. Volume 2: September 11th 2001
Kawaguchi, Kaiji	2002-2005	Eagle, 11 Bde.
Konbu, Prin; Konbu, Umi	seit 2004	Tomoe, bisher 3 Bde.
Kubert, Joe	1994-1995	Abraham Stone, 3 Bde. (Country Mouse-City Rat, Der Hauch des Bösen, Die bitteren Früchte der Revolution)
Mason, Jeff (Hrsg.)	2002	9-11: emergency relief
Nakazawa, Keiji	2004	Barfuss durch Hiroshima, 4 Bde. (Kinder des Krieges, Der Tag danach, Kampf ums Überleben, Hoffnung)
Powell, Eric u.a.	2002	9-11. Volume 1: Artists Respond
Rall, Ted	2002	To Afghanistan and back: A Graphic Travelogue
Sakaguchi, Hisashi	1992-1996	Akkanbe Ikkyu, 4 Bde.
Satrapi, Marjane	2004	Persepolis, 2 Bde. (Eine Kindheit im Iran, Jugendjahre)
Schleiter, Klaus D. (Hrsg.)	2000-2002	Mosaik: Heft 300-322 Thema USA

Verlag	Inhalt	Schlagworte
Feest Comics, Stuttgart	Autobiografisch angereicherte Geschichten um jüdische Familien in der Bronx während der 30er und 40er Jahre	USA, Sozialgeschichte, Antisemitismus
Delta/Ehapa Stuttgart	Westernserie mit Kultstatus gibt Aufschluss über europäische Vorstellungen vom Wilden Westen.	USA, Western
Egmont Manga & Anime, Köln	Biografie mit fiktionalen Elementen über den Schwertkämpfer Miyamoto Musashi (1584–1645), nach der Novelle „Musashi" von Eiji Yoshikawa.	Japan, Biografie
DC Comics, US- NewYork	Comic-Künstler zeichnen über den 11. September 2001.	USA, Terrorismus
Egmont vgs, Köln	Ein Japaner will mit allen Mitteln Präsident der USA werden. Gut recherchierte und authentische Darstellung des US-amerikanischen Wahlkampfes.	USA, Demokratie
eidalon, Brandenburg	Ein Mädchen im Japan des 13. Jh. möchte Samurai werden. Viele Informationen über die Geschichte und Kultur Japans.	Japan, Mittelalter
Carlsen, Hamburg	Die Abenteuer des heimatlosen Farmerssohns Abraham Stone, der im Amerika vor der Großen Depression sein Glück sucht.	USA, Alltagsgeschichte
Alternative Comics, Gainesville	Comic-Künstler zeichnen über den 11. September 2001. Hier vermehrt Künstler aus dem Underground.	USA, Terrorismus
Carlsen, Hamburg	Nakazawa zeichnet seine Autobiografie, durchsetzt mit fiktiven Momenten vor und nach dem Abwurf der Atombombe über Hiroshima und den Umgang der japanischen Bevölkerung mit diesem Ereignis.	Japan, Zweiter Weltkrieg, Nachkriegszeit
DC Comics, US-Milwaukee	Comic-Künstler zeichnen über den 11. September 2001.	USA, Terrorismus
NBM, US-New York	Comicjournalismus: Der Einfall der amerik. Truppen in Afghanistan.	Krieg, Afghanistan, USA
verschied. Verlage	Biografie des illegitimen Sohns von Kaiser Gkomatsu, der von 1394 bis 1481 als buddhistischer Mönch lebte	Japan, Mittelalter
Edition Moderne, CH-Zürich	Die Iranerin zeichnet autobiografisch ihre Kindheit im Iran und in Österreich. Sie wandert schließlich nach Frankreich aus.	Iran, Alltag, Autobiografie
Mosaik Steinchen für Steinchen Verlag	Die Abrafaxe suchen in den USA des Jahres 1929 ihr Glück als „amerikanischen Traum" und ein geheimnisvolles Artefakt (mehrere Seiten ges. Informationen).	USA, Prohibition, Wilder Westen, Eisenbahn, Einwanderung, Goldrausch

Autor/Autorin	Jahr	Titel
Schleiter, Klaus D. (Hrsg.)	2002-2004	Mosaik: Heft 323-343 Thema Japan
Shirato, Sanpei	1995	Kamui, 2 Bde. (Zufall oder Schicksal, Versagen heisst sterben)
Spiegelmann, Art	2004	In the shadow of no towers
Tatsumi, Yoshihiro	1987	Good Bye and other stories
Tezuka, Osamu	1995-1997	Adolf, 5 Bde.

Verlag	Inhalt	Schlagworte
Mosaik Steinchen für Steinchen Verlag	Die Abrafaxe gelangen ins Japan des Jahres 1872. Dort reisen sie mit einem Samurai und dessen Tochter quer durch Hokkaido und wollen das Geheimnis einer bronzenen Schatulle lösen (mehrere Seiten ges. Informationen).	Japan, Edo-Periode, Meiji-Periode, Kaisertum, Ainu, Samurai, Tokyo, Schulsystem, Kultur
Carlsen, Hamburg	Ein junger Ninja erlebt in der Edo-Periode gefährliche Abenteuer. Mit detaillierten Darstellungen vom Leben der Bauern, Jäger und Fischer.	Japan, Sozial- und Alltagsgeschichte
Pantheon Books, US-New York	Collagen zu den Terroranschlägen vom 11.9. und der Zeit danach	USA, Terrorismus
Catalan Communications, US-New York	Szenen aus dem von US-Soldaten okkupierten Japan nach 1945.	Japan, Nachkriegsgeschichte
Cedence Books, USA-San Francisco	Altmeister Tezuka zeichnet eine fiktive Geschichte um drei Personen mit dem Namen Adolf. Er thematisiert den japanischen Nationalismus in den 40er Jahren. Teilweise mit Zeitleiste.	Japan, Zweiter Weltkrieg, Nationalismus, Nationalsozialismus

Auszug aus dem US-amerikanischen Comic-Code von 1954

1. Verbrechen dürfen niemals in einer Art und Weise dargestellt werden, die Sympathie für den Verbrecher wecken, Misstrauen gegenüber den Vollzugsorganen von Gesetz und Justiz erregen oder andere dazu anstiften könnte, Kriminelle nachzuahmen.

2. In Comics dürfen die speziellen Details und Methoden eines Verbrechens nicht in ihren Einzelheiten dargestellt werden.

3. Polizisten, Richter, Regierungsbeamte und ehrbare Institutionen dürfen nie in einer Art und Weise dargestellt werden, die Respektlosigkeit gegenüber der etablierten Autorität erwecken könnte.

4. Wenn ein Verbrechen abgebildet wird, dann als scheußliche und widerliche Tätigkeit.

5. Kriminelle sollen nie so dargestellt werden, dass sie heldenhaft erscheinen oder eine Position innehaben, die Anlass geben könnte, ihnen nachzueifern.

6. Stets soll das Gute über das Böse triumphieren und der Verbrecher für seine Untaten bestraft werden.

7. Szenen mit übertriebener Gewalttätigkeit sind verboten. Szenen mit brutaler Folterung, übertriebener und unnötiger Handhabung von Messern und Schusswaffen, körperlichem Schmerz, blutigen und grausigen Verbrechen sind zu eliminieren.

8. Es dürfen keine besonderen oder ungewöhnlichen Methoden des Versteckens von Waffen gezeigt werden.

9. Episoden, in denen Gesetzeshüter infolge der Handlung eines Verbrechers sterben, sollten möglichst unterbleiben.

10. Das Verbrechen des Kidnapping darf nie in irgendeinem Detail dargestellt werden, noch soll dem Entführer oder Kidnapper aus seinem Tun irgendein Vorteil erwachsen. Der Verbrecher oder der Kidnapper muss auf jeden Fall bestraft werden.

11. Die Buchstaben des Wortes „crime" auf dem Titelblatt einer Comiczeitschrift dürfen im Format nie merklich größer als die anderen Worte im Titel sein. Das Wort „crime" soll nie allein auf einem Titel erscheinen.

12. Im Gebrauch des Wortes „crime" in Titeln oder Untertiteln ist Zurückhaltung zu üben. (...)

Dialog
1. Flüche, Obszönitäten, Zoten, Vulgarismen oder Worte oder Symbole, die eine unerwünschte Bedeutung angenommen haben, sind verboten.

2. Es sind besondere Vorkehrungen zu treffen, um Bezüge auf körperliche Gebrechen oder Missbildungen zu vermeiden.

3. Obgleich Slang und Umgangssprache akzeptabel sind, soll von ihrem übertriebenen Gebrauch abgeraten werden. Wo immer möglich, sollte grammatikalisch richtiger Text verwendet werden.

Religion

1. Verhöhnung oder Angriff auf eine religiöse oder ethnisch-rassische Gruppe ist niemals statthaft.

Kleidung

1. Nacktheit in jeder Form ist verboten, ebenso anstößige oder unschickliche Entblößung.

2. Suggestive oder wollüstige Illustrationen oder suggestive Körperstellungen sind unannehmbar.

3. Alle Personen müssen in einer der Gesellschaft annehmbar erscheinenden Gewandung dargestellt werden. Anmerkung: Es ist zu beachten, dass alle Verbote in punkto Kleidung, Dialog oder Zeichnung sowohl speziell auf den Umschlag einer Comiczeitschrift als auch auf den Inhalt zu beziehen sind.

4. Weibliche Figuren müssen realistisch, ohne Übertreibung irgendwelcher körperlichen Qualitäten dargestellt werden.

Ehe und Beziehung der Geschlechter

1. Scheidung darf nie humoristisch abgehandelt oder als wünschenswert dargestellt werden.

2. Verbotene sexuelle Beziehungen dürfen weder angedeutet noch dargestellt werden. Wilde Liebesszenen ebenso wie sexuelle Abnormitäten sind unannehmbar.

3. Es soll Respekt vor den Eltern, den Moralvorstellungen und ehrenwertem Benehmen gefördert werden. Mitfühlendes Verständnis für die Probleme der Liebe ist kein Freibrief für morbide Verzerrungen.

4. In der Behandlung von Geschichten mit Liebes-Romanzen sollen die Werte des Heimes und die Unverletzlichkeit der Ehe betont werden.

5. Leidenschaft oder romantisches Interesse darf nie in einer Weise behandelt werden, die die niederen und gemeinen Emotionen stimulieren könnte.

6. Verführung und Vergewaltigung dürfen nie und nimmer gezeigt oder angedeutet werden.

7. Sexuelle Perversionen oder irgendeine Anspielung auf diese sind strikt verboten.

Marcel, René, Comics auf der Anklagebank. Fördert das Massenmedium Comics aggressives Verhalten? In: Bundeszentrale für politische Bildung (Hrsg.), Massenmedium Comics, Bonn 1976, S. 29

Literaturverzeichnis

COMICS

Bedürftig, Friedemann; Kalenbach, Dieter, Hitler, Band 1: Die Machtergreifung, Band 2: Der Völkermörder, jew. Hamburg 1989

Bedürftig, Friedemann; Kalenbach, Dieter, Hitler, Hamburg 1989

Biagi, Enzo; Manara, Milo; Gaudenzi, Giacinto, Kolumbus, Hamburg 1992

Bourgeon, François, Reisende im Wind, 5 Bände, Hamburg 1995

Browne, Dik, Hägars schrecklichste Taten, München 1992 (3. Aufl.)

Bünzli, Frida; Illi, Martin, Hirsebarden und Heldenbrei, Bern 1995

Casamassima, Domenico; Fiorentini, Eugenio, Geschichte der Philosophie in Comics. Das griechische Denken, Stuttgart 1998 (5. Aufl.)

Croci, Pascal, Auschwitz, Berlin 2005

Daeninckx, Didier; Tardi, Jacques, Soldat Varlot, Zürich 2001

Doucet, Julie, Wahre Haushaltscomics, Berlin 1995

E.O.Plauen, Vater und Sohn. Band 3: Die letzten 50 Streiche und Abenteuer, Konstanz 1993

Eisner, Will, To the Heart of the Storm, Princeton 1991

Ferrandez, Jaques, Algerisches Tagebuch, Hamburg 1988

Ferrandez, Jaques, Die Söhne des Südens, Hamburg 1994

Flix, Held, Hamburg, 2003

Flöer, Claudia u.a., Lern Comic Geschichte. Band 1: Abenteuer, Burgen und Turniere, Hannover 1996

Foster, Harold, Prinz Eisenherz. Band 8: Kampf um Thule, Hamburg 1990 (2. Aufl.)

Gillon, Paul; Cothias, Patrick, Schrei nach Leben, Band 1: Die Ameisen, Band 2: Das Ghetto, jew. Hamburg 1988

Gloar, Reto; Katharina v. Dornach. Ein Comic 500 Jahre danach, Solothurn 1999

Goscinny, Rene; Uderzo, Albert, Asterix. Der Kampf der Häuptlinge, 4. Band der Asterix-Werkedition, Stuttgart 1991

Guibert, Emmanuel, Braun, Sonneberg 1995

Hergé, Tim und Struppi. Der brave Herr Mops, Tim im Kongo, Tim in Amerika, 2. Band der Werkausgabe, Hamburg 1999

Hermann, Die Türme von Bos-Maury. Band 7: Williams Irrweg, Hamburg 1991

Hermann, Sarajevo Tango, Hamburg 1996

Higuri, You, Ludwig II, Band 1: Der Mondkönig, Stuttgart 2005

Ikeda, Riyoko, Die Abenteuer der Lady Oskar. Die Rosen von Versailles, Band 1, Hamburg 2003

Kahn, Jenette (Hrsg.), 9-11. Volume 2: September 11th 2001, New York 2002

Kreitz, Isabel, Waffenhändler, Hamburg 1998

Kubert, Joe, Fax aus Sarajevo, Hamburg 1997

Kubert, Joe, Yossel. April 19, 1943, New York 2003

Liefeld, Rob u.a., Captain America. Die Wiedergeburt der Helden, 13 Hefte, Rastatt 1996-1997

Loup, Hut ab. Carnet de Croquis, Grenoble 1989

Lutes, Jason, Berlin. Steinerne Stadt, Hamburg 2003

Mairowitz, David Zane; Crumb, Robert, Kafka kurz und knapp, Frankfurt/M., 1999 (5. Aufl.)

Mallo, Daniel (Hrsg.), Das große Abenteuer der Menschheit. Eine Geschichte in Bildern, Vorderasien I, Genf 1983

Mason, Jeff (Hrsg.), 9-11. Emergency Relief, Gainesville 2002

Mercader, José, Columbus und die Folgen, Dietzenbach 1991

Mitton, Jean-Yves; Cheret, Chantal, Chronik der Barbaren, 3 Bände, München 1997

Nakazawa, Keiji, Barfuß durch Hiroshima. 4 Bände, Hamburg 2004 f.

Nußbaumer, Erich L.; Putzker, Ronald, Einsam stirbt Kolumbus, Hamburg 1992

Powell, Eric u.a., 9-11. Vol. 1: Artists Respond, Milwaukee 2002

Rall, Ted, To Afghanistan and back, New York 2002

Raúl; Cava, Felipe, Berlin 1931, Berlin 2001

Sacco, Joe, Palästina, Frankfurt/M. 2004

Sacco, Joe, Safe Area Gorazde. The war in Eastern Bosnia 1992-95, Seattle 2003 (2. Aufl.)

Satrapi, Marjane, Persepolis. 2 Bände, Zürich 2004 f.

Shirato, Sanpei, Kamui, 2 Bände, jew. Hamburg 1995

Simko, Dorothée; Meier, Rolf, Prisca et Silvanus, 2 Bände, jew. Augst 1996

Spiegelman, Art, Küsse aus New York, Frankfurt/M. 2003

Spiegelman, Art, Maus, 2 Bände, jew. Reinbek 1989

Steiner, Elke, Rendsburg Prinzessinstrasse. Die Geschichte einer jüdischen Kleinstadtgemeinde, Bremen 2001

Tardi, Jacques, Die wahre Geschichte des unbekannten Soldaten, Ludwigshafen 1990

Tardi, Jacques, Grabenkrieg, Zürich 2002

Thompson, Craig, Blankets: ein illustrierter Roman, Bad Tölz 2004

Wäscher, Hansrudi, Sigurd, Sammlerausgabe, Schönau 1982

QUELLEN

Baumgärtner, Alfred C., Die Welt der Abenteuer-Comics und andere Beiträge zum Massenmedium, Bochum 1979

Drechsel, Wiltrud U.; Funhoff, Jörg; Hoffmann, Michael, Massenzeichenware. Die gesellschaftliche und ideologische Funktion der Comics, Frankfurt/M. 1975

Eco, Umberto, Apokalyptiker und Integrierte. Zur kritischen Kritik der Massenkultur, Frankfurt/M. 1984

Eig. Ber. (sic!), Comics – Rezepte für NATO-Söldner, in: Neues Deutschland vom 21.5.1954, S. 4

Hauser, Harald, Amerikanische Verbrechen gegen Deutschlands Kinder, in: Neues Deutschland vom 22.10.1954, S. 4

Hesse-Quack, Otto, Die soziale und soziologische Bedeutsamkeit der Comic Strips, in: Colloqium zur Theorie der Bildergeschichte in der Akademie der Künste Berlin. Vom Geist der Superhelden. Comic Strips, Berlin 1970, S. 62-71

Hofmann, Werner, Zu kunsthistorischen Problemen der Comic Strips, in: Zimmermann, Hans Dieter (Hrsg.), Vom Geist der Superhelden. Comic Strips. Zur Theorie der Bildergeschichte, München 1975 (2. Aufl.), S. 64-81

Hoppe, Wilhelm, Der „Bild-Idiotismus" triumphiert. Ergebnisse einer Schmökergrab-Aktion der Stadtbücherei Hagen, in, Bücherei und Bildung, Nr. 2/3 (1955), S. 381-386

Hoppe, Wilhelm, Schluß mit den Comics! Gegen die geistige und seelische Bedrohung der Jugend müssen entscheidende Maßnahmen ergriffen werden, in: Kulturarbeit: Monatsschrift für Kultur- und Heimatpflege, Heft 5 (1956), S. 96-100

Horn, Maurice, Women in the Comics, New York, London 1977

Johnson, Nicholas, What do Children learn from War Comics?, in: New Society vom 7.7.1966, S. 27-33

Kempkes, Wolfgang, Kann man mit Comics aufklären? Oder Batman in der Sprechblase von Mickymaus, in: Bundeszentrale für politische Bildung (Hrsg.), Massenmedium Comics, Bonn 1976, S. 38-45

Lee, Stan, The Superhero Women, New York 1977

Lehmann, Reinhold, Eine Welt mit festen Spielregeln und Gags, in: Kempkes, Wolfgang, Kann man mit Comics aufklären? Oder Batman in der Sprech-blase von Mickymaus, in: Bundeszentrale für politische Bildung (Hrsg.), Massenmedium Comics, Bonn 1976, S. 3-8

Marcel, René, Comics auf der Anklagebank. Fördert das Massenmedium Comics aggressives Verhalten?, in: Bundeszentrale für politische Bildung (Hrsg.), Massenmedium Comics, Bonn 1976, S. 24-29

Metken, Günter, Comics, Frankfurt/M. Hamburg 1970

Reitberger, Reinhold C.; Fuchs, Wolfgang J. Comics. Anatomie eines Massen-mediums, München 1971

Riesenberger, Dieter, Geschichte in Comics, in: GWU 25, (1974) S. 162-173

Schilling, Robert, Das Gesetz über die Verbreitung jugendgefährdender Schriften in der Praxis, o.O. 1954

Schneider, Hagen, Comics und „Epochensensibilität". Über den Einsatz der Serie „Asterix" im Geschichtsunterricht, in: Neue Unterrichtspraxis. Zeitschrift für die Sekundarstufe I und II mit besonderer Berücksichtigung der Mediendidaktik, Heft 4 vom 1.6.1976, S. 210-213

Schultze, Ernst, Die Schundliteratur: ihr Wesen, ihre Folgen, ihre Bekämpfung, Halle/Saale 1911 (2. Aufl.)

Stoll, André, Asterix und seinesgleichen. Geschichte als Comic-Serie, in: Hessische Blätter für Volkskunde, Heft 1 (1983), S. 50-59

Thürmer, Wilfried, Comicforschung und Didaktik des Comics. Thesen zur mediensoziologischen Analyse der Formalstruktur eines „Asterix"-Heftes, in: Diskussion Deutsch: Zeitschrift für Deutschlehrer aller Schulformen in Ausbildung und Praxis, Heft 8 (1977), S. 626-643

Th.W. (sic), Lehrer Göldner könnte noch leben, in: Neues Deutschland vom 18.5.1955, S. 4

Toll, Hans J.; Wagner, Klaus, Comic-Books. Opium der Kinderstube, in: Der Spiegel, Jahrgang 5, Nr. 12, vom 21.3.1951

Wermke, Jutta, Wozu COMICs gut sind?! Unterschiedliche Meinungen zur Beurteilung des Mediums und seiner Verwendung im Deutschunterricht, Kronberg Taunus 1973

Wertham, Frederic, Seduction of the Innocent, New York 1954

Zimmermann, Hans Dieter, Vom Geist der Superhelden. Comic Strips – Colloqium zur Theorie der Bildergeschichte in der Akademie der Künste, o.O. 1970

SEKUNDÄRLITERATUR

Affolter, Cuno, Eine Auseinandersetzung ist unausweichlich geworden. Ein Gespräch mit Art Spiegelman, in: Comic Art 3, Heft 6 (1982/83), S. 6-16

Barker, Martin, Comics. Ideology, Power & the Critics, Manchester 1989

Baumann, Gipsy; Baumann, Franz, Mit Mammut nach Neandertal. Kinder spielen Steinzeit, Münster 1995

Bergmann, Klaus, Hitler im Comic – Bedenken und ein Ratschlag, in: Geschichte Lernen, Heft 37 (1994), S. 8-9

Bergmann, Klaus, Geschichtsdidaktik. Beiträge zu einer Theorie historischen Lernens, Schwalbach/Ts. 2000 (2. Aufl.)

Birjukowa, Nina; Forman, Werner, Bildteppiche in der Eremitage. Prachtstücke des 15. und 16. Jahrhunderts, Prag 1965

Bittel, Karl-Heinz, Geschichte eines Überlebenden, in: Süddeutsche Zeitung, Nr. 211 vom 12. und 13.9.1992, S. 11

Blackbeard, Bill, 100 Jahre Comicstrips, 2 Bände, Hamburg 1995

Bongco, Mila, Reading Comics. Language, Culture, and the Concept of the Superhero in Comic Books, New York, London 2000

Borchert, Karlheinz, Im Schlupfwinkel des Vertrauten. Hansrudi Wäscher und das Golden Age deutscher Comics, in: Kaps, Joachim (Hrsg), Comic Almanach 1993, Wimmelbach 1993, S. 20-29

Borries, Bodo von, Von gesinnungsbildenden Erlebnissen zur Kultivierung der Affekte? Über Ziele und Wirkungen von Geschichtslernen in Deutschland, in: Mütter, Bernd; Uffelmann, Uwe (Hrsg.), Emotionen und historisches Lernen. Forschung – Vermittlung – Rezeption, Frankfurt/M. 1994 (2. Aufl.), S. 67-92

Borries, Bodo von, Imaginierte Geschichte. Die biographische Bedeutung historischer Fiktionen und Phantasien, Köln 1996

Breithaupt, Fritz, Das Indiz: Lessings und Goethes Laokoon-Texte und die Narrativität der Bilder, in: Hein, Michael; Hüners, Michael; Michaelsen, Torsten (Hrsg.), Ästhetik des Comic, Berlin 2002, S. 37-50

Brinkmann, Frank Thomas, Comics und Religion. Das Medium der „Neunten Kunst" in der gegenwärtigen Deutungskultur, Hamburg 1999

Broder, Henryk M., Mauschwitz, in: Die Zeit, Nr. 28 vom 7.7.1989, S. 47

Brown, Jeffrey A., Comic Book Fandom and Cultural Capital, in: JPC, Vol. 30.4.: Comparative studies in the world's civilizations, Spring 1997, S. 13-29

✗ Bütow, Antje, Kunst-Zitate = Comic-Kunst, in: Geschichte Lernen, Heft 37 (1994), S. 16

Christoph Columbus, Schiffstagebuch, übers. v. Roland Erb, Leipzig 1992 (6. Aufl.)

Clausberg, Karl, Metamorphosen am laufenden Band: ein kurzgefaßter Problemaufriß der Sprechblasenentwicklung, in: Hein, Michael; Hüners, Michael; Michaelsen, Torsten (Hrsg.), Ästhetik des Comic, Berlin 2002, S. 17-37

Cuccolini, Giulio C., Ein Bastard auf Papier, in: Hein, Michael; Hüners, Michael; Michaelsen, Torsten (Hrsg.), Ästhetik des Comic, Berlin 2002, S. 59-69

Czerwanski, Annette; Solzbacher, Claudia; Vollstädt, Witlof (Hrsg.), Förderung von Lernkompetenz in der Schule. Band 1: Recherche und Empfehlungen, Gütersloh 2002

Daniels, Les, DC Comics. Sixty Years of the World's favorite Comic Book Heroes, Bosten 1995

Daucher, Hans, Die große Zeichenschule, Wien 2002

Degens, Marc, Wie amerikanische Comic Books die Welt verändert haben, in: Merkur. Deutsche Zeitschrift für europäisches Denken, Stuttgart, j. 56, n. 9-10 (2002), S. 833-839

Dehne, Brigitte; Schulz-Hageleit, Peter, Der Nationalsozialismus im Schulunterricht, in: Mütter, Bernd; Uffelmann, Uwe (Hrsg.), Emotionen und historisches Lernen, Frankfurt/M. 1994 (2. Aufl.), S. 337-351

Demantowsky, Marko; Schönemann, Bernd, Neue Geschichtsdidaktische Positionen, Bochum 2002

Deutsches Jugendinstitut (Hrsg.), Handbuch Medienerziehung im Kindergarten, Teil 1: Pädagogische Grundlagen, Opladen 1994

Dirks, Andreas, Comics wie Sand am Meer, in: Comics & mehr, Frühjahr 2005, S. 12

Dohm, Annekatrin, Historisches Lernen an Comics – untersucht an Art Spiegelmanns Maus, Oldenburg 1999

Dolle-Weinkauff, Bernd, Comics. Geschichte einer populären Literaturform in Deutschland seit 1945, Weinheim 1990

Eisner, Will, Mit Bildern erzählen. Comics & Sequential Art, Wimmelbach 1995

Eisner, Will, Grafisches Erzählen. graphic storytelling, Wimmelbach 1998

Elstner, Robert, Grottentoter Zahlenbringer? Comics in Öffentlichen Bibliotheken: Ergebnisse einer Erhebung zu Beständen für Jugendliche und Erwachsene, in: BuB. Forum für Bibliothek und Information, Bad Honnef, Jg. 50, Nr. 12 (1998), S. 740-744

Feuchtwanger, Lion, Goya, Frankfurt/M. 1977

Fischer, Alfred M. (Hrsg.), Yeah, but is it art? R. Crumbs drawings and comics, Köln 2004

Förster, Gerhard, Zen und die Kunst des Fließbandzeichnens, in: Comixene, März 2004, Nr. 71, S. 50-51

Fossati, Franco, Das Kind als Leser von Comics, eine Spezies im Aussterben? In:

Kagelmann, Hans-Jürgen u.a. (Hrsg.), Comics Anno 2. Comics zwischen Lese- und Bildkultur, München 1991, S. 79-84

Fossati, Franco, Das grosse illustrierte Ehapa Comic Lexikon, Stuttgart 1993

Frahm, Ole, Genealogie des Holocaust. Art Spiegelmans MAUS – A Survivor's Tale, München 2006, S. 38 ff.

Frahm, Ole, Hein, Michael, Art Spiegelman, in: Reddition. Zeitschrift für grafische Literatur, Nr. 21 (1991), S. 4-13

Frahm, Ole; Hein, Michael, Hilflose Täter. Was Auschwitz in einigen Comic-Geschichten verloren hat, in: Kaps, Joachim (Hrsg), Comic Almanach 1993, Wimmelbach 1993, S. 90-105

Franzmann, Bodo, Stiefkind Comics. Über die Vernachlässigung der Comics in der Leseforschung und einige Ergebnisse zur Comic-Lektüre von Jugendlichen, in: Kagelmann, Hans-Jürgen u.a. (Hrsg.), Comics Anno 2. Comics zwischen Lese- und Bildkultur, München 1991, S. 13-30

Frenzel, Martin, Holocaust und NS-Verbrechen im Comic. Von Krigsteins „Master Race" bis Crocis „Auschwitz", in: Ihme, Burkhard (Hrsg.), Comic! Jahrbuch 2004, Stuttgart 2003, S. 28-37

Gasser, Christian, Prädikat: Wertvoll. Kleine Apologie eines unterschätzten Genres, in: DU. Die Zeitschrift der Kultur, Zürich, Heft 4 (1997), S. 20-22

Gergen, Kenneth J., Erzählung, moralische Identität und historisches Bewusstsein. Eine soziokonstruktionistische Darstellung, in: Straub, Jürgen (Hrsg.), Erzählung, Identität und historisches Bewusstsein. Die psychologische Konstruktion von Zeit und Geschichte, Frankfurt/M. 1998, S. 170-202

Gies, Horst, Emotionalität versus Rationalität? in: Mütter, Bernd; Uffelmann, Uwe (Hrsg.), Emotionen und historisches Lernen. Forschung – Vermittlung – Rezeption, Frankfurt/M. 1994 (2. Aufl.), S. 27-40

Göllner, Lutz, Von den Problemen mit der eigenen Welt – Sachcomics, in: Comixene, Oktober 2004, Nr. 78, S. 19-21

Goulart, Ron, Ron Goulart's great history of comic books, Chicago 1986

Grape, Wolfgang, Der Teppich von Bayeux. Triumphdenkmal der Normannen, München 1994

Gravett, Paul, Manga. Sixty Years of Japanese Comics, London 2004

Grünewald, Dietrich, Vom Umgang mit Comics, Berlin 1991

Grünewald, Dietrich, Comics, Tübingen 2000

Habarta, Gerhard; Havas, Harald (Hrsg.), Comic Welten – Das Album, Wien 1992

Handloik, Volker, Krieg der Bilder II: Der Comic schlägt zurück, in: ders. (Hrsg.), Leichtmetall. Comics in der DDR, Berlin 1990, S. 6-7

Hart, Christopher, Mangazeichnen leicht gemacht, Köln 2001

Hausmanninger, Thomas, Der Superheld als Mythos? Aufräumarbeiten mit einer These, in: Kagelmann, Hans-Jürgen (Hrsg.), Comics Anno. Jahrbuch der Forschung zu populär-visuellen Medien Vol. 1/ 1991, München 1991, S. 42-84

Hausmanninger, Thomas; Kagelmann, Hans-Jürgen (Hrsg.), Comics zwischen Zeitgeschehen und Politik, München 1994

Hein, Michael, Zwischen Panel und Strip – auf der Suche nach der ausgelassenen Zeit, in: ders.; Hüners, Michael; Michaelsen, Torsten (Hrsg.), Ästhetik des Comic, Berlin 2002, S. 51-58

Hengst, Heinz, Kinderkultur als Konsumkultur, in: Deutsches Jugendinstitut (Hrsg.), Handbuch Medienerziehung im Kindergarten, Teil 1: Pädagogische Grundlagen, Opladen 1994, S. 134-153

Henke-Bockschatz, Gerhard, Überlegungen zur Rolle der Imagination im Prozess des historischen Lernens, in: GWU, Nr. 7-8 (2000), S. 418-430

Hoffmann, Ginette; Lebrun, Françoise, Zur Zeit der Höhlenmenschen, Fellbach 1993

Holzer, Steffi; Jurgeit, Martin; Krämer, Sascha, Es muss nicht immer Japan sein. Mangas aus deutschen Landen, in: Comixene, August 2004, Nr. 76, S. 6-14

Holzner, Johann; Wiesmüller, Wolfgang (Hrsg.), Ästhethik der Geschichte, Innsbruck 1995

Howald, Stefan, Fröschin oder Mäusin? Art Spiegelman und seine Comics gegen den Rassismus, in: Die Zeit, Nr. 17 vom 17.4.1989, S. 90

Ihme, Burkhard (Hrsg.), Comic! Jahrbuch 2004, Stuttgart 2003

Inge, Thomas M., Comics as Culture, Jackson Ms. 1990

Jeismann, Karl-Ernst, Geschichtsbewusstsein als zentrale Kategorie der Geschichtsdidaktik, in: Schneider, Gerhard (Hrsg.), Geschichtsbewußtsein und historisch-politisches Lernen. Jahrbuch für Geschichtsdidaktik 1988, Pfaffenweiler 1988, S. 1-24

Kagelmann, Hans-Jürgen, Einige Bemerkungen zum Stand der Comic-Forschung im deutschsprachigen Raum, in: ders.; u.a. (Hrsg.), Comics Anno 2. Comics zwischen Lese- und Bildkultur, München 1991, S. 47-59

Kagelmann, Hans-Jürgen, Who's who im Comic, München 1997

Kagelmann, Hans-Jürgen; Kriz, Gila, Kindercomics in Deutschland, in: ders. u.a. (Hrsg.), Comics Anno 2. Comics zwischen Lese- und Bildkultur, München 1991, S. 91-104

Kaps, Joachim, Das Spiel mit der Realität. Erwachsenen-Comics in der Bundesrepublik Deutschland, Wiesbaden 1990

Kaps, Joachim (Hrsg.), Comic Almanach 1993, Wimmelbach 1993

Kimmel, Reinhold, KZ im Comic. In: Die Zeit, Nr. 16 vom 10.4.1981, S. 49

Kinsella, Sharon, Adult Manga. Culture & Power in contempory japanese Society, Richmond 2000

Knigge, Andreas C., Comics. Vom Massenblatt ins multimediale Abenteuer, Reinbek bei Hamburg 1996

Knigge, Andreas C., 50 Klassiker Comics. Von Lyonel Feininger bis Art Spiegelman, Hildesheim 2004a

Knigge, Andreas C., Mosaik des Zorns – „Palästina" von Joe Sacco, in: Comixene Oktober 2004, Nr. 78 (2004b), S. 70-73

Kock, Petra, Das Mosaik von Hannes Hegen. Entstehung und Charakteristika einer ostdeutschen Bildgeschichte, Berlin 1999

Köhler, Hans-Joachim (Hrsg.), Flugschriften als Massenmedium der Reformationszeit, Stuttgart 1981

Koerber, Rolf, Wie man Zeitzeugen auswählt und mit ihnen umgeht, in: Geschichte Lernen, Heft 76 (2000), S. 25-28

Kosche, Günter, MOSAIK – eine Comic-Serie aus der DDR, in: Geschichte Lernen, Heft 37 (1994), S. 11-14

Krämer, Sascha, Alpenmädchen, Weltraumburschen, Riesenroboter – Die Welt der Animes, in: Comixene, September 2003, Nr. 65, S. 6-12

Kramer, Thomas, Micky, Marx und Manitu. Zeit- und Kulturgeschichte im Spiegel eines DDR-Comics 1955-1990. „Mosaik" als Fokus von Medienerlebnissen im NS und in der DDR, Berlin 2002

Kuhn, Annette: Schülerinteresse, in: Bergmann, Klaus u.a. (Hrsg.), Handbuch der Geschichtsdidaktik, Seelze 1994 (4. Aufl.)

Kuhn, Helmut, Der große Katzenjammer, in: Die Zeit, Nr. 51 vom 11.12. 1992, S. 96

Kultusministerium des Landes Sachsen-Anhalt (Hrsg.), Rahmenrichtlinien Gymnasium (angepasste Fassung gemäß Achtem Gesetz Veränderung des Schulgesetzes des Landes Sachsen-Anhalt vom 27.2.2003) Geschichte. Schuljahrgänge 5-12, Magdeburg 2003

Kunzle, David, History of the comic strip Volume 1: The early comic strip. Narrative strips and picture stories in the European broadsheet from c. 1450 to 1825, Berkeley, Los Angeles, London 1973

Kunzle, David, The History of the comic strip. The nineteenth Century, Berkeley, Los Angeles, Oxford 1990

Lefévre, Pascal, Die Wiederentdeckung der Sinnlichkeit in der Comictheorie, in: Hein, Michael; Hüners, Michael; Michaelsen, Torsten (Hrsg.), Ästhetik des Comic, Berlin 2002, S. 171-182

Leroi-Gourhan, André, Prähistorische Kunst. Ursprünge der Kunst in Europa, Freiburg 1971

Lester, Paul Martin, Dunker, Axel, „Time flies" Mediale Selbstreflexivität in Art Spiegelmans Holocaust-Comic *Maus*, in: Martínez, Matías, Der Holocaust und die Künste. Medialität und Authentizität von Holocaust-Darstellungen in Literatur, Film, Video, Malerei, Denkmälern, Comic und Musik, Bielefeld 2004, S. 79-98

Lettkemann, Gerd; Scholz, Michael F., „Schuldig ist schließlich jeder... der Comics besitzt, verbreitet oder nicht einziehen läßt". Comics in der DDR – Die Geschichte eines ungeliebten Mediums (1945/49–1990), Berlin 1994

Lester, Paul, Looks are deceiving: the Portraits of Christopher Columbus, in: Visual Anthro-pology, Vol. 5 1993, S. 211-227

Lukesch, Helmut, Zur Comicnutzung bei 12- bis 16-jährigen Schülern in: Kagelmann, Hans-Jürgen (Hrsg.), Comics Anno. Jahrbuch der Forschung zu populär-visuellen Medien Vol. 1/ 1991, München 1991, S. 1-5

Maase, Kaspar, Grenzenloses Vergnügen. Der Aufstieg der Massenkultur 1850-1970, Frankfurt/M. 1997

Marschall, Richard, America's great Comic-Strip Artists, New York 1989

Martínez, Matías, Zur Einführung: Authentizität und Medialität in künstlerischen Darstellungen des Holocaust, in: ders., Der Holocaust und die Künste. Medialität und Authentizität von Holocaust-Darstellungen in Literatur, Film, Video, Malerei, Denkmälern, Comic und Musik, Bielefeld 2004, S. 7-20

McCloud, Scott, Comics richtig lesen, Hamburg 1995 (3. Aufl.)

McCloud, Scott, Comics neu erfinden, Hamburg 2001

Moscati, Massimo, Comics und Film, Frankfurt/M. 1988

Munier, Gerald, Von Gewalt bis Umweltschutz – Der Comic als politisches Medium, in: Das Parlament, Nr. 36 vom 28.8.1992, S. 22-23

Munier, Gerald, Historische Themen im Comic. Ein Überblick, in: Geschichte Lernen, Heft 37 (1994), S. 4-7

Munier, Gerald, Geschichte im Comic. Aufklärung durch Fiktion? Über Möglichkeiten und Grenzen des historisierenden Autorencomic der Gegenwart, Hannover 2000

Mütter, Bernd; Uffelmann, Uwe (Hrsg.), Emotionen und historisches Lernen. Forschung – Vermittlung – Rezeption, Frankfurt/M. 1994 (2. Aufl.)

Nakas, Kassandra, Funny Cuts, Cartoons und Comics in der zeitgenössischen Kunst, Stuttgart 2004

Näpel, Oliver, Auschwitz im Comic – Die Abbildung unvorstellbarer Zeitgeschichte, Münster 1998

Näpel, Oliver: Die Phänomenologie des Comic. Überlegungen zur Entwicklung einer gattungsspezifischen Quellenkritik. In: Saskia Handro, Bernd Schönemann (Hrsg.): Methoden geschichtsdidaktischer Forschung. Münster 2002, S. 207ff.

Napier, Susan J., Anime. From Akira to Princess Mononoke, New York 2000

Nass, Matthias, Rebellin unter dem Kopftuch, in: Die Zeit, 29.4.2004, S. 51

Noack, Christian, Stufen der Ich-Entwicklung und Geschichtsbewusstsein, in: Borries, Bodo von; Pandel, Hans-Jürgen (Hrsg.), Zur Genese historischer Denkformen. Jahrbuch für Geschichtsdidaktik 1993/94, Pfaffenweiler 1994, S. 9-46

Nyberg, Amy-Kiste, Seal of Approval. The History of the Comics Code, Jackson 1998

o.A., Hitler in Scheiben, in: Der Spiegel, Nr. 39 vom 25.9.1989, S. 78-80

o.A., Von Mäusen und Menschen, in: Der Spiegel, Nr. 16 vom 17.4.1989, S. 248-250

Ofczarek, Bernhard; Altmann, Werner, Mick. Das Comicbuch zum Lesen und Arbeiten; für einen lebhaften Deutsch-Unterricht, Köln 2000

Palandt, Ralf, Der 11. September in US-amerikanischen Superhelden-Comics. Konstruierte Wirklichkeit in gezeichneten Bildern, in: Ihme, Burkhard (Hrsg.), Comic! Jahrbuch 2005, Stuttgart 2004, S. 8-18

Pandel, Hans-Jürgen, Erzählungen und Erzählakte, in: Demantowsky, Marko; Schönemann, Bernd: Neue Geschichtsdidaktische Positionen, Bochum 2002, S. 39-55

Pandel, Hans-Jürgen, Dimensionen des Geschichtsbewusstseins. Ein Versuch, seine Struktur für Empirie und Pragmatik diskutierbar zu machen, in: Geschichtsdidaktik. Probleme, Projekte, Perspektiven, Heft 2 (1987), S. 130-142

Pandel, Hans-Jürgen, Geschichtlichkeit und Gesellschaftlichkeit im Geschichtsbewusstsein, in: Borries, Bodo von; Pandel, Hans-Jürgen; Rüsen, Jörn (Hrsg.), Geschichtsbewusstsein empirisch, Pfaffenweiler 1991, S. 1-23

Pandel, Hans-Jürgen, Geschichtsbewusstsein, in: GWU, Nr. 11 (1993a), S. 725-729

Pandel, Hans-Jürgen, Wahrheit und Fiktion. Der Holocaust im Comic und Jugendbuch, in: Jaspert, Bernd (Hrsg.), Hofgeismarer Protokolle Nr. 298.

Wahrheit und Geschichte. Vom Umgang mit deutscher Vergangenheit, Hofgeismar 1993b, S. 72-108

Pandel, Hans-Jürgen, Emotionalität – Ein neues Thema der Sozialgeschichte?, in: Mütter, Bernd; Uffelmann, Uwe (Hrsg.), Emotionen und historisches Lernen. Forschung – Vermittlung – Rezeption, Frankfurt/M. 1994d (2. Aufl.), S. 41-61

Pandel, Hans-Jürgen, Comicliteratur und Geschichte. Gezeichnete Narrativität, gedeutete Geschichte und die Ästhetik des Geschichtsbewusstseins, in: Geschichte Lernen, Heft 37 (1994a), S. 18-26

Pandel, Hans-Jürgen, Zur Genese narrativer Kompetenz, in: Borries, Bodo von; Pandel, Hans-Jürgen (Hrsg.), Zur Genese historischer Denkformen. Jahrbuch für Geschichtsdidaktik 1993/94, Pfaffenweiler 1994b, S. 99-122

Pandel, Hans-Jürgen, „Mauschwitz". Die Kinder der Opfer und die Auseinandersetzung der „zweiten Generation", in: Geschichte Lernen, Heft 37 (1994c), S. 61-65

Pandel, Hans-Jürgen, Comics. Gezeichnete Narrativität und gedeutete Geschichte, in: ders.; Schneider, Gerhard (Hrsg.), Handbuch Medien im Geschichtsunterricht, Schwalbach/Ts. 1999, S. 339-364

Pandel, Hans-Jürgen, Geschichtsunterricht nach PISA. Kompetenzen, Bildungsstandards und Kerncurricula, Schwalbach/Ts. 2005

Pandel, Hans-Jürgen: Bildinterpretation, in: Mayer, Ulrich; Pandel, Hans-Jürgen; Schneider, Gerhard (Hrsg.): Handbuch Methoden im Geschichtsunterricht, Schwalbach/Ts. 2004, S. 172-187

Pandel, Hans-Jürgen: Bildlichkeit und Geschichte, in: Geschichte lernen, Heft 3 (1988), S. 10-17

Pannor, Stefan, Brecht war da, Einstein auch. Ein Gespräch mit dem „Berlin"-Autor Jason Lutes, in: Comixene, August 2004, Nr. 76, S. 27-30

Pauli, Wilhelm, Die Grenzen der Strips. Art Spiegelmans Comic „Maus – Die Geschichte eines Überlebenden", in: Frankfurter Rundschau, vom 3.6.1989

Peter (sic!), Ein Besuch beim Carlsen Verlag, in: MangasZene 18/2003, S. 48-49

Phillips, Susanne, Tezuka Osamu. Figuren, Themen und Erzählstrukturen im Manga-Gesamtwerk, München 2000

Pieper, Sven: Geschichte im Comic. In: Klaus Bergmann u.a. (Hrsg.): Handbuch Geschichtsdidaktik. Seelze-Velber 1997, S. 632f.

Platthaus, Andreas, Von Mäusen und Katzen. Art Spiegelmans grandioser Comic über den Nazi-Terror, in: Frankfurter Allgemeine Zeitung, Nr. 301 vom 29.12.1992, S. 22

Platthaus, Andreas, Im Comic vereint. Eine Geschichte der Bildgeschichte, Berlin 1998

Platthaus, Andreas, Marjane Satrapi „Immer wenn ich träume, bin ich im Iran", in: Comixene, November 2004, Nr. 79, S. 17-19

Reeken, Dietmar von, Historisches Lernen im Sachunterricht. Didaktische Grundlegungen und unterrichtspraktische Hinweise, Seelze 1999

Reischmann, Jost, Wie lehrt man „Kompetenz"? Andragogisch-didaktische Überlegungen zwischen Wissen und Können, in: Grundlagen der Weiterbildung. Praxis, Forschung, Trends. Zeitschrift für Weiterbildung und Bildungspolitik im In- und Ausland, Neuwied, Heft 6 (1998), S. 267-271

Robin, Harry, Die wissenschaftliche Illustration: von der Höhlenmalerei zur Computertechnik, Basel 1992

Rüsen, Jörn, Ästhetik und Geschichte. Geschichtstheoretische Untersuchungen zum Begründungszusammenhang von Kunst, Gesellschaft und Wissenschaft, Stuttgart 1976, S. 96

Rüsen, Jörn, Historische Orientierung. Über die Arbeit des Geschichtsbewusstseins, sich in der Zeit zurechtzufinden, Köln 1994a

Rüsen, Jörn, Historisches Lernen. Grundlagen und Paradigmen, Köln 1994

Rüsen, Jörn, Zerbrechende Zeit. Über den Sinn der Geschichte, Köln 2001

Rüsen, Jörn (Hrsg.), Geschichtsbewusstsein. Psychologische Grundlagen, Entwicklungskonzepte, empirische Befunde, Köln 2001

Schärtl, Marika, Darf Comic-Hitler Geschichte lehren?, in: Fokus, Nr. 49 (1993), S. 64-65

Schindler, Anna, Von Tintin zu Pentothal. Storyboards zum Leben, in: DU. Die Zeitschrift der Kultur, Heft 4 (1997), S. 59-61

Schnurrer, Achim, Zum Geleit, in: Handloik, Volker (Hrsg.), Leichtmetall. Comics in der DDR, Berlin 1990, S. 5-6

Schnurrer, Achim; Spiegel, Josef; Seim, Roland; Hiebing, Dieter, Comic Zensiert, Sonneberg 1996

Scholz, Michael F., Comics – eine neue historische Quelle, in: Zeitschrift für Geisteswissenschaft, Heft 38 (1990), S. 1004-1010

Scholz, Michael F., Zur Gegenstandsbestimmung des Comics als historische Quelle, in: Zeitschrift für Geschichtswissenschaft, Nr. 1 (1992), S. 69-70

Schönemann, Bernd; Uffelmann, Uwe; Voit, Hartmut (Hrsg.), Geschichtsbewusstsein und Methoden historischen Lernens, Weinheim 1998

Schwarz, Kai-Steffen, Vom Aufmucken und Verstummen der Kritiker. Die Diskussion um Art Spiegelmans Maus, in: Kaps, Joachim (Hrsg.), Comic Almanach 1993, Wimmelbach 1993, S. 107-113

Schweizer, Reinhard, Ideologie und Propaganda in den Marvel-Superheldencomics. Vom Kalten Krieg zur Entspannungspolitik, Frankfurt/M. 1992

Schweizer, Reinhard, Captain Americas Kampf gegen Nazis & Commies. Marvels Superhelden-Comics der 40er und 50er Jahre, in: Comixene, Oktober 2004, Nr. 78, S. 12-15

Schwender, Clemens, Qualitative Auswertung verschiedener Stichproben aus Zeitschriftenartikeln 1945-1985, in: Knilli, Friedrich; Zielinski, Siegfried (Hrsg.), Comicforschung in der Bundesrepublik Deutschland 1945–1984, o.O. 1989, S. 75-86

Seidensticker, Mike, Werbung mit Geschichte. Ästhetik und Rhetorik des Historischen, Köln 1995

Sieck, Thomas, Der Zeitgeist der Superhelden. Das Gesellschaftsbild amerikanischer Superheldencomics von 1938 bis 1998, Meitingen 1999

Simon, Erika, Die griechischen Vasen, München 1976

Skodzik, Peter, Deutsche Comic Bibliographie, Frankfurt/M. 1985

Steffi; Lars (sic), Captain Future, in: Manga Szene, 18/ 2003, Köln, o.S.

Straub, Jürgen, Geschichten erzählen, Geschichte bilden. Grundzüge einer narrativen Psychologie historischer Sinnbildung, in: ders. (Hrsg.),

Erzählung, Identität und historisches Bewusstsein. Die psychologische Konstruktion von Zeit und Geschichte, Frankfurt/M. 1998, S. 81-170

Strzyz, Wolfgang, Comics im Buchhandel. Geschichte Genres Verlage, Stuttgart 1999

Vähling, Christian, Bildidiotismus und Jugendnot. Wie deutsche Pädagogen Kinderseelen retteten, in: Ihme, Burkhard (Hrsg.), Comic! Jahrbuch 2004, Stuttgart 2003, S. 8-27

Vandenberg, Phillip, Nofretete, Echnaton und ihre Zeit. Die glanzvollste Epoche Ägyptens in Bildern, Berichten und Dokumenten, Bergisch Gladbach 1990

Varnum, Robin; Gibbons Christina T., The Language of Comics. Word and Image, Jackson Mississippi 2001

Volkart, Yvonne, Zwielichtige Amazonen. Auch Superheldinnen sind nur Männer, in: DU Die Zeitschrift der Kultur, Heft 4 (1997), S. 65-67

Von Clewe, Susanne, Gewalt in der Fantasy. Die Darstellung der Gewalt in Fantasy-Romanen und Fantasy-Comics für Erwachsene, Berlin 1994

Weidenmann, Bernd, Der exaltierte Code der Comics, in: Kagelmann, Hans-Jürgen u.a. (Hrsg.), Comics Anno 2. Comics zwischen Lese- und Bildkultur, München 1991a, S. 60-65

Weidenmann, Bernd, Foto oder Zeichnung? Zur Problematik des Bildes im dokumentarischen Comic, in: Kagelmann, Hans-Jürgen (Hrsg.), Comics Anno. Jahrbuch der Forschung zu populär-visuellen Medien Vol. 1/ 1991, München 1991b, S. 26-41

Westfälisches Römermuseum Haltern (Hrsg.), „Die spinnen, die...". Mit Asterix durch die Welt der Römer, Stuttgart 1999

Wiechmann, Gerhard (Hrsg.), „Man kann sagen, dass Krieg ein gefährlicher Sport ist." Oldenburgische Lehrer und Seminaristen erleben den Weltkrieg 1914-1918, Oldenburg 2002

Witek, Joseph, The Dream of Total War. The Limits of a Genre, in: JPC Vol. 30.2.: Comparative Studies in the world's civilazation, Fall 1996

Wong, Wendy Siuyi, Hong Kong Comics. A History of Manhua, New York 2002

Abbildungsverzeichnis

Abb. 21: Manga-Leserichtung aus dem Prewiev-Katalog vom Carlsen-Verlag Sommer 2005, S. 96

Abb. 22: Phillipps, Susanne, Tezuka Osamu. Figuren, Themen und Erzählstrukturen im Manga-Gesamtwerk, München 2000, S. 191

Abb. 23: Ikeda, Riyoko, Die Abenteuer der Lady Oskar, Band 1, Hamburg 2003, S. 258

Abb. 24: Nakazawa, Keiji, Barfuss durch Hiroshima. Band 3: Kampf ums Überleben, Hamburg 2005, S. 47

Abb. 25: Satrapi, Marjane, Persepolis. Band 1: Eine Kindheit im Iran, Zürich 2004, S. 136

Abb. 26: Gillon, Paul; Cothias, Patrick, Der Schrei nach Leben. Das Ghetto, Hamburg 1988, S. 45

Abb. 27: Kubert, Joe: Yossel. April 19, 1943, New York 2003, S. 34

Abb. 28: Andrieu, Oliver, Asterix: das Kultbuch, Stuttgart 2000, S. 95

Abb. 29: Symbolismus, in: Eisner, Will, Grafisches Erzählen. graphic storytelling, Wimmelbach 1998, S. 27

Abb. 30: Stereotype, in: Eisner 1998, S. 24

Abb. 31: Ikeda 2003, Band 1, S. 235

Abb. 32: Die verwendete Sequenz stammt aus: Sacco, Joe, Safe Area Gorazde. The war in Eastern Bosnia 1992-95, Seattle 2003 (2. Aufl.), S. 104

Abb. 33: Induktion, in: McCloud, Scott, Comics richtig lesen, Hamburg 1995 (3. Aufl.), S. 76

Abb. 34: Emotionalisierung, in: Eisner, 1998, S. 28

Abb. 35: Sacco, Joe, Palestine, Seattle 2002 (3. Aufl.), S. 31

Abb. 36: © Christine Gundermann

Abb. 37: ohne Titel, Kupperman, Michael, in: Mason, Jeff (Hrsg.), 9-11. Emergency Relief, Gainesville 2002, S. 73

Abb. 38: Raúl; Cava, Felipe, Berlin 1931, Berlin 2001

Abb. 39: Cover des Comic-Heftes „Captain America" Nr. 1 von 1941, in: Frankfurter Rundschau Nr. 153 vom 5.7.2003, S. 11

Abb. 40: ohne Titel, Gibbons, Dave; Mulvihill, Patricia, in: Kahn, Jenette (Hrsg.), 9-11. Vol. 2: September 11th 2001, New York 2002, S. 42

Abb. 41: Hägar, der Schreckliche, in: Browne, Dik, Hägars schrecklichste Taten, München 1992 (3. Aufl.)

Abb. 42: Lutes, Jason, Berlin. City of stones, Book one, Montreal 2002 (2. Aufl.), S. 61

Abb. 43: Steiner, Elke, Rendsburg Prinzessinstrasse. Die Geschichte einer jüdischen Kleinstadtgemeinde, Bremen 2001, S. 15

Abb. 44: Rall, Ted, To Afghanistan and back, New York 2002, S. 21

Abb. 45: Šimko, Roloff, Band I, S. 46

Abb. 46: Šimko, Roloff, Band I, S. 47

Abb. 47: Arbeitsblatt zum Thema „Einführung in die Comictheorie". Die verwendeten Sequenzen und Panels stammen aus: Eisner, 1998, S. 24 und Šimko, Dorothée, Roloff, Prisca et Silvanus, Band 1: Unruhige Zeiten in Augusta Raurica, Augst 1996, S. 46.

Abb. 48: Biagi, Enzo; Manara, Milo; Gaudenzi, Giacinto, Kolumbus, Hamburg 1992, S. 26

Abb. 49: Biagi u.a., S. 27

Abb. 50: Biagi u.a., S. 28

Abb. 51: Biagi u.a., S. 29

Abb. 52: Biagi u.a., S. 42

Abb. 53: Hirst, Michael: Sebastiano del Piombo, Oxford 1981, Ill. 136.

Abb. 54: Tardi, Jacques, Grabenkrieg, Zürich 2002, S. 84

Abb. 55: Tardi, S. 85

Abb. 56: Tardi, S. 86

Abb. 57: Spiegelman, Art, Maus, Band I. Mein Vater kotzt Geschichte aus, Reinbek 1989 (2. Aufl.), S. 12

Abb. 58: Spiegelman, Band I, S. 157

Abb. 59: Spiegelman, Art, Maus, Band II. Und hier begann mein Unglück, Reinbek bei Hamburg 1992, S. 42

Abb. 60: Spiegelman, Band II, S. 11

Abb. 61: Spiegelman, Band II, S. 72

Abb. 62: Spiegelman, Band II, S. 54

Abb. 63: Land, Kristin: Merutis erste Jagd, die zur Montage verwendeten Bilder stammen aus: Hoffmann, Ginette; Lebrun, Françoise, Zur Zeit der Höhlenmenschen, Fellbach 1993

Abb. 64: die zur Montage verwendeten Bilder stammen aus: Hoffmann, Lebrun 1993.

Abb. 65: ebd.

Abb. 66: Hein, Juliane, Der Fall Lutz H. Teil I.

Abb. 67: ebd.

Abb. 68: Böhm, Henrike, Der Fall Lutz H. Teil II.

Abb. 69: ebd.

Abb. 70: ebd.

Abb. 71: Badel, Christian, Arbeitsblatt „Comic-Held"

Abb. 72: Badel, Christian, Arbeitsblatt „Funny Faces 1"

Abb. 73: Badel, Christian, Arbeitsblatt „Einstellungen Perspektiven"

Abb. 74: Badel, Christian, Arbeitsblatt „The best of"

Abb. 75: Badel, Christian, Arbeitsblatt „Funny Faces 2"

WOCHEN SCHAU VERLAG

METHODEN HISTORISCHEN LERNENS

Weitere Titel:

Klaus Bergmann: Der Gegenwartsbezug im Geschichtsunterricht, 978-3-87920-750-9, 192 S., € 14,30

Klaus Bergmann: Multiperspektivität. Geschichte selber denken, 2. Aufl., 978-3-87920-742-8, 296 S., € 18,40

Klaus Bergmann/Rita Rohrbach: Chance Geschichtsunterricht. Eine Praxisanleitung für den Notfall, für Anfänger und Fortgeschrittene, 978-3-87920-752-7, 144 S., € 13,40

Klaus Bergmann/Rita Rohrbach (Hrsg.): Kinder entdecken Geschichte. Ein Praxisbuch, 978-3-87920-748-0, 368 S., € 20,00

Markus Bernhardt: Das Spiel im Geschichtsunterricht, 978-3-87920-753-4, 228 S., € 14,30

Christine Gundermann: Jenseits von Asterix. Comics im Geschichtsunterricht, 978-3-89974-299-2, 224 S., € 14,80

Waldemar Grosch: Computerspiele im Geschichtsunterricht, 978-3-87920-751-0, 196 S., € 14,30

Thorsten Heese: Vergangenheit „begreifen". Die gegenständliche Quelle im Geschichtsunterricht, 978-3-89974-331-9, i.V., ca. 200 S., ca. € 14,80

Thomas Lange/Thomas Lux: Historisches Lernen im Archiv, 978-3-89974-107-0, 224 S., € 14,30

Vadim Oswalt: Multimediale Programme im Geschichtsunterricht, 978-3-87920-749-7, 128 S., € 10,–

Hans-Jürgen Pandel: Bildinterpretation. Die Bildquelle im Geschichtsunterricht. 978-3-89974-259-6, ca. 200 S., mit Bild-CD, ca. € 16,80

Hans-Jürgen Pandel: Quelleninterpretation. Die schriftliche Quelle im Geschichtsunterricht, 978-3-89974-103-2, 3. Aufl., 240 S., € 14,30

Brigitte Dehne:

Gender im Geschichtsunterricht
Das Ende des Zyklopen?

978-3-89974-225-1, 320 S., € 19,80

Monika Rox-Helmer: Jugendbücher im Geschichtsunterricht, 978-3-89974-224-4, 226 S., € 14,30

Gerhard Schneider: Gelungene Einstiege, 978-3-89974-124-7, 4. Aufl., 184 S., € 14,30

Bärbel Völkel: Handlungsorientierung im Geschichtsunterricht, 978-3-89974-127-8, 180 S., € 13,40

Hartmann Wunderer: Geschichtsunterricht in der Sekundarstufe II, 978-3-87920-743-5, 180 S., € 14,30

www.wochenschau-verlag.de

Adolf-Damaschke-Str. 10, 65824 Schwalbach/Ts., Tel.: 06196/86065, Fax: 06196/86060, info@wochenschau-verlag.de